CB047197

"De João Calvino a Wendell Berry e Elon Musk. De fertilizantes revolucionários a inovações médicas e viagens espaciais. Da Torre de Babel à nova Jerusalém. Da tecnologia como salvadora à soberania de Deus. Das vanglórias do Vale do Silício ao sangue de Jesus. O livro de Tony Reinke, *Deus, tecnologia e a vida cristã*, é panorâmico e penetrante. Duvido que haja um tratamento mais abrangente da tecnologia tão firmemente baseado nas Escrituras — e, portanto, tão realista e esperançoso. Escrevendo como um 'otimista tecnológico' que confia na orquestração providencial de Deus sobre todas as coisas, Reinke nos oferece uma 'teologia bíblica da tecnologia' completa e convincente. A glória de Deus é o fim da criação e o objetivo de todas as inovações. Fora de Cristo, não há arte, ciência, tecnologia, agricultura, microprocessadores ou inovação médica. Se Deus é o centro de nossa vida, a tecnologia é um grande presente. Se a tecnologia é nosso salvador, estamos perdidos. Este é um livro que expande a mente, estabiliza o coração, glorifica a Deus e sustenta a alegria".

John Piper, fundador e professor, desiringGod.org; chanceler, Bethlehem College & Seminary; autor de *Em busca de Deus*.

"Tony Reinke escreveu uma leitura obrigatória para qualquer cristão que busca compreender a visão de Deus sobre a tecnologia. *Deus, tecnologia e a vida cristã* combina magistralmente comentário bíblico, sabedoria histórica e aplicação prática para oferecer uma rica cosmovisão cristã da tecnologia. Uma visão mais positiva da inovação e dos inovadores humanos é um sopro de ar fresco em um momento cultural em que a tecnologia é vista mais como um dano do que uma ajuda por muitos cristãos. Recomendarei este livro para nossa comunidade FaithTech em todo o mundo".

James Kelly, fundador e CEO, FaithTech.

"Reinke não apenas aborda uma ampla gama de questões de tecnologia e cultura; ele também traz novas percepções sobre passagens das Escrituras frequentemente menosprezadas. Ele oferece uma abordagem à tecnologia que é ética sem ser moralista, cuidadosa sem ser restritiva e positiva sem ser ingênua".

John Dyer, Deão e Professor, Seminário Teológico de Dallas; autor, *From the Garden to the City: The Place of Technology in the Story of God.*

"Como pastor e também engenheiro, continuamente percebo a necessidade de interpretar as maravilhas do século XXI à luz das Escrituras. Para esse fim, este livro é uma grande bênção. Tony Reinke elaborou uma teologia bíblica da tecnologia esclarecedora, equilibrada e grandemente envolvente. Este trabalho é profundamente prático. Todos os cristãos devem onsidera-lo, quer vivam em um grande centro tecnológico ou não".

Conley Owens, pastor, Silicon Valley Reformed Baptist Church; Engenheiro Sênior, Google.

"Tony ofereceu um rico conjunto de recursos para o crente que deseja entender o papel crescente da tecnologia na sociedade e em nossas vidas individuais. Este livro não é uma série de avisos reacionários feitos à base de medo e às pressas, mas um olhar cuidadoso sobre a relação complexa, íntima e inevitável entre tecnologia e teologia. Somos habilmente guiados em um tour detalhado e centrado em Deus pela história da tecnologia, de Babel a Bumble, usando teólogos, inventores e filósofos. Aproveite esta excelente obra".

Jared Oliphint, Departamento de Filosofia, Texas A&M University.

"*Deus, tecnologia e a vida cristã* é uma leitura perigosa para o crente sério. Aqui Reinke desvenda a fonte de toda a tecnologia nas próprias páginas das Escrituras, forçando o cristão a ver este acessório em evolução do mundo moderno através das lentes curativas de um Deus soberano e da esperança inextinguível do evangelho. Seja você um cético ou um entusiasta da velocidade vertiginosa da inovação no século XXI, este livro desafiará a forma como todos nós vemos e interagimos com nosso mundo em constante mudança".

Jeremy Patenaude, pastor, Igreja Risen Hope, Seattle; escritor, Microsoft

"A história da glória de Deus ainda está se desenrolando dentro do *zeitgeist* do *technium*. Seja falando sobre desenvolvedores inventando novos aplicativos em um *data center*, robôs de manufatura automatizados produzindo carros elétricos ou sobre os ansiosos consumidores desses novos produtos e serviços, este livro lembra que a tecnologia humana serve ao propósito final de Deus para sua criação. Neste livro cativante, Tony oferece uma teologia otimista da tecnologia que nos inspira a adorar o Criador de nossos inventores mais poderosos e — surpreendentemente — nos ajuda a viver cuidadosa e fielmente dentro de nossas cidades tecnológicas. Para isso, ele desmistifica conceitos criados por cristãos bem-intencionados ao longo das décadas, que dificultaram a ver que a ciência e a tecnologia existem por causa de Deus, por meio de Deus e para Deus. Sua glória se reflete na amônia, no lítio, na fissão nuclear e nos avanços que virão na fusão nuclear e nas viagens espaciais. *Deus, tecnologia e a vida cristã* é uma leitura essencial para pastores, líderes de igreja e todo cristão que vive e trabalha nas cidades tecnológicas do homem. Um alerta para que possamos antecipar o retorno de Cristo e a chegada de uma nova cidade — uma cidade melhor — projetada e construída pelo próprio Deus".

Jose Luis Cuevas, pastor; missionário; Diretor de Gerenciamento de Projetos, VMware Inc., América Latina

"Dada a aceleração da automação em todos os aspectos de nossas vidas, todos nós precisamos refletir profundamente sobre a história da tecnologia e nosso roteiro futuro. Em *Deus, tecnologia e a vida cristã*, Tony Reinke desenvolveu uma análise centrada no evangelho de nossa cultura guiada pela tecnologia que é benéfica tanto para cristãos quanto para não cristãos."

Bernie Mills, vice-presidente, VMware Inc.; Membro do Conselho, Joni and Friends.

DEUS, TECNOLOGIA E A VIDA CRISTÃ

TONY REINKE

FIEL Editora

Dados Internacionais de Catalogação na Publicação (CIP)
(Câmara Brasileira do Livro, SP, Brasil)

Reinke, Tony
　　Deus, tecnologia e a vida cristã / Tony Reinke ; [tradução João Paulo Aragão da Guia Oliveira]. -- São José dos Campos, SP : Editora Fiel, 2022.

　　Título original: God, technology, and the christian life
　　ISBN 978-65-5723-161-6

　　1. Deus 2. Tecnologia - Aspectos religiosos - Cristianismo 3. Vida cristã I. Título.

22-107738　　　　　　　　　　　　　　　　CDD-261.56

Índices para catálogo sistemático:

1. Religião e tecnologia : Cristianismo　261.56

Maria Alice Ferreira - Bibliotecária - CRB-8/7964

Deus, tecnologia e a vida cristã

Traduzido do original em inglês
God, Technology, and the Christian Life

Copyright © 2022 by Tony Reinke

∎

Publicado por Crossway
1300 Crescent Street
Wheaton, Illinois 60187

∎

Copyright © 2022 Editora Fiel
Primeira edição em português: 2022

Todos os direitos em língua portuguesa reservados por Editora Fiel da Missão Evangélica Literária
Proibida a reprodução deste livro por quaisquer meios, sem a permissão escrita dos editores, salvo em breves citações, com indicação da fonte.

∎

Diretor: Tiago J. Santos Filho
Supervisor editorial: Vinícius Musselman Pimentel
Editor: Rafael Bello
Coordenação Editorial: Gisele Lemes
Tradução: João Paulo Aragão da Guia Oliveira
Revisão: Guilherme Cordeiro Pires
Diagramação: Rubner Durais
Capa: Rubner Durais
ISBN brochura: 978-65-5723-161-6

Caixa Postal 1601
CEP: 12230-971
São José dos Campos, SP
PABX: (12) 3919-9999
www.editorafiel.com.br

Dedico este livro a todos os cristãos que vivem em centros tecnológicos caros e exigentes, construindo igrejas de forma altruísta e influenciando as indústrias mais poderosas do mundo para o bem.

Temos estudos detalhados sobre a história de tecnologias individuais e como elas surgiram. Temos análises do processo de design; excelentes obras sobre como os fatores econômicos influenciam o desenho de tecnologias, como funciona o processo de implementação e como as tecnologias se difundem na economia. Temos análises de como a sociedade molda a tecnologia e de como a tecnologia molda a sociedade. E temos meditações sobre o significado da tecnologia e sobre a tecnologia como determinante — ou não determinante — da história humana. Mas não temos acordo sobre o que a palavra "tecnologia" significa, nenhuma teoria geral de como as tecnologias surgem, nenhuma compreensão profunda sobre em que consiste a "inovação" e nenhuma teoria da evolução da tecnologia. O que falta é um conjunto de princípios gerais que dariam ao pesquisador uma estrutura lógica, o tipo de estrutura que ajudaria a preencher essas lacunas. Em outras palavras, está faltando uma teoria da tecnologia — uma "logia" da tecnologia.

— W. Brian Arthur

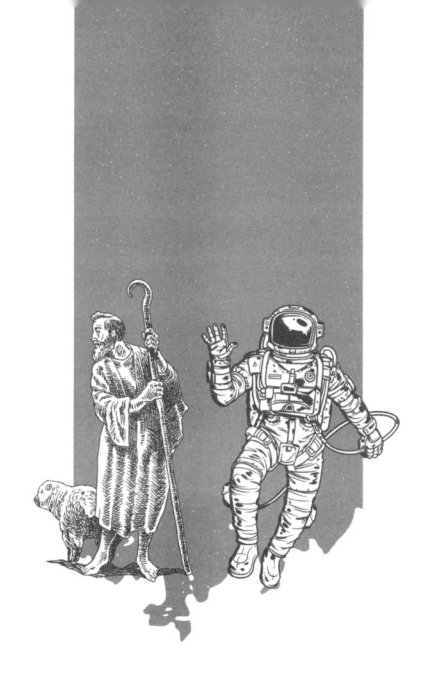

SUMÁRIO

1. O que é tecnologia?..11

2. Qual é a relação de Deus com a tecnologia?................35

3. De onde vêm nossas tecnologias?..............................85

4. O que a tecnologia nunca poderá conquistar?.......... 175

5. Quando nossas tecnologias terminam? 223

6. Como devemos usar a tecnologia hoje?..................... 257

Agradecimentos 353

O QUE É TECNOLOGIA?

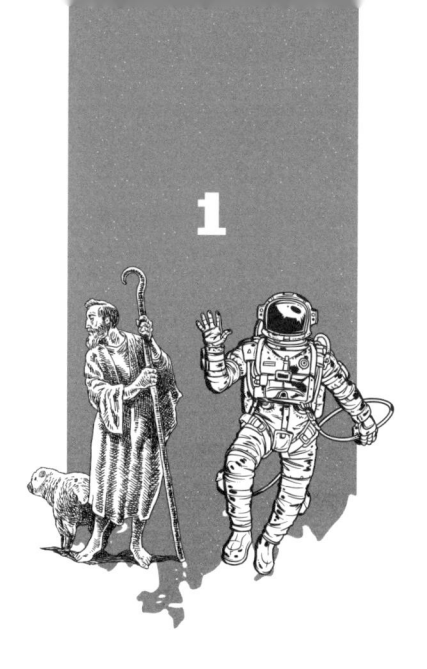

As pessoas não diminuem muito a velocidade ao atravessar o estado do Nebraska. Mas pise no freio na próxima vez que você estiver cruzando o estado dos milharais, observe um deles e talvez você veja meu nome em letras maiúsculas. REINKE é sinônimo de tecnologia agrícola. O nome aparece em logotipos de metal presos a irrigadores agrícolas gigantes em todo o Meio-Oeste dos Estados Unidos porque meu avô e seus cinco irmãos registraram três dúzias de patentes de ideias que variam de experimentos a utilidades multimilionárias.[1] As ideias que vingaram geraram uma empresa de sistemas de irrigação de pivô central para fazendas e carrocerias de alumínio para carretas.

---
1 Susan Harms, "Area Reinkes Are Brothers of Invention". *Hastings Daily Tribune* (s.d.).

A ambição tecnológica de meu avô não foi prejudicada pela falta de escolaridade além da oitava série. Carpinteiro, eletricista e fazendeiro, ele foi condecorado com uma estrela de bronze na Segunda Guerra Mundial por ajudar na reengenharia de um computador de mira antiaéreo.[2] De volta para casa, seu desejo era modernizar propriedades rurais, transformando casas centenárias construídas antes da água encanada em casas eletrificadas alimentadas por baterias recarregadas por moinhos de vento feitos de alumínio. Em sua oficina mecânica pessoal, ele inventou e fabricou trocadores de calor de cobre para resfriar motores de irrigação com água subterrânea.

Quando os custos com eletricidade dispararam em 1978, meu avô projetou e construiu um moinho de vento usando um volante centrípeto para movimentar as pás de alumínio automaticamente com base na velocidade do vento, tornando possível gerar eletricidade com muito ou pouco vento.[3] Ele era fascinado por alumínio. Para se divertir, ele fez o primeiro violino de alumínio que já vi (e felizmente o último que ouvi).[4] Quando meu avô se aposentou, eu estava no ensino médio e ele limpou sua oficina me dando uma pilha de projetos de alumínio abandonados. Levei semanas para tirar com ar comprimido milhares de rebites de alumínio de

---

2 Conheço poucos detalhes do dispositivo de direção e mira "M5A1 Director" do canhão de 40 mm, além da descrição no Capitão Kirby M. Quinn, "Gunning for War Birds", em *Popular Mechanics*, dez/1933, p. 801–804.

3 Claire Hurlbert, "Davenport Man Plugs into Nebraska's Wind Power". *Hastings Daily Tribune*, 26/8/1978.

4 Ele aparentemente não estava sozinho. Violinos baixos de alumínio foram apresentados em *Popular Mechanics* (dez/1933), ostentando "uma qualidade tonal comparada favoravelmente com os melhores baixos de madeira" (p. 805). Tenho dúvidas, mas creio que instrumentos de alumínio eram uma aspiração cultural em sua época.

estruturas de ferro, mas valeu a pena. No final daquele verão, a pilha de rebites quebrados e as folhas de sucata se converteram em uma pilha de alumínio que reciclei por mil dólares, que ajudaram a pagar a faculdade. Porém, o mais memorável foi como isso me colocou bem próximo aos resquícios dos sonhos ambiciosos de meu avô.

A inovação está no sangue Reinke. Mas a tecnologia está profundamente conectada a cada um de nós. A história da humanidade é a história da tecnologia. O profeta Daniel marcou reinos sucessivos por metais dominantes: ouro, prata, bronze, ferro, ferro-barro (Dn 2.31–45). Marcamos a história humana como Idade da Pedra, Idade do Bronze, Idade do Ferro, a era nuclear e era do computador. Hoje, vivemos na era tecnológica. Este drama contínuo de inovação inclui cada um de nós. Todas as árvores genealógicas são inventivas.

Este Reinke vive em uma era tecnológica acelerada que o mundo nunca viu. Acho que meu avô nunca tocou em um PC, mas algum dia posso estar biologicamente ligado a um superprocessador. Meu pai, ele mesmo muito inventivo, ficou fascinado com o pouso na lua. Mas, em minha vida, espero ver voos comerciais para a lua. Agora mesmo, eu poderia cuspir saliva em um tubo, enviá-lo pelo correio e obter um mapeamento completo de minha hereditariedade e susceptibilidades genéticas. Meus bisnetos podem viver em Marte. Testemunhei mudanças incríveis em meus primeiros quarenta anos neste planeta e, se Deus quiser, me preparo para mudanças mais incríveis nos próximos quarenta anos — ou no próximo século, se os profetas da expectativa de vida estiverem certos.

Minha inovação não acontece em uma oficina de fazenda como meu avô; escrevo na periferia de uma grande cidade, rodeado de tecnologia. Enquanto digito, meu robô aspirador bate em meus pés, para, vira, bate, para, vira e bate de novo, corrigindo-se como uma tartaruga cega ao limpar o carpete do meu escritório. Robôs automatizados especializados, como meu aspirador, podem fazer bem uma coisa, mas nada além disso. Os robôs detonadores de bombas controlados remotamente sincronizam-se com outros robôs de serviço semiautônomos. Protótipos de robôs parecidos com cães e com humanos estão em desenvolvimento nos principais laboratórios de ciências. E nos limites da indústria de robótica estão robôs sexuais inumanos e robôs assassinos com armas. E os primeiros robôs totalmente autônomos devem aparecer nos próximos anos. Nós os chamamos de carros autodirigidos.

Estamos entrando em uma nova revolução tecnológica impossível de prever. É um bom momento para os cristãos pensarem sobre a relação de Deus com a tecnologia enquanto questionamos a origem de nossos dispositivos. Quais tecnologias são úteis ou destrutivas? E como podemos andar pela fé na era que está por vir? Primeiro, devemos enfrentar uma questão fundamental: o que é tecnologia?

O QUE É TECNOLOGIA?

Tecnologia é ciência aplicada e poder amplificado. É arte, método, *know-how*, fórmulas e *expertise*. A palavra *tecnologia* vem da raiz *techne-* ou *técnica*. Ampliamos nossos poderes nativos por meio de novas técnicas. Noé e os animais nunca venceriam um dilúvio global, então Deus projetou um navio.

O povo de Babel não podia viver no céu, então eles construíram uma torre. Hoje, os elevadores no centro de Dubai transportam as pessoas para a estratosfera. Jacó e seus filhos cavaram poços com a mão e com uma pá, mas a Union Pacific abriu trilhas nas montanhas com dinamite. Hoje, brocas do tamanho de um dinossauro criam túneis subterrâneos para milhões de cabos de telecomunicações. E o celular estende as explosões elétricas estalando em nossos cérebros, por meio de nossos polegares até nossos telefones, que se tornam pequenos zeros e uns digitais que transmitimos em mensagens para influenciar o mundo.

A tecnologia intensifica nossa destreza, aumenta nossa influência e fortalece nossas intenções anteriormente débeis. E nenhuma inovação nos amplifica mais potentemente do que o chip de computador. Se medidos por peso, esses pequenos chips são as coisas mais poderosas no universo contínuo. Excluindo explosões cósmicas e bombas nucleares que espalham seu poder em um microssegundo, "de todas as coisas sustentáveis no universo, de um planeta a uma estrela, de uma margarida a um automóvel, de um cérebro a um olho, a coisa que é capaz de conduzir a maior densidade de energia — mais energia fluindo através de um grama de matéria a cada segundo — está no cerne de seu laptop". Sim, o minúsculo microprocessador "conduz mais energia por segundo por grama através de seus minúsculos corredores do que animais, vulcões ou o sol". O chip de computador é "a coisa mais energeticamente ativa do universo conhecido".[5]

---
5 Kevin Kelly, *What Technology Wants*. Nova Iorque: Penguin, 2011, p. 59–60.

Enquanto escrevo, a Apple acaba de revelar o M1, "o chip mais poderoso" que a empresa já fez, "embalado com espantosos 16 bilhões de transistores".[6] Com tanto poder em cada iPhone e MacBook, podemos fazer muito com nossas ferramentas — muito dano ou muito benefício. Então, como vamos exercer esse poder?

As técnicas aprendidas também são antigas. Quando o Bom Samaritano encontrou um judeu sangrando na rua, ele entrou em ação, atando as feridas e aplicando tratamentos tópicos antes de carregar o homem como carga em seu animal e transportá-lo para uma pousada onde pagou com o dinheiro que ganhou no mercado, para que o estalajadeiro continuasse o trabalho de aplicação de técnicas de cura (Lc 10.30–37). A história nos mostra o amor em ação por meio da técnica. Não amamos "sorrindo em bondade abstrata para nosso próximo", escreveu o agrário Wendell Berry. Não, nosso amor "deve tornar-se em atos, que devem vir de habilidades. A verdadeira caridade pede o estudo da agricultura, o manejo do solo, a engenharia, a arquitetura, a mineração, a manufatura, o transporte, a construção de monumentos e pinturas, de canções e histórias. Exige não apenas habilidades, mas também o estudo e a crítica de habilidades, porque em todas elas deve-se fazer uma escolha: podem ser usados com ou sem caridade".[7] Nós amamos uns aos outros por meio de arte, habilidade e tecnologia.

A história da humanidade conta como aprendemos a nos amar mais ao aprimorar nossas habilidades. No século V,

---

6 "Apple Unleashes M1", comunicado à imprensa, apple.com (10/11/2020).
7 Wendell Berry, *Essays 1969–1990* (ed. Jack Shoemaker). Nova Iorque: Library of America, 2019, p. 525.

Agostinho refletia sobre todas as maneiras como usamos nossos talentos para servir à sociedade. Ele elogiou o intelecto dos pecadores caídos, o intacto "gênio natural do homem", que cria notáveis invenções necessárias (e desnecessárias também). Ao fazer uma lista das inovações que chamaram sua atenção, Agostinho começou com os têxteis, a arquitetura, a agricultura e a navegação. Em seguida, ele celebrou escultores, pintores, compositores e produtores de teatro. Depois, ele voltou sua atenção para a natureza e todas as formas como os humanos capturam, matam ou treinam animais selvagens. Então, pensou em todos os medicamentos que preservam e restauram a saúde humana, sem esquecer as armas usadas para defender seu país na guerra. Em seguida, ele elogiou a "infinita variedade de condimentos e molhos que a arte culinária descobriu para atender aos prazeres do paladar". (Tradução: agradeça pelo molho Chick-fil-A.) Depois, elogiou todos os meios que criamos para falar, escrever e comunicar, desde a retórica e poemas a romances e letras de músicas. E então elogiou os músicos com instrumentos e canções. Em seguida, matemáticos. Depois, astrônomos. Para Agostinho, você pode escolher qualquer ramo da ciência, seguir seu curso e ser cativado pela engenhosidade humana. Sobre cada invenção imaginativa do homem, celebramos "o Criador desta nobre natureza humana", que é "o Deus verdadeiro e supremo, cuja providência governa tudo o que criou".[8]

---

8 Agostinho de Hipona, *A Cidade de Deus*, (ed. Hermigild Dressler, col. *The Fathers of the Church*, v. 24). Washington, DC: Catholic University of America Press, 1954, p. 484–85.

Tudo o que foi mencionado aqui por Agostinho (até os molhos) inclui ciência aplicada, ou *tecnologia*. Em 1829, Jacob Bigelow publicou um livro com esse termo relativamente novo no título: *Elements of Technology*, um livro para celebrar os avanços humanos em escrita, pintura, escultura, arquitetura, construção, aquecimento, ventilação, iluminação, rodas, máquinas, têxteis, metalurgia e preservação de alimentos. Todos esses avanços são *tecnologia* — "uma palavra suficientemente expressiva, que", disse ele, "está começando a ser revivida na literatura dos homens práticos nos dias de hoje".[9]

O termo pegou. *Tecnologia* agora é um termo comum para todas as ferramentas que possuímos. Inovamos por meio de habilidades. Fazemos novas técnicas. A tecnologia é essencial para quem somos, em todas as épocas — desde a era do rifle semiautomático até a era do estilingue.

UMA FAMOSA HISTÓRIA TECNOLÓGICA

Nossas tecnologias podem ser primitivas ou avançadas, uma distinção que me lembra a história de Davi e Golias, dois tecnólogos que se enfrentaram em 1 Samuel 17.4–40. É assim que a história começa, com armamento avançado nos versos 4–11.

> [4]Então, saiu do arraial dos filisteus um homem guerreiro, cujo nome era Golias, de Gate, da altura de seis côvados e um palmo. [5]Trazia na cabeça um capacete de

---

9 Jacob Bigelow, *Elements of Technology*. Boston: Hilliard, Gray, Little & Wilkins, 1829, p. iv.

bronze e vestia uma couraça de escamas cujo peso era de cinco mil siclos de bronze. ⁶Trazia caneleiras de bronze nas pernas e um dardo de bronze entre os ombros. ⁷A haste da sua lança era como o eixo do tecelão, e a ponta da sua lança, de seiscentos siclos de ferro; e diante dele ia o escudeiro. ⁸Parou, clamou às tropas de Israel e disse-lhes: Para que saís, formando-vos em linha de batalha? Não sou eu filisteu, e vós, servos de Saul? Escolhei dentre vós um homem que desça contra mim. ⁹Se ele puder pelejar comigo e me ferir, seremos vossos servos; porém, se eu o vencer e o ferir, então, sereis nossos servos e nos servireis. ¹⁰Disse mais o filisteu: Hoje, afronto as tropas de Israel. Dai-me um homem, para que ambos pelejemos. ¹¹Ouvindo Saul e todo o Israel estas palavras do filisteu, espantaram-se e temeram muito.

Golias era um gigante, um campeão e guerreiro de elite, equipado da cabeça aos pés com o melhor armamento que havia saqueado de todo o mundo antigo. Sua tecnologia de batalha era uma coleção de peças superiores que ele acumulou ao longo dos anos como guerreiro profissional.

Saul era o mais próximo de um gigante em Israel, cujos ombros já ultrapassavam a altura de qualquer outro na nação (1Sm 9.2; 10.23). Ele também era o seu primeiro rei e o guerreiro com maior probabilidade de ser empurrado para esta luta um-a-um. Mas ele respondeu a Golias com medo e incredulidade. No lugar de Saul, um jovem pastor deu um passo de fé.

³²Davi disse a Saul: Não desfaleça o coração de ninguém por causa dele; teu servo irá e pelejará contra o filisteu. ³³Porém Saul disse a Davi: Contra o filisteu não poderás ir para pelejar com ele; pois tu és ainda moço, e ele, guerreiro desde a sua mocidade. ³⁴Respondeu Davi a Saul: Teu servo apascentava as ovelhas de seu pai; quando veio um leão ou um urso e tomou um cordeiro do rebanho, ³⁵eu saí após ele, e o feri, e livrei o cordeiro da sua boca; levantando-se ele contra mim, agarrei-o pela barba, e o feri, e o matei. ³⁶O teu servo matou tanto o leão como o urso; este incircunciso filisteu será como um deles, porquanto afrontou os exércitos do Deus vivo. ³⁷Disse mais Davi: O Senhor me livrou das garras do leão e das do urso; ele me livrará das mãos deste filisteu. Então, disse Saul a Davi: Vai-te, e o Senhor seja contigo.

Golias vinha matando homens em batalha há muitos anos. Ele era um guerreiro pagão criado para matar, um exterminador do passado com carne coberta de metais e força aprimorada pela tecnologia. Ele estava equipado com a mais moderna armadura corporal e armas customizadas, todas superdimensionadas para ampliar seus próprios poderes inatos. Nesta história, como em outras batalhas do Velho Testamento, o povo de Deus estava mal equipado para enfrentar exércitos muito mais poderosos, como os filisteus.

Portanto, quando um jovem pastor judeu se ofereceu para lutar contra o super-soldado filisteu, a sabedoria convencional disse que Davi também deveria se equipar para a guerra. Então o menino experimentou o maquinário de guerra do rei.

> [38]Saul vestiu a Davi da sua armadura, e lhe pôs sobre a cabeça um capacete de bronze, e o vestiu de uma couraça. [39]Davi cingiu a espada sobre a armadura e experimentou andar, pois jamais a havia usado; então, disse Davi a Saul: Não posso andar com isto, pois nunca o usei. E Davi tirou aquilo de sobre si. [40]Tomou o seu cajado na mão, e escolheu para si cinco pedras lisas do ribeiro, e as pôs no alforje de pastor, que trazia, a saber, no surrão; e, lançando mão da sua funda, foi-se chegando ao filisteu.

O problema fundamental aqui é que Davi e Golias estavam desequilibrados em seu potencial de energia. Em batalhas antigas, o exército menor era o azarão. A força vence as batalhas e o exército maior geralmente vence. Quer estejamos falando sobre a energia cinética combinada de soldados de campo com espadas, a ferocidade de bigas movidas a cavalos, a energia potencial elástica por trás de flechas totalmente puxadas, o potencial explosivo da pólvora por trás de uma bala ou a energia lançada dentro da ogiva de um míssil balístico, as guerras são vencidas liberando energia superior. Nas medições do potencial energético, Golias era incomparável, uma arma de dinamismo em massa, um exército de um homem só.

Em uma rápida tentativa de nivelar o campo e aumentar o potencial de poder deficiente de Davi, Saul equipou o jovem pastor com sua própria tecnologia de guerra. Davi teria mais poder com armadura e espada, mas o versículo 39 nos diz que o menino não tinha experiência com o equipamento. Ele não tinha a técnica adequada. E, sem a técnica, a tecnologia de guerra avançada era inútil porque não podia fazer o que foi criada para fazer: amplificar a energia e o poder humanos.

Em vez disso, Davi se preparou com uma técnica familiar. Ao contrário das aplicações equivocadas deste texto que *opõem* a fé à tecnologia, Davi tinha as duas. Ele tinha fé em Deus e a tecnologia ao seu lado. A funda giratória de Davi é um ótimo exemplo de técnica: amplificando, focalizando e concentrando a energia animada de seu braço para disparar uma pedra lisa. A funda de Davi foi um dos primeiros avanços na rica história da tecnologia. Essa história começou com alavancas e polias que amplificaram o poder de animais e humanos, depois incluiu fontes de energia inanimadas mais eficientes, como água (rodas d'água), vento (moinhos de vento), fogo e carvão (motores a vapor), eletricidade, combustíveis fósseis e poder nuclear. O enredo central da inovação humana se desenvolve à medida que descobrimos fontes de energia mais potentes, como as concentramos, armazenamos e aplicamos em demonstrações cada vez maiores de poder.

Portanto, neste antigo confronto de um contra um, vemos um desequilíbrio tecnológico — mas não na direção que imaginamos inicialmente. Golias entra com tecnologia adequada para a linha de frente em combate corpo a corpo com vários inimigos. Davi entra no duelo como um franco-atirador. Considerando que ele tenha uma boa mira, Davi prova ser o melhor em tecnologia. Sua tecnologia pode ser mais primitiva e inútil em combate corpo a corpo. Mas, como um projétil nessa distância, a técnica de Davi é superior. No entanto, sua técnica é pequena — pequena o suficiente para colocar o foco em sua fé. Então Davi disse ao gigante: "Tu vens contra mim com espada, e com lança, e com escudo; eu, porém, vou contra ti em nome do Senhor dos Exércitos, o Deus dos exércitos de Israel, a quem tens afrontado" (1Sm 17.45).

Você sabe como a história termina. A pedra atinge seu alvo. Golias vai ao chão. Davi empunha a espada do gigante e termina o duelo (1Sm 17. 50–51). Essa espada se tornará a espada de Davi (1Sm 21.7–9). E a partir desse ponto, Davi se acostumará rapidamente com armaduras, escudos e espadas (1Sm 18.4–5; 25.13).

No fim das contas, este confronto épico não tem a ver com a tecnologia ser boa ou ruim, ou com quais tecnologias eram melhores ou piores. O ponto principal da história é que, em um confronto entre os deuses do gigante filisteu e o Deus vivo de Davi, o Deus de Davi vence. A força de Deus fica clara na fraqueza de Davi. Esse é o ponto. Qualquer que seja o papel do poder e da inovação humanas nessa história, esses papéis são notas de rodapé.

Ainda assim, temos um exemplo simples e profundo de dois níveis diferentes de avanço tecnológico: o de vanguarda versus o rudimentar. Ambos requerem técnica. Ambos são tecnologias. Amoas amplificam o poder de seus usuários.

O TECHNIUM

É difícil apreciarmos a tecnologia nesta batalha antiga porque nossos poderes hoje superam a capacidade de fundas e espadas. E velhas fontes de energia animadas (como cavalos e bois) são ridiculamente fracas à luz de nossas modernas fontes de energia concentradas e inanimadas (como gás e eletricidade). Nós acumulamos energia em tanques de combustível, baterias e reatores nucleares. Mas, como espero mostrar a você neste livro, todos esses avanços são capítulos de uma mesma grande história.

Esses capítulos se desdobram como estágios. Primeiro, as tecnologias começam amplificando e canalizando o poder animado. Pense em dirigir uma carruagem e usar o chicote de couro para converter a potência dos cavalos em movimento horizontal das rodas. Em seguida, vêm as fontes de energia inanimadas sob o controle direto dos humanos. Pense em dirigir o carro da família movido à combustão de gasolina. Esses poderes levam a um terceiro estágio, a sistemas semiautônomos que podem operar sem intervenção humana contínua. Pense nos carros elétricos "autônomos" de hoje, que ainda requerem a supervisão de um motorista humano. Todas as tecnologias sobre as quais lemos na Bíblia ficam no primeiro estágio. Mas nossas vidas hoje são uma mistura de todos os três estágios: colheres, furadeiras sem fio e ar-condicionado com termostato.

Combinados, nossos poderes acumulados nos tornam mágicos. Podemos acelerar nossos corpos em um carro a 110 km/h. Podemos voar em um avião a 925 km/h. Podemos disparar uma bala a 2700 km/h. Podemos enviar uma mensagem digital para mil pessoas na velocidade da luz. O poder ao alcance de nossas mãos é verdadeiramente notável.

Mas há um desafio emergente no horizonte. As tecnologias individuais que podemos usar estão rapidamente se tornando um ecossistema tecnológico do qual não podemos escapar. Entramos em uma era em que todas as nossas maravilhas tecnológicas estão se tornando tão interconectadas que assumem características evolutivas biológicas — um sétimo reino da natureza, um ecossistema unificado e reforçado. Kevin Kelly, cofundador da revista *Wired*, chama o sistema de *technium*. A tecnologia atingiu um "sistema de criação autoamplificado" e "autorreforçado", um ponto em que "nosso sistema de ferramentas, máquinas e ideias se tornou tão denso em ciclos de feedback e interações complexas que gerou uma certa independência".[10]

Dentro deste *technium*, máquinas mais antigas com vários pontos fortes são consolidadas em novas máquinas, com todos os seus antigos poderes somados a poderes ainda mais novos e potentes. "Essas combinações são como acasalamentos", escreve Kelly. "Elas produzem uma árvore genealógica de tecnologias ancestrais. Assim como na evolução darwiniana, pequenas melhorias são recompensadas com mais cópias, de forma que as inovações se espalham continuamente pela população. Ideias mais antigas se fundem e geram novas ideias. As tecnologias não apenas formam ecossistemas de aliados mutuamente apoiados, mas também formam linhas evolutivas. O *technium* realmente só pode ser entendido como um tipo de vida evolutiva".[11] Como observação à parte, muitos cristãos encontram no darwinismo uma explicação certa para as origens da vida biológica;[12]

---

10 Kelly, *What Technology Wants*, p. 11-12, 38.
11 Kelly, *What Technology Wants*, p. 45.
12 Ver Francis S. Collins, *The Language of God: A Scientist Presents Evidence for Belief*. Nova Iorque: Free Press, 2007, p. 85-107. Collins afirma que a evolução "como um mecanismo, pode e deve ser verdadeira" (p. 107). Sem ela, "a biologia e a medicina seriam impossíveis de compreender" (p. 133). Para uma visão melhor, ver J. P. Moreland, Stephen C. Meyer, et al. (eds.), *Theistic Evolution: A Scientific, Philosophical, and Theological Critique*. Wheaton, IL: Crossway, 2017.

eu não.¹³ Mas também acho que Kelly está certo em usar a teoria da evolução como uma metáfora para a era tecnológica. Nossas máquinas acasalam consolidando forças. Supercomputadores e robôs avançam lentamente em direção à inteligência autônoma, talvez em direção a uma época em que computadores e robôs se aperfeiçoarão sem nossa ajuda.

Em termos evolutivos, toda inovação futura é construída através da recondensação ou recombinação da linhagem de inovações anteriores em novas. Essas inovações de primeira geração se tornam inovações cada vez mais atualizadas no futuro. Com o tempo, elas evoluem e se fundem em uma espécie de organismo unificador. No final, escreve Kelly, "essa rede global, circular e interconectada de sistemas, subsistemas, máquinas, tubos, estradas, cabos, correias transportadoras, automóveis, servidores, roteadores, códigos, calculadoras, sensores, arquivos, ativadores, memória coletiva e geradores de energia — toda essa grande engenhoca de peças inter-relacionadas e interdependentes forma um único sistema".¹⁴ Pouquíssimas tecnologias, ou mesmo nenhuma, podem ser extraídas cirurgicamente deste *technium*. Então, como respondemos?

A resposta se divide entre distópicos e utópicos.

Por um lado, os religiosos em particular tendem a ser distópicos tecnológicos e pessimistas que veem o *technium*

---

13   Ver Michael J. Behe, *A Caixa preta de Darwin: O desafio da bioquímica à teoria da evolução*. São Paulo: Mackenzie, 2019; *The Edge of Evolution: The Search for the Limits of Darwinism*. Nova Iorque: Free Press, 2007; *A involução de Darwin: a nova ciência do DNA que desafia a evolução*. São Paulo: Mackenzie, 2021; e *A Mousetrap for Darwin*. Seattle: Discovery Institute, 2020.

14   Kelly, *What Technology Wants*, p. 8–9.

como a reconstrução de Babel. A humanidade está unificada na rejeição a Deus, em uma evolução tecnológica que Deus não pode parar, ou escolhe não parar, até que ele eventualmente intervenha e destrua todo o experimento. A resposta lógica para as pessoas de fé é juntar-se aos Amish fora dessa cidade combustível.

Por outro lado, darwinistas e pós-humanistas tendem a imaginar um mundo onde o homem e a máquina se misturam em uma única existência, caminhando em direção a uma utopia celestial. Eles acolhem o produto de uma tecnologia que está "costurando todas as mentes dos seres vivos, envolvendo o planeta em um manto vibrante de nervos eletrônicos, de continentes inteiros de máquinas conversando entre si".[15] A visão é uma nova e melhorada Babel 2.0, a humanidade reunificada e alargada com inovação e poder de máquina para existir para sempre.

Eu fico em algum lugar nessa mistura, nem distópico, nem utópico, mas um criacionista que crê na Bíblia, reformado em minha teologia, confiando na orquestração providencial de Deus sobre todas as coisas. Sou um urbano preocupado com as motivações egoístas em ação no Vale do Silício, mas também sou um otimista da tecnologia, ansioso para ver e experimentar as possibilidades futuras que estão à frente. Em ambos os casos, sou temperado por uma revelação que lembra que o enredo da tecnologia humana se enrascará e acabará mal também. Tentarei explicar tudo isso à medida que avançamos.

---

15 Kelly, *What Technology Wants*, p. 358.

O CAMINHO À FRENTE

Este livro é uma mesa redonda com nove vozes históricas, estruturado por nove textos-chave das Escrituras, enquanto procuro desfazer doze mitos comuns sobre a tecnologia.

Aqui estão breves perfis das nove vozes que aparecerão ao longo do livro.

João Calvino (1509–1564), um reformador francês, célebre teólogo e criacionista que gerou um movimento internacional que celebrou a construção de cidades, a geração de cultura e as descobertas científicas de não cristãos. Ele convocou os cristãos ao trabalho árduo e à frugalidade e pôs fim ao "estigma religioso e social associado à riqueza".[16] Ele trouxe paz entre a fé e a ciência, abrindo a porta para os cristãos buscarem a ciência como um ato de adoração a Deus e amor ao próximo.

Charles Haddon Spurgeon (1834–1892), pastor britânico, batista reformado, criacionista e um dos pregadores cristãos mais famosos da história da igreja. Um estudante perspicaz das inovações de ponta de sua época, Spurgeon era centrado em Cristo e foi direto ao ponto sobre o que a tecnologia nunca poderia conquistar.

Abraham Kuyper (1837–1920), neocalvinista holandês, teólogo, jornalista e ex-primeiro-ministro da Holanda. Kuyper foi um criacionista que adotou a cosmovisão de Calvino, levou-a ao seu limite otimista e celebrou a graça comum do futuro científico do homem.

---

16 Alister E. McGrath, *A Life of John Calvin: A Study in the Shaping of Western Culture*. Hoboken, NJ: Wiley-Blackwell, 1993, p. 219–261 (em português: *A vida de João Calvino*. São Paulo: Cultura Cristã, 2004).

Herman Bavinck (1854–1921), neocalvinista holandês, teólogo amplamente celebrado e criacionista que construiu a partir da visão de Calvino uma abordagem cautelosa em relação à inovação. Bavinck identificou os desafios espirituais das tecnologias do passado, do presente e do futuro.

Jacques Ellul (1912–1994), filósofo francês, cristão e pessimista tecnológico, acreditava que toda inovação gerava mais problemas do que soluções. Ellul protestou contra a tecnocracia econômica e política que entrava em conflito direto com o discipulado cristão.

Wendell Berry (1934–), romancista, ensaísta e conservacionista americano conhecido por sua defesa da vida rural e sua beligerância contra as grandes tecnologias. Berry embasa seu conservacionismo em uma cosmovisão cristã, embora de maneiras um pouco superficiais doutrinariamente.

Kevin Kelly (1952–), americano, cofundador da revista *Wired*, conservacionista e repórter de longa data da linha de frente da tecnologia americana. Kelly é um otimista tecnológico por visão, mas um minimalista tecnológico por aplicação — um estilo de vida que ele adaptou dos Amish. Ele é darwinista, afirma ter uma experiência de conversão religiosa e reconcilia Deus e a tecnologia por meio do teísmo aberto, a ideia de que Deus observa surpreso ao ver o que iremos inventar a seguir.

Elon Musk (1971–), um bilionário americano, empresário excêntrico e tecnólogo por trás de algumas das empresas mais ambiciosas dos Estados Unidos, como Tesla, SpaceX e Neuralink. Ele está impulsionando a exploração do espaço com o objetivo de colonizar Marte, mas é mais imediatamente conhecido por seus empreendimentos bem-sucedidos em eletricidade e carros autônomos. Quando questionado se ciência e religião podem coexistir, ele disse: "Provavelmente não".[17] Musk defende a teoria da simulação, segundo a qual não vivemos dentro de uma realidade básica, mas provavelmente existimos dentro de um dos muitos programas de simulação ao estilo Matrix projetados por uma inteligência superior.

Yuval Noah Harari (1976–), um professor israelense de história, ateu resoluto e autor de best-sellers, que ganhou o título de "o historiador do futuro". Darwinista convicto, Harari é um distópico tecnológico orwelliano que tenta abalar as pessoas com duas previsões na forma de duas novas religiões: o *tecnohumanismo*, um mundo de super-humanos geneticamente modificados aprimorados com novos poderes de computação; e o *dataísmo*, onde a autoridade final repousa no ser de computação mais poderoso, antes o homem, e que em breve será uma inteligência artificial (IA).

Em diálogo com essas nove vozes (e algumas outras), o livro é organizado em torno do estudo de nove seções-chave das Escrituras: Gênesis 4.1–26; 6.11–22; 11.1–9; 1 Samuel 17.1–58; Jó 28.1–28; Salmo 20.1–9; Isaías 28.23–29; 54.16–17; e Apocalipse 18.1–24. Muitos outros poderiam ser adicionados, mas esses são os mais importantes.

Ao estudarmos esses blocos importantes das Escrituras, posso pedir um favor? Como leitores, tendemos a pular citações em recuo na página (eu sei, porque também faço isso).

---

17 SoulPancake, "Elon Musk Captured by Rainn Wilson!" youtube.com (18 de março de 2013).

Mas, por favor, não faça isso. Por favor, leia cada texto citado com especial cuidado.

À medida que avançamos, destacarei as principais conclusões e desfarei os mitos mais comuns sobre tecnologia que ouço e vejo na igreja, particularmente estes doze:

Mito 1: A inovação humana é uma imposição inorgânica forçada sobre a ordem criada.
Mito 2: Os seres humanos definem os limites e as possibilidades tecnológicas da criação.
Mito 3: A inovação humana é autônoma, ilimitada e incontrolável.
Mito 4: Deus não está relacionado às melhorias da inovação humana.
Mito 5: Os inventores não cristãos não podem cumprir a vontade de Deus.
Mito 6: Deus enviará as inovações mais benéficas por meio dos cristãos.
Mito 7: Os seres humanos podem gerar tecnopoderes além do controle de Deus.
Mito 8: As inovações são boas, desde que sejam pragmaticamente úteis.
Mito 9: Deus governa apenas tecnologias virtuosas.
Mito 10: Deus não tinha o iPhone em mente quando criou o mundo.
Mito 11: Nossa descoberta do poder atômico foi um erro que Deus nunca desejou.
Mito 12: Ser um bom cristão depende de minha adoção ou rejeição do *technium*.

FÉ E FÍSICA

Desde antes do Iluminismo, a ciência e a igreja muitas vezes foram amigas e às vezes inimigas. A tensão nem sempre foi culpa da ciência. Este confronto é lamentável, porque. em um vale repleto de grama no meio do antigo Israel, Davi, o homem de Deus, usou a física e a fé ao mesmo tempo. Podemos aprender a fazer o mesmo? Podemos encontrar uma vida de fé neste mundo de possibilidades humanas ampliadas? Podemos encontrar um lugar onde a confiança centrada em Deus e a habilidade de manejar a técnica se complementem?

O agnóstico tecnocrata pensa que deve colocar Deus de lado para que a tecnologia floresça. O cristão agrário pensa que deve deixar a tecnologia de lado para que a fé prospere. Mas tanto o otimista quanto o pessimista tecnológico não dão a Deus o devido crédito. Mesmo as formas de cristianismo mais pró-criação e entusiastas da matéria lutam para saber o que fazer com celulares, exploração espacial e medicina genética.

Os cristãos rejeitam o gnosticismo. Em Cristo, celebramos o mundo material, como o café recém-moído, as árvores frutíferas em flor, o pão quente, a manteiga amolecida e o mel fresco. A natureza, os jardins, o sol, as brincadeiras e as risadas são presentes para serem desfrutados. O mesmo ocorre com as danças, os casamentos e o sexo conjugal. Mas devemos também celebrar o celular, o microprocessador e o reator nuclear? Se tem tomada, podemos celebrá-lo?

Pessoas de fé por vezes prejudicaram conversas equilibradas sobre tecnologia, rejeitando a inovação humana com termos de dominação (como o *tecnopólio*) e alguns outros *ismos* (como *tecnicismo, cientificismo* e *economicismo*).

Penso que precisamos de uma nova discussão e este livro é minha tentativa. Meu livro anterior abordou a vida cristã na economia da atenção.[18] Antes disso, escrevi um livro sobre celulares e como a tecnologia digital está mudando nossas vidas. Lá, apresentei pela primeira vez um breve esboço de algumas páginas de como entendo o mundo da tecnologia por meio das Escrituras.[19] Nos anos seguintes, esse resumo gerou conversas robustas, e eu sabia que precisaria desenvolver meu esboço em um livro. Então aqui está, minha "logia" da tecnologia, minha teologia bíblica da tecnologia.

Um dos meus títulos originais para este livro foi *Guia de tecnologia moderna para cristãos otimistas*. Tecnologia não são apenas rosas, mas também não são só espinhos. Este livro é minha proposta para uma visão mais positiva da inovação e dos inovadores humanos. Como um otimista tecnológico, sei que este livro venderia mais se fosse um alerta alarmista e apocalíptico sobre como Satanás sequestrou a rede elétrica, nos controla por meio de nossos celulares e quer implantar a marca digital da besta em nós. Eu venderia a você uma vasta conspiração associada a uma teologia de um deus impotente que não sabe o que fazer. Eu colocaria o futuro do mundo em suas mãos como nossa única esperança. Eu concentraria sua atenção na nova tecnologia mais assustadora para que você ignorasse as glórias dos vastos avanços tecnológicos que

---

18 Tony Reinke, *A guerra dos espetáculos: O cristão na era da mídia*. São José dos Campos: Fiel, 2020.
19 Tony Reinke, *12 maneiras como seu celular está transformando você*. Niterói: Concílio, 2020, p. 27–35.

adornam sua vida diária. Eu terminaria com um apêndice sobre como cavar um bunker para uma comuna rural fora do mapa. E eu escreveria o livro inteiro com letras maiúsculas. O medo vende livros, mas minha teologia — o que eu sei sobre o Criador gloriosamente soberano e sua incrível criação — me proíbe de alimentar mais medo. Portanto, sou otimista — não otimista pelo homem, mas pelo Deus que governa cada centímetro quadrado do Vale do Silício.

Nas páginas a seguir, estendo minha pesquisa além da mídia e dos celulares para encontrar respostas que dizem respeito ao mundo, da torre de Babel aos foguetes da SpaceX. "A tecnologia, na verdade, é uma das partes mais completamente conhecidas da experiência humana", escreve o teórico da tecnologia Brian Arthur. "Ainda assim, sobre sua essência — a natureza profunda de seu ser — sabemos pouco".[20] Isso é verdade tanto fora quanto dentro da igreja. Nossas inovações ameaçam a Deus? Eles o tornam mais irrelevante para a vida? Qual é a relação de Deus com o Vale do Silício e o Beco do Silício? Como ele se relaciona com nossos inovadores mais impressionantes? Deus é ameaçado pelo *technium*? De onde vêm nossas tecnologias e dispositivos? O que as tecnologias podem fazer por nós? O que elas *nunca* podem fazer por nós? E quanta tecnologia é tecnologia demais na vida cristã?

Precisamos de respostas.

---

20 W. Brian Arthur, *The Nature of Technology: What It Is and How It Evolves*. Nova Iorque: Penguin, 2009, p. 13.

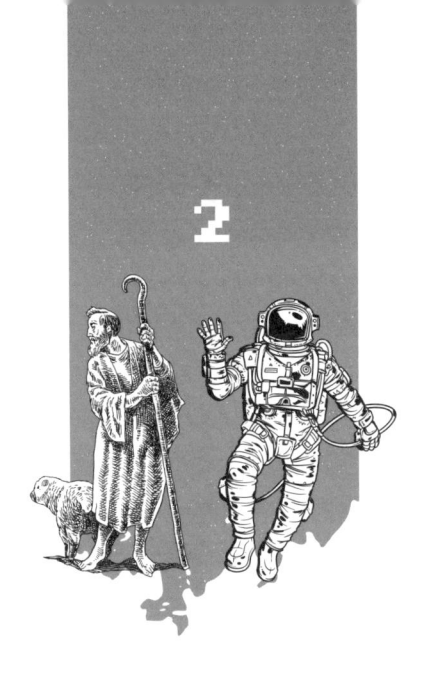

QUAL É A RELAÇÃO DE DEUS COM A TECNOLOGIA?

Quando penso em tecnologia, imagino alertas sonoros e luzes LED piscando em um pequeno dispositivo. Normalmente não penso em betume. Mas é aí que nossa jornada começa: com betume preto e pegajoso. Ele nos ajudará a responder uma das principais questões que enfrentamos como cristãos nesta era: qual é a relação de Deus com a tecnologia humana?

A maneira como você responderá a essa pergunta definirá a sua relação com a tecnologia. Isso afetará como você decide quais inovações adotar, em quais setores trabalhar e quais diretrizes definir para a tecnologia que você usa. É uma grande questão, e tudo remonta ao betume.

Nossa jornada com essa substância escura começa em Gênesis 6.11. O pecado já havia entrado na criação neste ponto. O pecado afetou *tudo* e corrompeu a *todos*. Preste atenção no betume.

> [11]A terra estava corrompida à vista de Deus e cheia de violência. [12]Viu Deus a terra, e eis que estava corrompida; porque todo ser vivente havia corrompido o seu caminho na terra. [13]Então, disse Deus a Noé: Resolvi dar cabo de toda carne, porque a terra está cheia da violência dos homens; eis que os farei perecer juntamente com a terra. [14]Faze uma arca de tábuas de cipreste; nela farás compartimentos e a calafetarás com betume por dentro e por fora.

Aí está: *betume*, ou *piche*.

A rebelião global exige uma resposta global. Deus disse a Noé que destruiria tudo na terra. Em seguida, ele dá a Noé as plantas de um projeto de construção enorme, que exigirá todos os feitos conhecidos da engenharia e da tecnologia humanas para construir um navio pronto para enfrentar o oceano. Dentro de uma sociedade que usava apenas pequenos barcos para navegar pelos rios, a arca desafiava todas as categorias existentes de engenharia.[1] Pelo tamanho, excedia todo uso prático. E, por necessidade, forçou Noé a começar a abrir novos caminhos em engenharia e tecnologia neste

---

1 Abraham Kuyper, *Common Grace: God's Gifts for a Fallen World*. Bellingham, WA: Lexham Press, 2020, 1. p. 338.

projeto de construção que exigiria mais de um século para ser concluído.

Como uma etapa final antes que as nuvens de tempestade se acumulassem, Noé coletou piche. Onde ele o encontrou? Talvez, mesmo antes do dilúvio, carvão, petróleo e piche estivessem naturalmente disponíveis na criação.[2] Ou talvez Noé tenha destilado piche de resina de pinheiro.[3] De qualquer maneira, Noé espalhou milhares de litros de piche em sua arca, por dentro e por fora, para deixar o casco do navio à prova d'água à espera do vindouro julgamento global de Deus.

UMA LONGA SOMBRA DE FORÇA MEDONHA

Quarenta dias e noites depois, a arca atracou e a humanidade rapidamente preencheu uma tabela abrangente de nações, detalhada em Gênesis 10. Devido à expectativa de vida extraordinariamente longa na época, apenas 150 anos após o dilúvio, a população poderia facilmente ter aumentado para cinquenta mil. Mas, em vez de se espalhar pelo mundo, essa população pós-dilúvio se reuniu em Babel, na segunda grande história do piche e a segunda grande história de inovação tecnológica nos primeiros capítulos de Gênesis. Aqui está o que lemos em Gênesis 11.

> [1]Ora, em toda a terra havia apenas uma linguagem e uma só maneira de falar.

---

2 John Matthews, "The Origin of Oil — A Creationist Answer", answersingenesis.org, 17/12/2008.
3 Tas B. Walker, "The Pitch for Noah's Ark", creation.com, 20/7/2016.

Os cinquenta mil residentes do globo tinham uma única linha de continuidade cultural que remontava a Noé. Eles tinham um único idioma, a mesma forma de falar. E começaram a construir um novo lar na terra.

> ²Sucedeu que, partindo eles do Oriente, deram com uma planície na terra de Sinar; e habitaram ali. ³E disseram uns aos outros: Vinde, façamos tijolos e queimemo-los bem. Os tijolos serviram-lhes de pedra, e o betume, de argamassa.

Aí está de novo: *betume*, ou *piche*, o mesmo conceito que vimos na arca.[4] Os babelitas descobriram o piche, possivelmente de ocorrência natural. Mais notável ainda, eles também inventaram uma nova forma de queimar tijolos. O tijolo endurecido ao fogo é uma tecnologia inovadora que leva a novas possibilidades. "Os cidadãos não decidiram construir uma cidade e uma torre", ressalta o teólogo Alastair Roberts. "Eles começam descobrindo uma nova tecnologia, queimaram tijolos e, tendo descoberto tal tecnologia, decidiram construir uma torre e uma cidade. Há algo nas tecnologias que abre nossa imaginação para novas possibilidades, direcionando nossa concepção do que pode ou deve ser feito".[5]

Com a nova tecnologia (tijolos queimados) e a descoberta natural (betume) surgem novos sonhos urbanos do que agora é possível.

---

4 Noé recebeu a ordem de usar piche, uma palavra diferente, em sua arca. Mas o cesto de Moisés é feito flutuante com betume e piche, ligando os dois termos. "Não podendo, porém, escondê-lo por mais tempo, tomou um cesto de junco, calafetou-o com betume e piche e, pondo nele o menino, largou-o no carriçal à beira do rio" (Ex 2.3).

5 Alastair Roberts, conversa por telefone com o autor, 29/10/2020.

> ⁴Disseram: Vinde, edifiquemos para nós uma cidade e uma torre cujo tope chegue até aos céus e tornemos célebre o nosso nome, para que não sejamos espalhados por toda a terra. ⁵Então, desceu o Senhor para ver a cidade e a torre, que os filhos dos homens edificavam;

Com essas novas possibilidades tecnológicas, o primeiro vernáculo global do homem irrompe em aspiração. "Edifiquemos"; "tornemos". Algum impulso primitivo dentro de nós exige a inovação. Assim, em uníssono, a humanidade avança para colaborar em um projeto de construção de autonomia. Não se trata de uma torre para mera reputação; é uma torre de independência, o desejo de "estar definitivamente separado de Deus".⁶ Para rejeitar a comissão de Deus de se espalharem pelo globo, o homem projeta uma torre até o céu.

Em pouco tempo, Deus percebe a rebelião, desce do céu, se agacha, põe o rosto no chão e aperta os olhos para ver essa torre e medir sua altura (isso é sarcasmo divino). E então ele responde.

> ⁶e o Senhor disse: Eis que o povo é um, e todos têm a mesma linguagem. Isto é apenas o começo; agora não haverá restrição para tudo que intentam fazer. ⁷Vinde, desçamos e confundamos ali a sua linguagem, para que um não entenda a linguagem de outro. ⁸Destarte, o Senhor os dispersou dali pela superfície da terra; e cessaram de edificar a cidade. ⁹Chamou-se-lhe, por isso, o nome de Babel, porque ali confundiu o Senhor a lin-

---

6 Jacques Ellul, *The Meaning of the City*. Eugene, OR: Wipf & Stock, 2011, p. 16.

guagem de toda a terra e dali o Senhor os dispersou por toda a superfície dela.

Babel é um conjunto de cidade e torre. A cidade-torre é mencionada duas vezes e, finalmente, apenas a cidade. Alguns pensam que é porque Deus quer deixar claro que não quer que a cidade seja concluída. Talvez. Ou talvez a torre estivesse completa e a cidade em andamento. Não sabemos. Sabemos que era uma cidade-torre e que era uma tentativa prematura de utopia. Deus chamou a primeira família, Adão e Eva, para se espalhar e encher a terra. E depois do dilúvio ele ordenou a família de Noé a fazer o mesmo. E então a humanidade se reuniu em um rebanho e se estabeleceu em uma cidade-torre unificada. Mas o plano de Deus não era esse. O resultado foi uma cidade-templo para a rebelião humana — um centro religioso, não um centro urbano de ateus e agnósticos. Babel era o novo epicentro global da adoração humana. Toda a humanidade se reuniu, com intenção religiosa, com o que parecia ser o objetivo de abrir um portal no céu, invadir o céu, destronar Deus e entronizar a humanidade em seu lugar.

No entanto, apesar de todas as suas aspirações, Babel, como qualquer feito da engenharia humana, não representa uma ameaça para Deus. O versículo 6 destaca o problema de Babel: não fazer Deus ficar inseguro, mas colocar o homem em um novo caminho de autodestruição que o restringe. A ambição e o poder crescentes do homem não ameaçam a Deus; eles ameaçam o próprio homem, porque "quanto mais poder eles são capazes de concentrar, mais dano eles serão capazes de fazer a si mesmos e ao mundo".[7]

TECNOLOGIA EM BABEL

A torre que os babelitas tentaram construir era provavelmente um zigurate, uma pilha agigantada de Lego, construída com tijolos cozidos, não com pedras brutas. Seus tijolos eram uma novidade tecnológica. Os tijolos cozidos no fogo têm menos probabilidade de lascar ou rachar. Eles resistem bem, especialmente nas condições climáticas mais adversas. Eles são estáveis, fortes e feitos para durar eras. E os tijolos cozidos foram colados com piche — betume. Hoje apreciamos a riqueza das reservas de petróleo no Oriente Médio. Mas, muito antes que as plataformas de petróleo e perfuratrizes inflamassem a indústria do petróleo e trouxessem riquezas incalculáveis aos herdeiros das terras de Babel, essa mesma terra vazava petróleo bruto na superfície.[8] Era apenas uma questão de tempo até que as profundezas dessas reservas fossem descobertas, perfuradas, sifonadas e despejadas em barris para fornecer energia ao mundo moderno com uma riqueza e um poder que os construtores originais de Babel jamais poderiam ter imaginado. A história do petróleo do Oriente Médio começa aqui, no betume de Babel.

Mas os estudiosos propõem que esse piche foi uma falha de engenharia, uma incompatibilidade, como construir um arranha-céu de vigas de aço, mas conectando essas vigas com

---

[7] Donald E. Gowan, *From Eden to Babel: A Commentary on the Book of Genesis 1-11* (International Theological Commentary). Grand Rapids, MI: Eerdmans, 1988, p. 119.
[8] W. Sibley Towner, *Genesis* (Patrick D. Miller e David L. Bartlett, eds., Westminster Bible Companion). Louisville, KY: Westminster John Knox, 2001, p. 109–110.

fita adesiva em vez de parafusos. Por um lado, os tijolos cozidos simbolizam "permanência e estabilidade". Mas o piche, somos informados, "dificilmente é uma argamassa adequada", tão inferior que estamos vendo aqui uma "falha no projeto", diz um teólogo.[9]

Pelo contrário, penso que o projeto foi brilhantemente calculado. Historicamente, apenas um século e meio separam o dilúvio e Babel. Então o povo de Babel se lembrou da arca de Noé. O dilúvio era de conhecimento público, não muito distante da memória coletiva. Isso significa duas coisas.

Em primeiro lugar, os únicos sobreviventes do dilúvio foram Noé, sua família, dois animais de cada tipo e a própria arca — a conquista tecnológica mais incrível da história da humanidade até aquele momento, uma junção de todas as tecnologias de construção anteriores ao dilúvio — transportada e preservada para uma nova era. A arca ajudou a inspirar os avanços tecnológicos que levariam ao desejado zigurate de Babel. Ela trazia mais proezas de engenharia do que apenas a construção naval (como veremos em breve). Mas a colossal arca por si só deve ter enchido a humanidade de sonhos para a engenharia.

Em segundo lugar, o conhecimento do dilúvio significava que todas as pessoas depois dele sabiam que Deus julgava os pecadores que o rejeitavam e se rebelavam contra sua vontade. Todo mundo sabia. Portanto, se você vai construir uma torre para destronar Deus e se libertar dele, é melhor estar preparado. Preparado para quê? Para o juízo. Preparado para a fúria de Deus cair mais uma vez dos céus em uma inundação

---

9 Leland Ryken et al., *Dictionary of Biblical Imagery*. Downers Grove, IL: InterVarsity Press, 2000, p. 66.

catastrófica. Por isso você endurece seus tijolos com fogo e os cola com piche. Você torna sua torre impermeável. E só então você fica no topo do telhado, olha para o céu azul, levanta o punho e diz: "Boa sorte em nos inundar agora!"

EXPULSOS (DE VEZ)

Toda essa engenharia humana tinha o objetivo de frustrar Deus, ou assim pensavam os babelitas. Obviamente, Deus os julgou. Ele os destronou ao confundir sua única língua e dispersá-los pelo globo. O que é mais uma parte curiosa da história, porque realmente não importa como você chama um tijolo cozido ou um balde de betume. Chame do que você quiser; você consegue continuar construindo. "Traga-me isso"; "Deixe isso aqui"; "Cole com isso". Você não precisa do vocabulário total de Shakespeare para terminar uma cidade semiconstruída. Você pode se comunicar apontando com seus dedos. Portanto, não é como se Deus tivesse paralisado o trabalho fazendo com que todos usassem diferentes nomenclaturas para *betume* e *tijolo*. Algo mais estava acontecendo ali.

Deus avaliou a torre e espalhou os seres humanos pelo globo. Este julgamento trouxe duas mudanças sísmicas. Primeiro, ao multiplicar as línguas e espalhar a humanidade pelo mundo, Deus introduziu novas redes e tecnologias globais de comunicação, viagens e correspondências. Essas indústrias agora seriam inevitáveis.[10] Segundo, ao multiplicar as línguas e espalhar a humanidade pelo mundo, ele introduziu novas tensões globais entre os humanos que ajudariam a nos proteger de nossas futuras inovações tecnológicas. Deixe-me explicar.

---

10 Kuyper, *Common Grace*, vol. 2, p. 588.

Se você adora aprender idiomas, sabe que um idioma é mais do que um dicionário. Cada idioma tem uma lógica interna relacionada à cultura. Cosmovisões inteiras se refletem em um dialeto. Cada cultura produz seus próprios sons musicais e sua própria forma de pão. Diferentes línguas representam culturas diferentes e maneiras únicas de projetar cidades, torres e casas. "Muitos antropólogos dizem que se você realmente deseja aprender sobre um grupo de pessoas, você só precisa aprender sua língua, e isso lhe dirá tudo o que você precisa saber. Então, ao confundir as línguas, Deus estava essencialmente reprogramando a identidade, as conexões relacionais e como eles viam o mundo".[11] Simultaneamente à miríade de novas línguas, vemos evidências de que Deus introduziu centenas de novas maneiras de pensar sobre o mundo. Esses novos pensamentos produziram uma multiplicação de novas religiões. Quando as pessoas que almejavam derrubar Deus foram dispersas, elas produziram ídolos concorrentes e divindades tribais à sua própria imagem. Babel marca até mesmo a gênese da animosidade étnica.[12]

Mas aqui está o ponto principal em relação à tecnologia. Na multiplicação das línguas em Babel, "Deus impede que o homem forme uma verdade válida para todos os homens. Doravante, a verdade do homem será apenas parcial e

---

[11] John Dyer, *From the Garden to the City: The Redeeming and Corrupting Power of Technology*. Grand Rapids, MI: Kregel, 2011, p. 105.

[12] Bavinck chama Babel de o início do "instinto racial, nacionalismo, inimizade e ódio", a fonte de todas as "forças divisórias entre os povos", "uma punição surpreendente e um julgamento terrível" que nunca será desfeito por programas humanos ou cultura, somente por Cristo e dentro de sua Noiva na terra. Herman Bavinck, *As maravilhas de Deus*. São Paulo: Pilgrim; Rio de Janeiro: Thomas Nelson, 2021, p. 83.

contestada".¹³ E essa desarmonia de cosmovisão se traduz em como uma determinada cultura cria e usa (ou rejeita) certas inovações. Assim, em Babel, em vez de uma forma unificada de projetar uma torre e uma cidade, surgiram centenas de opiniões sobre como fazer da melhor forma. Há muito tempo os teólogos dizem que essa multiplicação de línguas está na origem de todas as culturas do mundo. O que devemos acrescentar à discussão é um ponto sobre tecnologia. Ao multiplicar as culturas, Deus codificou no drama da humanidade diferentes maneiras de pensar e se relacionar com o mundo. Essas diferenças são tão potentes que nos impedirão de adotar qualquer tecnologia única para o mundo todo.

Babel não foi um acidente. Babel foi o produto da aspiração e da inovação do homem, que Deus desde o início pretendia hackear para criar todas as culturas da terra e estabelecer uma subversão global que quebraria a aspiração humana e minaria a adoção universal de uma só tecnologia no futuro.

AS BOAS NOVAS DA DESUNIÃO

A partir de Babel, o consenso universal se tornou impossível. E isso é uma boa notícia. Aqui está um exemplo moderno da razão. No outono de 2019, a Delta Airlines começou a usar o reconhecimento facial nos Estados Unidos em dezenas de portões domésticos e para todos os voos internacionais. Essa tática foi possível porque nossos dados biométricos, o vetor único das características faciais de cada pessoa, são mantidos em um banco de dados do governo, ao qual a Delta teve

---

13 Ellul, *The Meaning of the City*, p. 19.

acesso. O embarque biométrico — usando uma leitura facial, não um cartão de embarque — é mais rápido, fácil e, de acordo com a Delta, mais popular entre os clientes.[14] O reconhecimento facial é amplamente adotado no país. Por quê? Conveniência pessoal.

Simultaneamente, do outro lado do globo, manifestantes mascarados em Hong Kong empunhando serras sem fio derrubaram postes que supostamente carregavam câmeras de reconhecimento facial do governo, para protestar contra a falta de direitos humanos. Provavelmente nenhum país do mundo tem um banco de dados sobre seus cidadãos maior do que a China, um país há muito suspeito de usar dados privados para alimentar a coerção por meio de estratégias de inteligência artificial (IA). O reconhecimento facial é amplamente questionado na China. Por quê? Perigo pessoal.

Não estou sugerindo que sua opinião sobre o uso governamental de dados biométricos depende de você falar inglês ou cantonês. Essa ilustração mostra como multiplicar culturas gerou resistência à adoção de qualquer tecnologia. Em vez de permitir que a humanidade vivesse em um consenso global (como em Babel), Deus invadiu, confundiu as línguas e multiplicou as culturas. Ele codificou tensões internas e desarmonias no drama da humanidade, tensões que ajudarão a controlar e limitar a adoção de tecnologias em um mundo decaído. A rápida adoção de dados biométricos se restringe pelo medo da coerção do Estado.

---

14 Kathryn Steele, "Delta Expans Optional Facial Recognition Boarding to New Airports, More Customers". delta.com, 8/12/2019.

Portanto, o julgamento de Deus em Babel introduziu uma centena de opiniões novas e conflitantes sobre a melhor maneira de construir uma cidade. Na verdade, é isso que os pesquisadores descobrem quando observam como a tecnologia se distribui pelo globo hoje. Preconceitos étnicos inegáveis ainda determinam quais avanços são adotados ou rejeitados em uma determinada cultura.[15] *Além disso*, adicione a confusão vernacular e você terá uma noção da frustração em escala que trouxe um fim abrupto ao Projeto Babel.

Ao esmagar o consenso humano e gerar uma biodiversidade de culturas, Deus criou pela primeira vez uma tensão inerente à humanidade. Vemos isso em espiritualistas e tribos nativas da Nova Zelândia que estão na linha de frente para preservar a biodiversidade única do país, resistindo a modificações genéticas estrangeiras que são introduzidas no ecossistema por cientistas.[16] Vemos isso na ascensão de personagens do tipo Elon Musk e na classe de pioneiros da tecnologia do Vale do Silício. E, ao mesmo tempo, vemos isso na ascensão de Wendell Berry e de comunidades resistentes à tecnologia como os Amish. Para Berry, o mundo se arruinou assim que o homem parou de se limitar aos poderes disponíveis em fontes animadas, mas pôde armazenar energia em baterias, tanques de combustível e reatores nucleares. Para Musk, todo o seu empreendimento se baseia no acúmulo de eletricidade em gigantescas fazendas de baterias de lítio e em foguetes SpaceX impulsionados por toneladas de querosene e metano denso

---

15   Kevin Kelly, *What Technology Wants*. Nova Iorque: Penguin, 2011, p. 291.
16   Um tema dominante no documentário *Seleção Artificial*, produzido por Radley Studios et al., disponível pela Netflix (2019).

para foguetes. Dominar a tecnologia, de acordo com Musk, é querer fazer mais dela. Dominar a tecnologia, de acordo com Berry, é aprender a ignorar a maior parte dela.

A mente imaginativa que visualiza uma nova tecnologia deve aprender a conviver com a mente que prevê e avisa sobre a tirania das grandes tecnologias. Ouça *apenas* as ambições de Musk ou leia *apenas* as advertências de Berry, e creio que você perderá a noção da realidade mais ampla. Somos mais saudáveis pela tensão cultural que existe entre eles, e essa tensão começou em Babel. Desde a dispersão em Babel até a derrota final da Babilônia, a inovação humana só pode se desenvolver dentro dessa tensão incessante. E isso é uma misericórdia do Senhor, especialmente quando as pressões aumentam agora para celebrarmos modificações genéticas e IA. Mas esta é uma misericórdia temporária (como veremos mais tarde).

Por enquanto, eu pergunto: qual é a relação de Deus com a inovação e a tecnologia humana? Em Noé, ele a ordenou. Na arca, Deus pegou a engenharia humana e a tecnologia e as inscreveu na grande história da redenção. Mas, em Babel, Deus a esmagou. Diante da vanglória humana, ele introduziu as tensões que frustraram totalmente a colaboração humana.

DEUS SE SENTE AMEAÇADO POR BABEL?

Ora, se pararmos nas palavras de Gênesis 11.6, se não notarmos o sarcasmo da história, e se ignorarmos os perigos que a torre representa (não para Deus, mas para a autodestruição do homem), podemos acabar pensando que a relação de Deus com a inovação humana é análoga a Homer Simpson no painel de controle de uma usina nuclear durante um colapso, correndo ao redor com gritos assustados, incapaz de consertar qualquer coisa com suas tentativas de apertar botões e puxar alavancas aleatórias, inconsciente de qualquer sequência de ações frenéticas que interromperiam o colapso iminente.

Se terminarmos em Gênesis 11.6, parecerá que Deus foi pego de surpresa pela inovação humana. Ele parece surpreso e alheio ao que acontecia em Babel. Ele parece exercer o poder apenas para *responder* à inovação humana; para esmagá-la, apagá-la. Ele parece até indefeso diante de todas as possibilidades futuras de inovação humana. E se formos honestos, muitos cristãos operam com essa suposição. Diante da possibilidade humana, Deus parece distante, surpreso, alarmado, até mesmo ameaçado. Mas tal conclusão está muito errada, como nos mostra o profeta Isaías.

FERREIROS, FOGO E ESPADAS

Qualquer mal-entendido com Gênesis 11.6 será eliminado por nosso próximo texto importante: Isaías 54.16–17. Até este ponto, só falamos sobre o aspecto horizontal da tecnologia. Espadas e fundas, a arca e a cidade-torre de Babel são simplesmente os *produtos* da tecnologia de engenharia. Ainda precisamos responder à pergunta: de onde vêm os inovadores?

Deus responde a essa pergunta diretamente em Isaías 54.16–17, ao consolar seu povo.

> [16]Eis que eu criei [*bara*] o ferreiro, que assopra as brasas no fogo e que produz a arma para o seu devido fim; também criei [*bara*] o assolador, para destruir. [17]Toda arma forjada contra ti [povo de Deus] não prosperará; toda língua que

ousar contra ti em juízo, tu a condenarás; esta é a herança dos servos do Senhor e o seu direito que de mim procede, diz o Senhor.

Iluminado pela promessa de uma nova aliança, tendo previsto a morte e a ressurreição de seu servo no capítulo anterior, Deus reivindica supremacia sobre os exércitos. Isaías já disse isso antes (Is 10.5-34; 13.1-22). Mas aqui Deus faz três afirmações incrivelmente específicas: (1) Ele cria os criadores de armas. (2) Ele cria os que empunham essas armas. (3) Ele governa os resultados daqueles guerreiros armados: os assoladores.

O FERREIRO

Vamos começar com o antigo ferreiro. Como a classe de elite da tecnologia do mundo antigo, os ferreiros lideraram a inovação humana durante séculos, especialmente na era do Antigo Testamento.

Os ferreiros antigos possuíam os segredos profundos de uma magia chamada metalurgia, técnicas aprendidas e transmitidas confidencialmente de uma geração a outra por meio de anos de treinamento. Em culturas antigas, os ferreiros viviam juntos em guildas para "guardar zelosamente seus segredos e aderir a um rígido sistema de ética". Seu trabalho estava repleto de tradição, cerimônia e "ritos de purificação, jejum, meditação, orações, sacrifícios e outros atos de adoração". Eles mantinham rituais relativos aos processos de fundição e forja, e sacrifícios animais mantinham seus sagrados fogos de forja puros. Os ferreiros descontaminavam pequenos pedaços do mundo com fogo e criavam objetos sagrados com uma nova força espiritual. "No folclore, os objetos de ferro são tradicionalmente protetores contra bruxaria, espíritos e influências malignas. O poder do metal é frequentemente atribuído à sua conexão com a terra, ou seja, acredita-se que seja um pedaço de terra que foi purificado pelo fogo". Até mesmo as ferramentas do ferreiro eram manuseadas com santa reverência. Toda a forja do ferreiro — seu martelo, sua bigorna e sua fornalha — tornou-se um "centro ritual", um templo onde o ferreiro assumiu seu lugar cultural como sacerdote sobre a criação, cumprindo seus deveres sagrados de purificar a terra.[17]

O cobre e o bronze deram lugar às ferramentas de ferro um tanto lentamente porque a fundição do minério de ferro requer temperaturas muito altas do carvão e do fole, que chegaram mais tarde na história da metalurgia.[18] O fabricante de espadas de Isaías, como todos os primeiros ferreiros, trabalhava mais comumente com meteoros antigos que haviam atingido a superfície da Terra, aumentando a mística de seus trabalhos. "O homem primitivo em todo lugar usava ferro meteórico nos primeiros estágios de sua cultura do metal", escreve um antropólogo. "Ou seja, ele estava começando a usar os metais nativos — ouro e cobre principalmente — que ele encontrava prontos à mão na superfície do solo. O ferro raramente aparece na superfície, mas é obtido na forma de meteoritos, cuja queda do céu forneceu ao homem um metal

---

17 Paula M. McNutt, *The Forging of Israel: Iron Technology, Symbolism and Tradition in Ancient Society*. Decatur, GA: Almond Press, 1990, p. 45–46.
18 Eugene H. Merrill, *Deuteronomy* (New American Commentary, vol. 4). Nashville, TN: B&H, 1994, p. 186.

de notável excelência". O ferro meteórico era excelente porque continha níquel. Os antigos chamavam esse ferro de "fogo do céu" ou "metal do céu".[19] A origem celestial do meteoro tornou o papel sacerdotal do ferreiro ainda mais claro. Ele era um mediador entre o ferro do céu e as pessoas da terra, toda uma indústria que ficava entre os reinos divino e terreno.[20]

Os ferreiros forjavam ferramentas de guerra, ferramentas de comércio e ferramentas para afastar os espíritos. Eles moldavam as dádivas do céu com técnicas espirituais e se tornaram uma poderosa classe de inovadores. Suas invenções amplificaram o poder humano e tornaram o guerreiro e o exército da nação mais ferozes e mortais. Ferreiros estavam no centro da antiga indústria de tecnologia. Eles foram uma espécie de salvadores, mestres do ferro, fabricantes de tecnologia de guerra ancestral, criadores de poder e segurança.

O ferreiro foi o principal inovador de sua época, um especialista na fabricação de espadas, lanças, escudos e machados. Ainda assim, naquela era de ferro endurecido, de máquinas de guerra endurecidas por fogo, Deus reinou supremo sobre todas as partes dela. O ferreiro cria espadas poderosas, sim. Mas Deus cria ferreiros. Deus introduziu a habilidade de trabalhar metal na história humana. Deus sancionou a forja e a bigorna. Deus misturou os metais do meteoro e os jogou na terra. Toda a guilda de metalúrgicos deve sua origem a Deus e serve à sua providência.

19 T. A. Rickard, "The Use of Meteoric Iron", *Royal Anthropological Institute of Great Britain and Ireland*, 1941, vol. 71: p. 55—65.
20 McNutt, *Forging of Israel*, p. 264.

O ASSOLADOR

A soberania de Deus não para com os inovadores, com ferreiros que martelam e afiam armas. Sua onipotência também se estende àqueles que *empunham* essas armas. A mesma dinâmica está em ação em Isaías 54.16, quando Deus disse: "também criei o assolador, para destruir". A palavra *assolador* é um resumo de todos os efeitos que se pode imaginar de alguém empunhando uma espada, lança ou machado de forma destrutiva: arruinar, quebrar, pilhar, apreender, devastar.

Deus *faz* todo portador de espada, até mesmo o assolador — o destruidor. Mas ele os faz não em algum sentido vago ou genérico de simplesmente permitir que existam. O hebraico repetido neste texto para "criar" (*bara*) é uma palavra muito específica reservada para a obra de criação de Deus como a único origem, sendo aqui a único origem do ferreiro e do assolador. *Bara* marca a "continuação histórica" da atividade criativa de Deus até o presente.[21] O Criador ainda cria hoje, como criou no início de Gênesis, mas de forma mais restrita e particular. E, no entanto, *bara* ainda "contém a ideia tanto de total ausência de esforço quanto de *creatio ex nihilo*, uma vez que nunca está conectada com qualquer declaração a respeito do material".[22] Para fazer *bara*, Deus não precisa de matérias-primas. Ele sozinho faz do zero, sem esforço, o que não é inevitável. Essa é a sua relação com o ferreiro e o assolador. Fora dele, eles nunca existiriam. Somente por sua vontade e desígnio, eles existem.

---

21 Hans-Helmut Esser, "Κτίσις," no *New International Dictionary of New Testament Theology*. Grand Rapids, MI: Zondervan, 1986, p. 379.

22 Gerhard von Rad, *Genesis: A Commentary*. Louisville, KY: Westminster John Knox, 1973, p. 47.

O ferreiro fabricante de espadas e o assolador empunhando a espada são ambos ordenados por Deus em seu decreto soberano. Deus está presente ao ferreiro e ao assolador como seu único criador. O próprio assolador é forjado somente por Deus, e ele é forjado com o propósito de saquear. Deus governa cada criatura diretamente para fins bons; e ele governa sobre todo pecado e mal indiretamente. Ele governa a vida e as decisões de todas as suas criaturas para seu sábio fim, uma verdade soberana comumente chamada de doutrina da concorrência. Deus é a causa *primária*, mas *remota*, de toda ação humana. Os humanos são as causas *secundárias*, mas *imediatas* (ou *próximas*) de suas próprias ações.[23] Assim, até mesmo o escopo da destruição do assolador é sancionado por Deus. Ele governa a tecnologia humana e como essas tecnologias são utilizadas, mesmo as destrutivas. Ele faz tudo isso por meio da causalidade secundária.

É algo impactante, mas é verdade que "nada ocorre, nem mesmo os atos destruidores dos inimigos do povo de Deus, à parte do próprio Deus".[24] Este é um texto pesado, mas essencial na Bíblia (e há muitos outros textos assim), no qual você começa a entender que Deus não governa apenas borboletas gentis, cachorrinhos fofinhos, tecnologias de cura e medicamentos que salvam vidas. Ele exerce uma supervisão maior e mais abrangente sobre tudo. Deus faz a paz e *cria* o mal (Is 45.7). "Criar" aqui é novamente a palavra hebraica para Deus como a única origem. Só Deus pode criar o bem e o mal,

---

23 Scott Christensen, *What about Free Will? Reconciling Our Choices with God's Sovereignty*. Phillipsburg, NJ: P&R, 2016, p. 77–81, 254.
24 Edward Young, *The Book of Isaiah, chapters 40–66*. Grand Rapids, MI: Eerdmans, 1972, p. 372.

porque só Deus se exaltou a uma posição de transcendência absoluta.[25] Ninguém é como nosso Deus. Bendito seja o nome do Senhor (Jó 1.21). Ele tem uma intenção providencial para cupins, cascavéis, caos social e até destruidores que manejam os mais recentes avanços tecnológicos para a destruição.

Todos esses pontos são afirmados para que Deus possa tranquilizar seu povo: "Toda arma forjada contra ti não prosperará" (Is 54.17). Por que não? Como Deus pode fazer tamanha afirmação sobre a segurança de seu povo? Por causa do versículo anterior: "também criei o assolador, para destruir". Para cumprir seus próprios propósitos secretos, Deus cria e governa sobre cada assolador neste mundo. As maiores ameaças do mundo, mesmo as mais equipadas tecnologicamente, só podem exercer um poder *dado* e um propósito *governado* inteiramente por Deus.

Agora, minha mente naturalmente imagina um mundo mais seguro para a igreja se os assoladores jamais existissem. Mas não é assim que esse texto funciona. Em vez disso, o raciocínio é o seguinte: porque Deus cria e maneja os destruidores dentro deste mundo decaído, seu povo deve confiar em sua misericórdia protetora. Deus governa toda inovação humana, mesmo as destruidoras. Do próprio universo, do *shalom* ao caos, até cada ferreiro e assolador, até cada inventor e usuário de tecnologia bélica — tudo isso é obra de Deus. Somente por seu trabalho criativo e por sua orquestração divina sobre toda a sua criação, ele governa a humanidade em todos os sentidos. Se Deus faz cada arma criando cada

---

25 Scott Christensen, *What about Evil? A Defense of God's Sovereign Glory*. Phillipsburg, NJ: P&R, 2020, p. 186-89.

fabricante de armas e, então, cria cada portador de cada arma, "não devemos pensar que algo possa nos sobrevir que venha a contradizer os propósitos de Deus para nós".[26] Essa é a lógica divina, muito diferente de como naturalmente pensamos as coisas (Is 55.8–9).

De maneiras que achamos difícil de entender, os assoladores são criados para cumprir a vontade de Deus. Enquanto escrevo este capítulo, partes de Minneapolis estão em chamas por causa de protestos. A cada noite, assisto com horror centenas de lojas saqueadas e empresas locais invadidas e incendiadas por desordeiros. Esta *assolação* na tela me atinge com força (ocorre a apenas alguns quarteirões da minha antiga casa). E essa assolação é perversa. Portanto, não presumo que Isaías 54.16–17 seja simples ou fácil de entender. Não é. E tenho certeza de que alguns de vocês já tiveram ou têm dificuldades com isso — que Deus levanta assoladores armados para exercer seu julgamento na terra. E ter dificuldades com isso não é um problema. Eu não posso apressar você. Mas eu realmente acho que o profeta Isaías é claro, assim como outros autores das Escrituras que mostram como Deus maneja assoladores.[27] Deus é incontestável e incomparável em sua supremacia. Ele cria luz. Ele cria trevas. Ele cria *shalom*. Ele cria calamidade (Is 45.5–7). Ele reina sobre tudo, até mesmo sobre a guerra violenta. Ele tem uma vontade secreta, e essa vontade secreta gera e maneja as grandes tecnologias como ele achar apropriado.

---

26 John N. Oswalt, *The Book of Isaiah, Chapters 40–66* (New International Commentary on the Old Testament). Grand Rapids, MI: Eerdmans, 1998, p. 430.
27 Veja também Jr 22.6–9; 51.20–23; Ez 9.1–11; 21.28–32.

O assolador nunca vai parar a igreja na terra. No entanto, a soberania de Deus sobre o assolador nunca deve ser entendida como significando que os cristãos são imunes a todo mal. Não é o que estou afirmando. Tudo se amplifica na era tecnológica, especialmente as consequências autodestrutivas de nosso uso arrogante do poder. Toda a nossa produção de tecnologia deve ser moderada por um medo saudável do desastre de Aberfan, quando uma pilha de resíduos de uma mina se tornou um deslizamento de terra que matou 116 crianças e 28 adultos no País de Gales. Devemos ser moderados por um medo saudável do desastre de Bhopal na Índia, um vazamento de gás na fabricação de pesticidas que matou milhares e infectou meio milhão de pessoas. Devemos temer os danos que medicamentos potentes podem trazer, como quando a talidomida foi prescrita para mulheres grávidas para compensar as dores e desconfortos da gravidez, mas levou a dezenas de milhares de bebês nascidos com deformidades físicas indescritíveis. E nunca devemos esquecer Chernobyl, o desastre nuclear que evacuou e envenenou uma cidade permanentemente, iniciado por um simples teste humano que deu errado.

Essas são verdadeiras tragédias que ferem pessoas reais e clamam por lágrimas reais e exigem uma reforma real em nossas práticas. Mas, em todos esses desastres, estamos errados se presumirmos que Deus estava ausente. Na realidade, Deus está soberanamente presente mesmo quando nossas tecnologias destroem. Ele está presente, continua sendo bom e continua produzindo — por todo mal intencional de um assolador ou por todo mal acidental de um desastre tecnológico

— um milhão de consequências resultantes em incontáveis vidas, de acordo com seus bons e sábios propósitos que não podemos ver imediatamente (*à la* Gn 50.20).

Então, Deus criou assoladores. Eles causam danos reais. Eles não podem destruir o povo de Deus. Mas eles são designados a um fim providencial, para um bom propósito que de outra forma não poderia acontecer por qualquer outro meio. E cada assolador será julgado por suas ações más. Assim, diz Calvino, "não devemos, por isso, colocar a culpa em Deus, como se ele fosse o autor da crueldade injusta que habita somente nos homens; pois Deus não concorda com suas inclinações perversas, mas regula seus esforços por sua providência secreta", para que ele possa empregá-los, quando necessário, como seus "instrumentos de ira".[28] Dentro do bom plano da providência de Deus há um lugar para assoladores empunhando espadas que arrasam cidades antigas. Não importa quão nefastos sejam seus motivos, o ferreiro e o assolador existem por determinação divina porque suas atividades neste mundo, em última análise, trazem um bem maior na glória maior de Deus do que se eles não existissem.

Aqui está o meu ponto. Em qualquer discussão sobre tecnologia, muitos cristãos se prendem aos tecnólogos mais poderosos do mundo, que estão inventando as inovações mais ameaçadoras do planeta — energia nuclear, armas mortais, foguetes espaciais, genética modificada — e presumem que esses homens e mulheres estão fora do governo de Deus. Não estão. Isaías 54.16–17 nos mostra como Deus cria e governa

---

28 João Calvino, *Commentary on the Book of the Prophet Isaiah*. Edimburgo: Calvin Translation Society, 1853, 4:152. Veja também a Confissão de Fé de Westminster, 3.1–8.

os tecnólogos mais poderosos. Reconhecer o poder de Deus sobre as grandes tecnologias é essencial para muitos cristãos que precisam resolver esse obstáculo antes de poderem ver e adorar a Deus nas dezenas de milhares de inovações que usam todos os dias.

CONCLUSÕES

É difícil ignorar o ponto enfático de Isaías 54.16. Ele é reforçado pelo declarativo: "Eis que", e então é verificado pelo pronome pessoal e pelo verbo particular para a criação: "Eu criei [*bara*] o ferreiro… também criei [*bara*] o assolador". Ferreiros e assoladores mostram a obra única de Deus e sua majestade incomparável.[29] A tecnologia humana é sobre Deus. Os grandes inovadores do mundo, que estão trabalhando agora em um laboratório, fábrica, hangar ou estação espacial, existem por determinação divina. Deus é a gênese da inovação humana e o criador dos inventores humanos. Antes de haver criadores, os criadores são feitos por Deus.

Em breve, veremos como várias indústrias surgiram na história da humanidade. Mas primeiro devemos fazer uma pausa para algumas conclusões a partir do construtor da torre, do ferreiro e da espada.

1. Deus não está na periferia do Vale do Silício; ele está acima dele.

O assolador de Isaías pensa que é poderoso e intocável porque faz o que quer. Mas ele não sabe que *tudo o que ele*

---
29 Young, *Book of Isaiah, Chapters 40–66*, p. 371.

quiser fazer cumpre o propósito pessoal de Deus no grande enredo da história humana. A soberania de Deus é mais comumente demonstrada não contradizendo o livre arbítrio humano, mas agindo por meio do livre arbítrio humano. Ele governa suas criaturas governando seus apetites, suas *vontades*. Os fabricantes de espadas *querem* ser fabricantes de espadas. Assoladores *querem* ser assoladores. Assim, na história de um ferreiro e assolador específicos (em Is 54.16), e mais amplamente em todo o clamor das nações (em Is 40.9–31), ser criador implica "controle total sobre as ações da criatura".[30] Em particular, "Yahweh criou e, portanto, controla aquele que fabrica armas e as usa para causar devastação e carnificina".[31] Esse controle é exercido por meio dos impulsos e dos desejos nativos do coração.

Por um lado, é isso que significa ser salvo. Precisamos receber um novo coração e uma nova alma que desejem a Deus (Sl 51.10; Ez 11.19; 36.26; Ef 4.23). Devemos desejá-lo, e em nosso pecado não o desejamos naturalmente. Mas nossa natureza movida pelo desejo também significa que, no drama mais amplo da história humana, e particularmente entre os governantes mais poderosos do mundo, "como ribeiros de águas assim é o coração do rei na mão do Senhor; este, segundo o seu querer, o inclina" (Pv 21.1). Os reis agem com o coração, tomando decisões daquele lugar onde residem suas faculdades de razão, sentimento e escolha.[32] Assim, Deus dirige cada rei e reino na terra ao dirigir os desejos próprios do

---

30 R. N. Whybray, *The Second Isaiah*. Nova York: T&T Clark, 1995, p. 57.
31 Paul R. House, *Isaiah: A Mentor Commentary*. Fearn, Ross-shire: Mentor, 2018, vol. 2, p. 519.
32 John A. Kitchen, *Proverbs* (Fearn, Ross-shire, UK: Mentor, 2006), 463.

rei, seu livre arbítrio.³³ Isso é verdade para cada rei e para cada poderoso do Vale do Silício, já que Deus "faz todas as coisas conforme o conselho da sua vontade" (Ef 1.11).

Essa compreensão da obra de Deus no mundo estava por trás do discurso de John Piper em 1993 para um salão cheio de jornalistas evangélicos. Ali, ele os rogou que se tornassem centrados em Deus em sua visão do mundo. Deus não gosta de ser desconsiderado em qualquer ponto da história humana, disse Piper — mas os jornalistas desconsideram Deus todos os dias em suas reportagens. Não deveria ser assim. Por quê? Por causa de Isaías 54.16, a única menção substancial a este texto em todo o prolífico ministério de Piper. Piper usou o texto para mostrar aos jornalistas que por trás de cada notícia importante, por trás de cada evento importante, eles encontrarão Deus. Para defender sua posição, Piper citou o texto: "Eis que eu criei o ferreiro, que assopra as brasas no fogo e que produz a arma para o seu devido fim; também criei o assolador, para destruir". Então ele disse: "Deus é importante porque tudo que vale a pena noticiar — inventores, armas, calamidades — é criado por Deus".³⁴ Pense sobre a ousadia dessa afirmação. Deus não está distante das manchetes do Vale do Silício.

Deus criou a criação original; Deus criará os novos céus e a nova terra; e Deus agora cria os eventos contemporâneos sobre os quais lemos no jornal de manhã.³⁵ Deus está total-

---

33 Ver também Gn 20.6; Ex. 10.1–2; Ed 1.1–2; 6.22; 7.27; Is 9.11; 13.17.
34 John Piper, "'God Is a Very Important Person", sermão disponível em desiringGod.org (11/5/1993).
35 Young, *Book of Isaiah, Chapters 40–66*, p. 371–372.

mente presente e totalmente no controle do drama que se desenrola nas possibilidades tecnológicas do homem.

Mas essa não é a única maneira pela qual Deus governa a inovação.

2. Qualquer façanha de engenharia humana pode ser reprimida por Deus.

Jornalistas (e alguns cristãos) parecem satisfeitos com um mundo espiritualizado onde Deus vive principalmente em velhos contos e mitologia, não dentro das últimas manchetes vindas da cultura tecnológica. Seres humanos com grande conhecimento e poder se enganam ao pensar que Deus se tornou irrelevante e impotente. Nós o superamos. Mas a Escritura corrige isso.

Porque Deus cria os inovadores, Deus pode frustrar os inovadores. O ferro forjado não pode deter a providência. Deus não tem nenhum problema em quebrar restrições de ferro no caminho do ministério do evangelho.[36] E, em uma escala muito maior, ele governa as estrelas e planetas, todo o reino cósmico que nos dá "uma sensação irresistível de maquinário, como de um relógio, com precisão elegante trabalhando em uma escala que, por mais elevadas que sejam nossas aspirações, nos diminui e humilha".[37] No entanto, dentro deste mecanismo de relógio elegante, Deus uma vez pausou as órbitas para interromper a jornada do sol através do céu.[38] Esse evento do Antigo Testamento não foi um

---

36 Ver At 12.10; 16.26.
37 Carl Sagan, *Pale Blue Dot: A Vision of the Human Future in Space*. Nova Iorque: Ballantine, 1997, p. 98.
38 Ver Js 10.13; Hb 3.11.

longo eclipse que obscureceu o sol ou um mito literário sobre os antigos presságios amorreus. Deus realizou uma impossibilidade física ao pisar nos freios orbitais sem que todos na Terra derrapassem repentinamente a 1.600 km/h. Como ele fez isso? Eu não sei. A cosmologia sempre foi seu brinquedo. Mas o resultado foi que Deus interrompeu as grandes rodas de uma "máquina" gigante do cosmos, interrompendo a órbita do universo em torno do sol.[39] E, se Deus pode parar uma máquina cósmica como esta, ele pode interromper ou parar qualquer máquina feita pelo homem.

Da mesma forma, as máquinas do início da Era Industrial deram aos pregadores uma ilustração pronta da providência de Deus — como um grande aparato unificado em um milhão de peças móveis. Em um sermão sobre como funciona a providência, Spurgeon disse à sua congregação para imaginar entrar na oficina de um engenheiro de máquinas. Tudo o que você vê são pilhas de engrenagens. Elas não fazem sentido, espalhadas em mesas e carrinhos. Mas deixe o engenheiro montar a máquina e então você verá cada roda dentada, engrenagem e volante conectados. Neste momento, "você e eu nunca conseguimos ver mais do que parte dos caminhos de Deus. Vemos apenas uma engrenagem aqui e outra ali; mas devemos esperar até chegarmos ao céu, então veremos que era uma única peça de maquinário, com um fim, uma direção e um objetivo".[40]

---

39 Palavra usada por Jonathan Edwards, "'Images of Divine Things' 'Types'", em *Typological Writings* (Wallace E. Anderson, ed.) (*Works of Jonathan Edwards*, vol. 11). New Haven, CT: Yale University Press, 1993, p. 61.

40 C. H. Spurgeon, *The Metropolitan Tabernacle Pulpit Sermons*, vol. 54. Londres: Passmore & Alabaster, 1908, p. 498.

Mas essa máquina não é um robô. Não é autônoma. Deus não deu corda ao cosmos como a um relógio e foi embora. Muito pelo contrário. Deus é tanto o diretor quanto a fonte de energia, diz Edwards, "dirigindo todas as várias rodas dentadas da providência por sua hábil mão" e coordenando todas as coisas conjuntamente, como "as múltiplas engrenagens de uma máquina muito curiosa", tudo em direção ao seu fim último: a glória de Deus em seu povo feliz, juntamente com Cristo em um reino eterno.[41] Deus dá poder a todas as coisas e transforma todas as coisas de acordo com seu governo e desígnio. Toda a máquina da providência trabalha para um fim único e unificado de acordo com o plano de Deus, sua glória e a alegria eterna de seu povo.

Mas se Deus governa a máquina das órbitas cósmicas, ele também governa o laboratório de bioengenharia, epicentro de nossos maiores dilemas éticos? Em uma pesquisa sobre os avanços da biotecnologia, o teólogo Hal Ostrander analisou as tecnologias reprodutivas humanas, as promessas de edição de genes humanos e até mesmo a clonagem humana. Ele examinou híbridos transgênicos, o cruzamento de genomas de diferentes animais para criar superporcos, supervacas e supersalmões. Robótica, IA e viagens espaciais também eram fascinantes para ele. Mas, para a maioria de nós, a engenharia da linha germinativa, a edição do DNA e a clonagem humana marcam os cenários mais assustadores e sombrios do futurismo tecnológico. Mas, em vez de alimentar o medo, Ostrander

---

[41] Jonathan Edwards, *A History of the Work of Redemption*, (John F. Wilson e John E. Smith, eds.) (Works of Jonathan Edwards, vol. 9). New Haven, CT: Yale University Press, 1989, p. 525.

enquadrou a biotecnologia na resposta de Deus a Babel. Em Babel, o homem brincou de Deus, não muito diferente de alguns bioengenheiros de hoje. E, diante do homem brincando de Deus, Deus entrou na história com medidas punitivas e protetivas, levando Ostrander a escrever: "Deus nos permitirá ir tão longe quanto suas medidas providenciais na história e decretos soberanos prescrevam do alto". Na verdade, "Deus restringirá, isso se não negar totalmente, os esforços humanos imorais fora do alcance de suas intenções providenciais". Como assim? Bem, isso pode significar que Deus já estabeleceu "barreiras científicas que não podem ser cruzadas, isto é, limites fisicamente estabelecidos com respeito a potencialidades genéticas mal direcionadas, especialmente". Deus estabeleceu limites sobre muitos de seus padrões de criação, e talvez ele já tenha definido limites científicos para até onde a bioengenharia pode chegar em seus laboratórios. Mas, quer seu envolvimento com o mundo já tenha pré-limitado a ciência, ou se ele repetirá uma intervenção como a de Babel, em todas as previsões futuristas da bioengenharia "há mistério e conforto igualmente no fato de que a soberania de Deus abarca nosso futuro tecnológico".[42]

É provável que robôs autônomos nos conduzam pelas cidades em um futuro próximo. *Autobots* tramando um golpe contra a humanidade é algo mais duvidoso, mas possível em um futuro distante. Mas *autobots* se libertando do governo soberano de Deus nunca aparecerão. Nenhuma máquina, *bot* ou edição genética rebelde pode impedir o governo de

---

42 Hal N. Ostrander, "Technological Futures and God's Sovereignty: How Far Will We (Be Allowed to) Go?". *Southern Baptist Journal of Theology*, vol. 4/1 (2000): p. 52–54.

Deus. Ele pode permitir que eles se desviem e causem danos reais, mas também pode pará-los. Deus estabeleceu limites. Ele pode, continua e continuará a se intrometer em nossas aspirações tecnológicas conforme sua vontade. Quantas incontáveis catástrofes ele já não parou?

3. Deus governa até mesmo sobre tecnologias de destruição.

Para aquela ideia prevalente de que a providência de Deus cobre apenas borboletas, cachorrinhos fofinhos e tecnologias de cura sem efeitos colaterais nocivos, Isaías 54 é um choque de realidade. Deus reina sobre toda tecnologia e todo tecnólogo. O ponto aqui é que Deus criou os fabricantes e os usuários de espadas com o propósito expresso de assolar cidades. Ele pode manejar tecnologias destrutivas por meio da causalidade secundária, cultivando-as e aplicando-as para seus próprios fins.

Portanto, quando Wendell Berry escreveu que amamos nosso próximo cultivando um ofício, ele ressaltou um ponto muito importante. Amamos nossos vizinhos por meio das habilidades que aprendemos e aplicamos em vários campos. No entanto, onde Berry e muitos outros erram é em presumir que o uso que Deus faz das habilidades humanas termina nos virtuosos. O assolador prova que essa suposição é falsa. Berry vislumbra um mundo onde apenas "vocações cristãs" são justificáveis. "Existe, por exemplo, uma espécie de mina de rejeitos que seja cristã?" pergunta ele. "Uma bomba atômica cristã? Uma usina nuclear cristã ou um depósito de lixo radioativo? Qual poderia ser o projeto de um sistema de transporte ou esgoto cristão? O cristianismo não implica limitações na escala da tecnologia, arquitetura e propriedade de terras? É cristão lucrar ou se beneficiar da violência?"[43] Não, não é cristão lucrar com a violência. Os cristãos se limitarão a vocações virtuosas. Mas é uma visão limitada presumir que Deus não tem utilidade para um assolador não cristão com uma espada que pilhará para obter lucro. Os cristãos limitarão sua adoção de tecnologia, mas não há limite para as intenções de Deus. Ele cria cada tecnólogo para servir ao seu objetivo final para a criação.

Berry está certo em dizer que os cristãos não lançarão uma bomba atômica em nome de Cristo. As convicções bíblicas sempre limitarão nossa adoção de tecnologia. Mas isso é bem diferente de dizer que Deus não tem nenhum plano para um fabricante de bombas atômicas em seu plano final. Se Deus criou o ferreiro e o assolador por intenção divina, ele cria o cientista de foguetes e o lançador de mísseis hoje. Nenhum dos dois se livra do poder de Deus. Sim, ele poderia recuar e permitir uma explosão nuclear para humilhar a arrogância tecnológica do homem e dar uma manifestação física muito real das queimaduras de radiação da ira eterna. Mas podemos ter certeza de que Deus, que pode nos salvar de sua própria ira, pode nos salvar de um holocausto nuclear. Estar nas mãos de Deus é um conforto para os piedosos e um terror para os ímpios.

Observe novamente que eu não disse que Deus *tem que nos salvar* da guerra nuclear para ser bom ou soberano. Se achar apropriado, Deus pode permitir que desencadeamos

---

43 Wendell Berry, *Essays 1969–1990*. Nova Iorque: Library of America, 2019, p. 525–526.

sobre nós mesmos nosso próprio julgamento — bombas devastadoras, ciberataques paralisantes, robôs autônomos tiranos, tecnobarbarismo, superferas, supervírus — diversos tipos de novos assoladores. Pela arrogância humana, Deus pode levantar um inovador para desencadear tal pesadelo, e Deus ainda seria bom, justo e santo. Às vezes, Deus ordena por sua vontade decretiva — ou soberana ou secreta — aquilo que seu caráter moral odeia, mas *somente* se esse mal particular servir a um bem maior que de outra forma não poderia ser obtido se o mal não tivesse ocorrido. Deus sempre tem algum propósito infinitamente bom e sábio para o que ele ordena. Contudo, nem sempre podemos saber quais são esses bens e propósitos maiores, a menos que Deus os revele a nós. E na maioria das vezes ele não o faz.

Novamente, o governo de Deus sobre todas essas causas e efeitos nunca tornará o assolador menos culpado por sua ânsia por sangue, poder ou riqueza. Sabemos que Deus orquestra tecnologias de autodestruição humana sem deixar de ser santo e sem desculpar o mal dos agressores, porque ele fez tudo isso na cruz de Jesus Cristo (At 3.11–26). Foi por meio da tecnologia do metal que um ferreiro forjou três cravos de metal longos e uma marreta. E um assolador tomou essas inovações e as empregou para matar o próprio autor da vida. Nas palavras do apóstolo Pedro, em Atos 2.22–23:

> Varões israelitas, atendei a estas palavras: Jesus, o Nazareno, varão aprovado por Deus diante de vós com milagres, prodígios e sinais, os quais o próprio Deus realizou por intermédio dele entre vós, como vós mesmos sabeis; sendo

este entregue pelo determinado desígnio e presciência de
Deus, vós o matastes, crucificando-o por mãos de iníquos.

Os governantes de Israel trouxeram a condenação divina sobre suas próprias cabeças por seus pecados. Mas também era o "determinado desígnio" de Deus. Como Isaías profetizou, Cristo foi "moído" por nossos pecados e foi esmagado ao ser perfurado com cravos de metal (Is 53.4–6). Um antigo ferreiro serviu ao propósito final de Deus. "Ao SENHOR *agradou* moê-lo" porque isso serviu a seus propósitos infinitamente sábios e benevolentes na obra de redenção (Is 53.10). Cristo tornou-se pecado por nós para remover o julgamento por nossos pecados, e por isso foi perfurado por cravos de metal e uma lança de metal (2Co 5.21). Cristo foi assassinado por assoladores "iníquos", e sua morte foi o "determinado desígnio" de Deus; ambas as declarações são igualmente verdadeiras (At 2.22–23). Deus orquestrou nossa salvação na morte de seu Filho, por meio de um conluio pecaminoso entre um ferreiro sem nome e um sistema de injustiça judaico e romano que desempenhava o papel do assolador. Deus criou esse assolador com esse propósito, de realizar o maior mal da história humana, e tudo com o propósito de redimir pecadores como você e eu.

A cruz de Cristo lembra dois pontos importantes. Primeiro, o ódio humano contra Deus domina todas as eras. "Os homens que construíram a cidade contra Deus [em Babel] tinham o mesmo ódio que possuíam os homens que pregaram o Senhor Jesus Cristo na cruz".[44] Essa mesma rebelião

---

44 Donald Gray Barnhouse, conforme citado em Brad Waller, "For the Church: Discipling Every Age". *Tabletalk*, fev/2014. Sanford, FL: Ligonier Ministries, 2014, p. 66.

anti-Deus está viva hoje. Em segundo lugar, apesar desse fato, Deus continua a usar tecnologias humanas tanto para julgar quanto para abençoar a humanidade. Babel e Gólgota nos forçam a ver a complexidade do relacionamento soberano de Deus com a inovação humana.

Cada inventor, cada invenção, cada uso de cada invenção e cada resultado de cada invenção, tudo isso está à disposição do Criador. Isso inclui os ferreiros sem nome que Deus criou para acender as brasas e moldar um martelo, três cravos de ferro e uma lança, para que assoladores sem nome pudessem perfurar a carne do Salvador (Jo 19.34; 20.25). A humanidade tentou destronar Deus através da tecnologia de construção em Babel. E a humanidade tentou destronar Deus por meio da tecnologia do metal no Calvário. Mas Deus hackeou a tecnologia humana, tomando o que era destinado ao mal e transformando-o em bem — a redenção de sua igreja.

Então, quando o assolador assola, a humanidade verá um "acidente" ou um uso indevido da tecnologia? Ou nas consequências de nossas tecnologias, ouviremos a voz disciplinadora do Criador, trazendo julgamento sobre a arrogância do homem? Em outras palavras, não tema as superespécies geneticamente modificadas. E não tema o criador de uma superespécie geneticamente modificada. Tema aquele que pode formar um tecnólogo para manifestar os poderes destrutivos da inovação. Nenhuma destruição sobrevirá ao nosso mundo, senão aquela que Deus governa para seus propósitos finais (Am 3.6). Em outras palavras: tema a Deus, não os técnicos (Mt 10.28).

4. A energia para a inovação humana vem do Espírito.

Ao contrário dos animais ao nosso redor que parecem contentes em viver na terra, o homem usa a tecnologia para tentar escapar deste planeta decaído, em busca de um mundo melhor. Babel revela o nosso mal-estar fundamental com este lugar e este tempo, porque, como disse um filósofo: "O ser do homem e o ser da natureza não coincidem totalmente. Porque o ser do homem é feito de uma matéria tão estranha que é em parte semelhante à natureza e em parte não é, ao mesmo tempo natural e extranatural, uma espécie de centauro ontológico, metade imerso na natureza, metade transcendendo-a".[45] Os animais sentem pouca necessidade de inovar para sobreviver neste planeta. Mas nós continuamos inventando, fugindo e tentando escapar.

Grande parte da tecnologia emerge desse desejo de transcender a natureza, de nos libertarmos das circunstâncias decaídas que nos cercam. A tecnologia é uma forma de dizermos: "Na verdade, não nos encaixamos aqui. Devemos escapar. Devemos invadir o céu ou pelo menos tentar colonizar Marte".

Babel foi a primeira tentativa do homem de fugir deste planeta, de se lançar no abismo azul da atmosfera e de criar sua própria porta no céu. Toda a nossa exploração espacial ecoa algo de Babel (como veremos mais adiante). Contudo, mais fundamentalmente, o uso de tecnologia e engenharia para transcender esta terra é uma manifestação da autodefinição humana e da formação da identidade pessoal. Esses

---

45 José Ortega y Gasset, *Toward a Philosophy of History*. Nova Iorque: Norton, 1941, p. 111.

esforços tornam a façanha de engenharia de Babel uma ambição espiritual. Estejamos conscientes ou não, buscamos identidade em nossas tecnologias. A engenharia toca em um impulso espiritual humano.

Antes de inovar, imaginamos. Nossa imaginação tecnológica vem de uma "natureza espiritual" presente em todos os humanos, não apenas nos cristãos.[46] Calvino não tinha medo de chamá-la de *espiritual*, um tipo de presença de fruto do Espírito na vida até de não cristãos que não são habitados pelo Espírito. Deus pode "preencher, mover, vivificar, pela virtude do mesmo Espírito [que salva], e isso segundo a natureza de cada um, atribuída pela lei da criação". O Espírito que salva é o mesmo Espírito que faz com que os dons tecnológicos do homem floresçam. Calvino escreve: "Pois se o Senhor nos quis auxiliados pela obra e pelo ministério dos ímpios na física, na dialética, na matemática e nos seus demais gêneros, sirvamo-nos dela: se negligenciarmos os dons de Deus voluntariamente neles oferecidos, libertemos as justas penas de nossa preguiça".[47] Toda inovação é Espiritual, com *E* maiúsculo, obra do próprio Espírito.

Um gênio tecnológico em busca de transcendência dá evidências da obra da graça comum do Espírito. Mas essa mesma pessoa pode estar espiritualmente morta. Uma mente tecnológica vibrante não diz nada sobre a vibração da alma. Ainda assim, como Calvino deixa claro, o mesmo Espírito está em ação — no último celular lançado ou na conversão

---

[46] Stephen Charnock, *The Complete Works of Stephen Charnock*. Edimburgo: James Nichol, 1864–1866, 1: p. 265.

[47] João Calvino, *A instituição da religião cristã*. São Paulo: Unesp, 2008, II.2.16 (p. 257).

de uma alma. Deus inspira e motiva inovadores por meio de seu Espírito. A partir dessas inovações, a igreja encontra dons benéficos para adotar.

5. Cada inventor existe por determinação divina.

Muitos dos cristãos mais perspicazes, que corretamente celebram o governo providencial de Deus sobre todas as coisas, tendem a presumir erroneamente (na prática) que seu reinado termina em algum lugar próximo aos limites do Vale do Silício. Na realidade, os inventores — tanto os virtuosos como os nefastos — são criados por Deus. As Escrituras nos protegem do mito de que Deus está dando o melhor de si para abafar e subjugar a dificuldade de manejo da tecnologia humana. Não, para seus próprios objetivos, Deus *cria* ferreiros e guerreiros, tanto soldadores quanto usuários de novas ferramentas. Nossos inventores mais poderosos existem por determinação divina.

O que é mais preocupante é que muitos dos tecnólogos mais poderosos do mundo imaginam que transcenderam sua necessidade de Deus. E é seu agnosticismo ou ateísmo comum que explica por que os cristãos hoje geralmente adotam uma visão negativa da tecnologia. A impiedade de Elon Musk lembra que, quanto mais você se aproxima do Vale do Silício, menos cristãos encontrará. A porcentagem de adultos evangélicos professos nos Estados Unidos (25,4%) cai na Califórnia (20%) e despenca em São Francisco (10%). E a porcentagem de adultos que leem as Escrituras pelo menos uma vez por semana nos Estados Unidos (35%) cai na

Califórnia (30%) e despenca em São Francisco (18%).[48] Presumimos que Deus deve ser retirado de tal lugar. Mas Isaías corrige essa suposição. As sociedades pagãs onde o antigo ferreiro e o assolador operavam fazem com que São Francisco pareça parte do Cinturão da Bíblia.

A rejeição de Deus e o acúmulo de brilhantismo inovador não dão o poder de operar à parte de Deus, como uma rainha em um tabuleiro de xadrez que pensa que pode se mover para qualquer direção, imune ao plano final do Mestre. Seu brilhantismo inovador é *a maneira como* Deus está escolhendo usá-lo no mundo. Se você encontra em si mesmo um impulso zeloso de perder o sono para criar novas inovações, esse zelo foi implantado dentro de você, pelo Espírito, para um propósito maior que ultrapassa em muito o que você pode ver.

Deus criou os poderosos inventores do mundo antigo que operavam com a tecnologia mais perigosa e destrutiva do mundo. Só ele faz isso. Novamente, a palavra hebraica para criar (*bara*) "é usada no Antigo Testamento apenas para a ação divina, para expressar aqueles atos que, por sua grandeza ou novidade (ou ambos), requerem um agente divino".[49] Em Isaías 54.16, esta palavra é repetida para o ferreiro e para o assolador. Fabricantes e detentores de tecnologia de guerra, em qualquer geração, exigem um criador. Deus é o seu criador. Sua atividade livre e desenfreada entre nós e seus contínuos atos criativos neste mundo estão em exibição até hoje, enquanto ele cria novos inventores e levanta novos

---

48 Pew Research Center, "Religious Landscape Study", pewforum.org (2014).
49 J. A. Motyer, *The Prophecy of Isaiah: An Introduction and Commentary*. Downers Grove, IL: InterVarsity Press, 1996, p. 66. Veja também p. 378.

detentores de potentes tecnologias. Deus povoa Dubai, Bengaluru, o Vale do Silício, o Beco do Silício e a Planície do Silício com seus inventores mais poderosos.[50]

A reivindicação de Deus como o criador da indústria mais poderosa do mundo é um xeque-mate cósmico para os inventores brilhantes de hoje, que imaginam que seus poderes de inovação tornaram o Criador irrelevante. Não! Deus o controla enquanto você inova. Suas inovações servem aos propósitos dele. Elon Musk afirma ter trabalhado 120 horas semanais ocasionalmente, mas diz que normalmente tem uma semana de trabalho "bastante administrável" de 80 a 90 horas.[51] Por que tantas horas? Porque Deus o criou para trabalhar como um animal de carga. Pelo que sei, a motivação de Musk passa por riqueza, poder ou prestígio. Não importa. Deus criou Elon Musk para ser Elon Musk. Quer você

---

[50] Se a origem dramática dos ferreiros e assoladores parece superespiritual, na verdade ilustra uma dinâmica mais ampla na sabedoria de Deus. Como disse um teólogo: "Deus não conhece as coisas porque passou a conhecê-las por meio de descobertas e deduções. Deus conhece todas as coisas porque conhece a si mesmo, e todas as coisas vêm dele, por meio dele e para ele" (Samuel D. Renihan, *Deity and Decree*. Publicação própria, 2020, p. 70). Isso é verdade para toda a criação e todas as criaturas. Inclui todos os dons e propósitos de sua vida e da minha. A profundidade da sabedoria de Deus em saber tudo sobre nós não vem de sua capacidade de pesquisar e estudar a vida independente que levamos. Não; a sabedoria de Deus sobre suas criaturas tem tudo a ver com sua providência soberana, que cria, posiciona e maneja cada uma de suas criaturas únicas de acordo com seu próprio desígnio. Portanto, a "profundidade da riqueza, tanto da sabedoria como do conhecimento de Deus" sobre sua criação é porque toda a criação é "dele, e por meio dele, e para ele" (Rm 11.33–36). Todas as criaturas conscientes foram criadas "por meio dele e para ele" (Cl 1.16). Deus "é sobre todos, age por meio de todos e está em todos" (Ef 4.6). O Criador, ainda hoje, "faz todas as coisas conforme o conselho da sua vontade" (Ef 1.11). Deus governa cada uma de suas criaturas para fins bons (diretamente). E ele governa todo pecado e mal (indiretamente). Mas ele realmente governa todas as coisas, incluindo as decisões vocacionais de suas criaturas.

[51] Eric Johnson, "Full Q&A: Tesla and SpaceX CEO Elon Musk on Recode Decode". vox.com, 2/11/2018.

ame a Deus, odeie a Deus ou ignore a Deus; se você busca atender às necessidades da humanidade em seu trabalho, ou se a única coisa que o faz levantar todas as manhãs é a promessa de que você vai saquear tanta riqueza deste mundo quanto puder, com uma espada ou uma startup, de qualquer maneira, Deus maneja você para seus propósitos finais. Deus criou você para um fim que ele estabeleceu. E se tecnologia e inovação são o seu campo, é onde você cumpre esse objetivo. Deus cria inventores e cria usuários de tecnologia para propósitos belos e curativos. E ele cria fabricantes e manipuladores de tecnologia para propósitos vulgares e destrutivos. Ele é o oleiro, como lemos em Romanos 9. Ele pode usá-lo para descobrir a cura genética para o câncer, ou pode usá-lo para criar uma arma de super-assolação, mas ele dispõe de cada inovador como lhe apraz em sua sabedoria. Cada um de nós é responsável por nossas decisões volitivas e nossos pecados. Mas não se engane; cada um de nós finalmente cumpre o propósito do Criador para nossas vidas.

Isaías 54.16 destrói todo resquício de suposição de que meus poderes de inovação tornam Deus mais distante e menos relevante para minha vida. Só um tolo chegaria a essa conclusão. É exatamente o oposto. Deus cria inovadores. Eles existem apenas por seu desígnio. Por meio deles, ele governa o presente e o futuro da humanidade.

6. Deus controla o futuro criando os inventores desse futuro.

Wendell Berry e outros supõem que o cristianismo é uma cosmovisão ética útil para o ascetismo tecnológico.

Nossa fé é certamente uma estrutura para nos ajudar a tomar decisões na vida. Mas é muito mais do que isso. O cristianismo é a revelação do Deus soberano do universo, que criou Thomas Edison, Steve Jobs e Elon Musk para seus próprios propósitos — independentemente se suas inovações devem ou não ser adotadas na vida dos cristãos.

Ainda mais claramente, um dos princípios fundamentais do teísmo aberto diz que Deus não pode saber todas as coisas atemporalmente, mas deve aprender e descobrir as coisas conforme acontecem.[52] Assim, quando os cristãos tentam trazer Deus ao mundo da inovação moderna, muitos caem na lógica falha do teísmo aberto. De vez em quando, segundo pensam, Deus volta sua atenção em nossa direção para ver o que estamos inventando agora, para aprender quais inovações são possíveis, para ver para onde nossa trajetória tecnológica se dirigirá a seguir. Deus se inclina para estudar o Vale do Silício a fim de se autodescobrir e se aperfeiçoar com o passar do tempo, porque seu autodesenvolvimento futuro depende da inovação humana futura.

Essa caricatura é uma inversão absurda. Deus cria inventores. O avanço tecnológico é evocado pelo Espírito sob a sanção soberana de Deus. Isso significa que não apenas Deus é soberano sobre o criador e o usuário da espada; Deus tem o controle do futuro. Esse é o ponto de Isaías. Isaías quer que compreendamos que o Deus vivo do universo controla o futuro, porque é ele quem cria os inventores desse futuro. Nenhuma invenção humana ensina Deus. E nenhum inventor

---

52 John M. Frame, *No Other God: A Response to Open Theism*. Phillipsburg, NJ: P&R, 2001, p. 23 [Em português: *Não há outro Deus*. São Paulo: Cultura Cristã, 2006].

pega Deus de surpresa. Ele cria cada inventor. Essa é uma lógica providencial profunda. Ou para falar mais especificamente: em sua sabedoria e para seus propósitos, Deus pretendeu que o mundo tivesse iPhones; portanto, ele criou Steven Paul Jobs para nascer em 24 de fevereiro de 1955. Deus governa o futuro criando os ferreiros e os inovadores que moldam esse futuro. Muito precisa ser dito sobre como as indústrias nascem, e vamos chegar essa discussão mais adiante.

7. Deus reina sobre tecnologias que curam.

Isaías 54 deixa seu argumento claro ao focar em novas tecnologias feitas para saquear cidades. Mas pense na lógica. Se Deus reina tão poderosamente sobre as tecnologias que assolam, quanto mais ele reina sobre as tecnologias virtuosas que curam? Pense em cirurgias oculares a laser, bombas de insulina, lâmpadas de bilirrubina, nebulizadores, ventiladores, aparelhos renais, marca-passos e desfibriladores cardíacos. Deus recebe todo o crédito pelas inovações que curam. E há milhares de motivos para louvar o Espírito por esses dons e pela vasta gama de inovações que ele nos deu para usarmos todos os dias em nossas vidas saturadas de tecnologia.

8. Deus concentra sua atenção nos atores da tecnologia.

A ética da tecnologia não é binária. Não podemos jogar um dispositivo em uma máquina de ética e esperar que saia do outro lado, carimbado como "virtuoso" ou "pecaminoso". Se determinamos que o celular é inerentemente pecaminoso, tocá-lo seria pecado. Mas as Escrituras não permitem tal dicotomia clara (Cl 2.20–23). Na realidade, a pecaminosidade ou a virtude inerente de uma determinada tecnologia é frequentemente vaga até que um ator utilize a ferramenta com alguma intenção.

Melvin Kranzberg, historiador da tecnologia da universidade Georgia Tech, escreveu certa vez seis leis da tecnologia. Vale a pena imprimir a lei número um em um adesivo de para-choque de seu carro elétrico: "A tecnologia não é boa, nem ruim; tampouco é neutra".[53] Esta é uma maneira útil de falar de inovação. Falar de tecnologia como "moralmente neutra" realmente não nos leva a lugar nenhum. Podemos ter discussões significativas, no entanto, sobre a tecnologia que usamos e os motivos que nos movem. Além disso, acho difícil imaginar qualquer tecnologia que não possa ser usada para o bem *e* para o mal — para calafetar uma arca *e* uma torre. Em qualquer dos casos, a neutralidade não é uma categoria dominante que nos ajudará a progredir eticamente, e isso porque as inovações continuam a vir das mãos de pecadores rebeldes que rejeitam a Deus.

Nenhuma tecnologia é ambivalente; cada uma vem com certos vieses e tendências. O verdadeiro desafio da ética não está em determinar quais tecnologias devem ser possíveis, mas em determinar como essas novas possibilidades são exercidas. Assim, as Escrituras colocam ênfase não na tecnologia, mas em como essas inovações são usadas.

---

[53] Melvin Kranzberg, "Technology and History: 'Kranzberg's Laws,'" *Bulletin of Science, Technology, and Society* 15 (1995): 5.

9. O governo de Deus sobre todas as inovações humanas tem como objetivo confortar.

No plano de Deus, a tecnologia servirá para o bem final do povo de Deus. Essa é a conclusão de Isaías 54. Deus controla o futuro criando inventores que moldam o futuro. Por quê? Com que finalidade? Veja a segunda metade do versículo 17. Deus cria tanto os inventores quanto os portadores de armas, e os usa e os limita, tudo por causa da "herança dos servos do Senhor" e de seu "direito" final. Então, quem são esses servos protegidos?

Dois servos diferentes têm um papel proeminente em Isaías. Um é o povo de Deus, seu remanescente. Mas há um segundo servo, um personagem solo. Devemos conhecer os dois. Voltando alguns versículos até o capítulo 53, chegamos a um capítulo incrível, o texto em que lemos que o Senhor tem um servo, e que este único servo, seja ele quem for, será esmagado por nossas iniquidades (Is 52.13–53.12). Observe perto do final desta passagem notável, em Isaías 53.11: "Ele verá o fruto do penoso trabalho de sua alma e ficará satisfeito; o meu Servo, o Justo, com o seu conhecimento, justificará a muitos, porque as iniquidades deles levará sobre si". O "meu servo" (singular) é um personagem que será esmagado pelo pecado. Para que os "muitos servos" (plural) sejam justificados.[54] Deus justificará seus muitos servos, por meio do sangue de um servo: seu Filho Jesus Cristo. Um filho será assassinado por um ferreiro e um assolador. E tudo isso faz parte do plano de Deus para vindicar seu povo e abençoá-lo com alegria eterna.

---

54 House, *Isaiah: A Mentor Commentary*, vol. 2: p. 520–521.

JUNTANDO AS PEÇAS

Então, vamos juntar todas as peças. Deus cria inventores e povoa o Vale do Silício com poderosos gurus da tecnologia. E Deus garantirá que certas tecnologias sejam mantidas sob controle por meio de tensões transculturais que ele codificou na humanidade (começando em Babel) e exercendo poder soberano direto para interromper, debelar ou hackear a inovação humana quando necessário (comprovado em Babel e no Calvário). Portanto, a razão pela qual nenhuma arma forjada contra o povo de Deus resistirá é que Deus é soberano sobre todas as armas. Ele faz seu criador e ele faz seu portador. Cada arma, cada invenção humana — até mesmo as invenções humanas mais destrutivas — servem ao plano redentor de Deus. Cada cientista motivado, cada inovação humana e cada portador dessas inovações operam em subserviência ao amor de Deus por seu povo. Por que isso é importante? Porque o povo de Deus precisa dessa segurança em um mundo caído. Deus está revelando seu plano, que é o bem supremo e a vindicação final de um povo comprado por sangue, pago integralmente pela morte e ressurreição de Jesus Cristo!

Cristo está edificando sua igreja, e os portões de ferro do inferno — todas as tecnologias míticas do ferreiro combinadas, usando todo o ferro disponível no universo — nunca prevalecerão contra sua noiva (Mt 16.18). Todo poder inerente às tecnologias do homem se submete ao plano de Cristo para sua noiva. As correntes de Paulo se manterão firmes se Deus permitir (At 28.20; Ef 6.20; Fp 1.13). Mas a porta trancada da prisão se abrirá se Deus ordenar (At 5.17–26). Presa ou livre, nenhuma restrição humana irá parar a igreja além da permissão governante de Deus. Cada metal da terra, endurecido pelo fogo, obedecerá à vontade do criador do ferreiro. Como disse o apóstolo Paulo, mais de setecentos anos depois de Isaías: "Se Deus é por nós, quem será contra nós?" Nada. Nem o ferro; nem o fabricante de tecnologia; nem o usuário de tecnologia. Sabemos que Deus é por nós, porque Deus enviou seu Filho! Ele não medirá esforços para nos redimir. Pois "nem a morte, nem a vida, nem os anjos, nem os principados, nem as coisas do presente, nem do porvir, nem os poderes, nem a altura, nem a profundidade, nem qualquer outra criatura" — nem mesmo os poderes tecnológicos reunidos da humanidade — "poderá separar-nos do amor de Deus, que está em Cristo Jesus, nosso Senhor" (Rm 8.31–39).

Esse é o relacionamento de Deus com a tecnologia.

ENTÃO, PARA QUE SERVE O PICHE?

Deus chama cada um de seus filhos para tomar decisões baseadas na fé sobre como usamos as tecnologias disponíveis neste mundo. O piche é a metáfora. A pergunta que cada um de nós deve responder é: para que serve o piche? Impermeabilizamos como um ato de fé em Deus ou como um ato de rebelião contra ele? Noé usou piche porque estava em uma jornada para encontrar uma promessa futura. O piche selou seu barco e reforçou sua fé em Deus. Mas os babelitas aplicaram mal o piche, porque, em incredulidade, eles impermeabilizaram seus tijolos endurecidos pelo fogo para construir uma utopia permanente de vanglória.

Portanto, voltando ao ponto de partida, os primeiros doze capítulos do Gênesis nos oferecem duas histórias importantes sobre tecnologia. A primeira é uma história da graça redentora de Deus em e por meio da inovação tecnológica humana (a arca, o primeiro grande navio). A segunda é uma segunda história da humanidade manifestando seu pecado por meio da tecnologia (a cidade-torre de Babel). O primeiro uso da tecnologia foi baseado puramente na fé. O segundo uso da tecnologia foi baseado inteiramente na incredulidade. Tecnologia usada por um coração de carne versus tecnologia usada por um coração de pedra. E Deus governou ambos.

Agora, neste ponto, nossa teologia da tecnologia já tem um bom começo. Mas não tratamos de questões sobre como as indústrias nascem, ou de onde nossa tecnologia vem materialmente, ou como nossa tecnologia se relaciona com as possibilidades dentro da ordem criada. Eventualmente, precisaremos entender o que as inovações nunca podem fazer por nós. E devemos determinar quais tecnologias são destrutivas ou redentivas, quais devemos adotar ou rejeitar. Porque em algum momento devemos perguntar: para que serve o piche? Você pode usar piche para impermeabilizar sua arca (com fé). Ou você pode usar piche para impermeabilizar sua torre (em incredulidade). Mas nossa discussão sobre ética deve esperar.

3

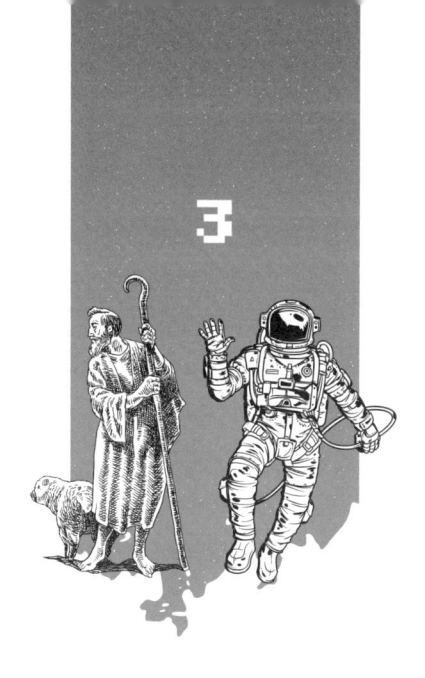

DE ONDE VÊM NOSSAS TECNOLOGIAS?

Ex Nihilo é uma empresa de perfumes com sede em Paris. Em seu site, em uma declaração de missão, eles definem corretamente a frase latina *ex nihilo* como "criar do nada". Mas, apenas duas frases depois, eles anunciam um compromisso da empresa de fazer fragrâncias elegantes para seus clientes a partir dos "materiais de perfumaria mais exclusivos".[1] (Ha!) Esse é o problema da inovação humana. Falamos em criar "do nada", mas não conseguimos. Tudo o que podemos fazer é misturar e combinar, adicionar e subtrair. Estamos restritos ao que está disponível.

---

1 "Manifesto", ex-nihilo-paris.com

Então, quando Steve Jobs "inventou" o iPhone, na realidade ele não inventou muita coisa. Ele simplesmente recondensou dezenas de tecnologias conhecidas — um tocador de música digital, um telefone celular, um calendário, uma agenda de contatos e um navegador de internet — tudo em um dispositivo digital com tela sensível ao toque. Os inovadores humanos são realmente apenas descobridores, separadores, fundidores, replicadores, copiadores e refinadores. De maneira mais geral, a tecnologia é como brincar em uma caixa de areia que outra pessoa fez. Não criamos *nada* do nada — nem carros, nem celulares, nem perfumes. Nós descobrimos, copiamos, colamos e reorganizamos. Operamos dentro dos limites estabelecidos por outra pessoa.

A Bíblia nos diz quem construiu esta caixa de areia, em Gênesis 1.1: "No princípio, criou Deus os céus e a terra". Deus fez tudo, e ele fez tudo do nada. Ele fez a terra do nada. E tudo o mais, no céu e no espaço, nos animais e no homem, ele fez do nada. *Bara*.

LUZ INACESSÍVEL

O apóstolo Paulo nos diz que este Criador "habita em luz inacessível" (1Tm 6.16). Deus é indiviso. Ele é "luz pura, duradoura e auto-original".[2] Deus é inteiramente autossuficiente e autossatisfeito em seu ser eterno, mesmo com a ausência de tudo o que não é Deus. Ele não lança nenhuma sombra (Tg 1.17). Ele não tem falta de nada. Ele não precisa de nada fora de si mesmo. O homem não pode criar Deus, derrubar Deus,

---

2 John Webster, *The Domain of the Word: Scripture and Theological Reason*. Nova Iorque: T&T Clark, 2012, p. 57.

melhorar Deus ou limitar Deus. A existência de Deus não é determinada por nada na criação. Ele não espera ser compreendido por nós para conhecer a si mesmo. Cada sermão falado ou livro de teologia publicado não acrescenta nada à sua autocompreensão. A inovação humana não tem nada a acrescentar à sua plenitude.

Nesse vislumbre de luz inacessível, quando *tudo o que não é Deus* é posto de lado, e tudo o que resta é Deus — quando não há anjos, humanos, animais ou galáxias em consideração — temos uma visão de Deus, autoexistente em sua plenitude pródiga, uma autossuficiência gloriosa que transcende e antecede o tempo, o espaço e tudo o que ele fez (Jo 17.5). Nada fora de Deus acrescenta algo a ele. Nada fora de Deus o completa. Seu brilho inacessível afasta todos os outros e tudo o mais para que possamos nos maravilhar com sua autossuficiência. Ele não precisa de criatura alguma. Ter feito a criação não diminui Deus.[3] "A existência da criação não acrescenta nada a Deus e, na sua ausência, Deus não seria diminuído", escreve o teólogo John Webster. "Deus é em si mesmo infinitamente feliz, não necessitando de nada da criatura".[4] Nas palavras de Jonathan Edwards, "Deus é infinitamente feliz no desfrute de si mesmo" — Deus como Pai, deleitando-se em sua imagem exata, seu Filho, através do amor mútuo do Espírito Santo. O Deus trino é auto deleite incandescente, algo semelhante à fusão nuclear em um reator, produzindo "uma

---

[3] John Webster, *God without Measure: Working Papers in Christian Theology*, Vol. 1: *God and the Works of God*. Nova Iorque: T&T Clark, p. 160.
[4] Webster, *God without Measure*, p. 115–126.

energia mais pura e perfeita na Divindade, que é amor divino, complacência e alegria".⁵

No entanto, esse mesmo Deus escolhe não limitar sua glória autossuficiente como *apenas* inacessível. O universo material é "uma explosão da glória de Deus", uma detonação intencional para fora, na qual "perfeita bondade, beleza e amor irradiam de Deus e atraem criaturas para participar cada vez mais da alegria e deleite da Divindade".⁶ A felicidade infinita de Deus dentro de si mesmo irrompe e cria um universo inteiramente fora de si mesmo — e ele convida este universo a participar de sua própria vida. O mundo existir (você e eu existirmos) não pode ser explicado de nenhuma outra forma além da pura generosidade intencional de Deus. Deus não tem necessidades, então a criação não pode completá-lo. O universo material é um puro e generoso presente surpresa, uma sucessão de "hajas" — comandos divinos que concedem permissão para que a criação exista, como um segredo antigo que não pode mais ser contido, um mundo vindo à existência como uma realidade absolutamente surpreendente devido apenas à felicidade transbordante de Deus.⁷ Você, eu, seres angelicais, este planeta, este universo, a tecnologia em seus polegares e em seu pulso — nada disso é *necessário* para a vida e a felicidade radiantes de Deus. E, contudo, aqui estamos, criaturas avançadas em tecnologia criadas para serem atraídas para a comunhão com o Deus autossuficiente.

---

5 Jonathan Edwards, *Writings on the Trinity, Grace, and Faith*, (Works of Jonathan Edwards, vol. 21). New Haven, CT: Yale University Press, 2003, p. 113.
6 George M. Marsden, *Jonathan Edwards: A Life*. New Haven, CT: Yale University Press, 2004, p. 463.
7 Veja as quinze ocorrências de "haja" ou ordens equivalentes em Gênesis 1.3–26.

A matéria não pode explicar a origem da matéria. Então, olhamos para o mundo material e perguntamos: por que existe algo em vez de nada? E essa resposta é encontrada em Deus. *Ele é*. Ele extravasa prazer em si mesmo. Por isso, todas as coisas existem em total originalidade. Deus não precisa de nenhuma matéria-prima para criar, nenhum padrão preexistente para seguir, nenhum elemento básico para formar compostos, nenhum original para copiar. Isso porque ele "ele mesmo é seu próprio padrão e exemplar em suas obras".[8] Tendo sua origem dentro desse deleite trinitário incandescente, sua luz inacessível, cada elemento na criação é padronizado dentro de Deus e generosamente ordenado à existência.

Oxigênio, silício, alumínio, ferro, cálcio, titânio, hidrogênio — os alunos memorizam suas propriedades nas aulas de química porque esses elementos constroem outros compostos, mas Deus criou cada átomo do nada. *Bara*. O mundo material existe pela determinação de Deus, até quarks, elétrons, múons e fótons, os "constituintes básicos da matéria" que marcam "o próprio limite do ser em sua criação a partir do nada".[9] Por sua sabedoria, Deus fundou tudo sob nossos pés e tudo acima de nosso alcance, desde o fundo do oceano até o topo de uma nuvem de tempestade (Pv 3.19–20). Cada constante física que descobrimos dentro da criação aponta para a glória de Deus, que interrogou Jó do redemoinho com uma lista de maravilhas que os mais aclamados documentários sobre a natureza tentam capturar — montes de neve e

---

8 Stephen Charnock, *The Complete Works of Stephen Charnock*. Edimburgo: James Nichol, 1864–1866, vol. 2 p. 107.
9 Thomas F. Torrance, *The Christian Frame of Mind: Reason, Order, and Openness in Theology and Natural Science*. Eugene, OR: Wipf & Stock, 2015, p. 55–56.

rastros de raios, portões de escuridão e canções de estrelas da manhã, o salto do gafanhotos e a estranheza da avestruz (Jó 38–39). Somente Deus estabeleceu todos os limites antes que os humanos existissem. Tivemos zero influência sobre como esta terra e o universo foram organizados.

Surgimos como administradores de uma criação predefinida. Assim, nossos químicos podem separar, replicar, refinar e mesclar o que já existe. "Mas quando Deus fala uma palavra poderosa, *nada* passa a ser algo".[10] *Nada* não é a matéria-prima de Deus. Deus não precisa de *nada* para fazer algo. *Nada* não é um big bang ou um buraco negro. *Nada* é nada. Pura ausência. Inexistência total. Stephen Charnock escreve: "Não se pode imaginar uma distância maior do que a distância entre *nada* e *alguma coisa*, o *não ser* e o *ser*. E nenhum poder maior pode ser imaginado do que aquele que gera algo do nada".[11] Pois *nada* dar lugar a *algo* está além do alcance de nossa imaginação humana, e certamente além de nossa habilidade inovadora.

Creatio ex nihilo significa que o universo material "não deriva de nenhuma necessidade em Deus e não tem nenhuma necessidade intrínseca em si mesmo". Ele existe por "pura liberdade". Dentro de si, a criação "não contém nenhuma razão em si para que seja o que é e para continuar a existir".[12] O não ser passou a ser, um novo ser distinto do próprio ser de Deus.[13] É por isso que existimos. É por isso

---

10 Charnock, *Complete Works of Stephen Charnock*, 2:111.
11 Charnock, *Complete Works of Stephen Charnock*, 2:128.
12 Thomas F. Torrance, *Divine and Contingent Order*. Edimburgo: T&T Clark, 1998, p. vii, xi.
13 Herman Bavinck, John Bolt, e John Vriend, *Reformed Dogmatics: God and Creation*, vol. 2. Grand Rapids, MI: Baker Academic, 2004, p. 416.

que a criação existe. É por isso que a possibilidade tecnológica existe. Toda a nossa ciência e a nossa inovação são o resultado da liberdade pura e desnecessária, o desígnio intencional e a generosidade pura de Deus.

Guarde esse pensamento cósmico enquanto pulamos de volta para a história humana.

ADÃO E EVA

Na história bíblica, os primeiros humanos foram criados como mordomos. Eles eram sem pecado, mas também incompletos. O Criador pretendia que Adão e Eva alcançassem uma glorificação futura, um futuro não totalmente dado a eles em seu estado não caído. A humanidade sem pecado era a obra suprema de Deus, mas, como a criação, era uma obra em progresso. Uma futura glorificação desses seres viria mais tarde. E um paradigma idêntico opera em todo o globo. Este mundo foi criado sem pecado e cheio de potencial. A criação não é necessária; é o produto da liberdade de Deus e do seu imenso amor, mas "é um amor que deixa à criatura algo para ser e fazer", para cultivar a criação.[14] Deus criou seres humanos para descobrirem os padrões da criação e desenvolverem novas tecnologias como resultado. E foi o que eles fizeram.

Então, de onde vêm as novas indústrias da inovação humana? Para responder a esta importante pergunta, voltamos antes de Babel, antes do dilúvio e Noé, de volta ao primeiro casal, logo depois de sua queda no pecado. Gênesis 4.1–2.

---

14 Colin E. Gunton, *Christ and Creation*. Milton Keynes: Paternoster, 1992, p. 77.

¹Coabitou o homem com Eva, sua mulher. Esta concebeu e deu à luz a Caim; então, disse: Adquiri um varão com o auxílio do Senhor. ²Depois, deu à luz a Abel, seu irmão. Abel foi pastor de ovelhas, e Caim, lavrador.

Deus fez o primeiro homem, Adão. Eva afirma ter feito o segundo homem, Caim, com alguma ajuda de Deus.¹⁵ Deus e a mulher estão unidos na alegre comunhão da cocriação.¹⁶

O nome de Caim significa "produzido", uma indicação de sua origem e um prenúncio de sua linhagem futura. O nome de Abel significa "sopro", um prenúncio da brevidade de sua vida. Eles não são simplesmente novos irmãos; são duas novas linhagens na história humana.

Assim, Adão e Eva tiveram dois filhos. Caim é o mais velho. E, se você conhece bem a Bíblia, os irmãos mais velhos geralmente não se relacionam bem com os demais. Além disso, pode haver uma rivalidade ocupacional também: pastores versus fazendeiros. Em uma sociedade pós-agrária como a nossa, não temos a plena noção do conflito. Abel exercia domínio sobre animais e criava ovelhas. Caim exercia domínio sobre o solo e cultivava grãos. Ambos eram hábeis profissionalmente. Mas a história deles, irmão mais velho versus irmão mais novo, é tensa desde o início.

³Aconteceu que no fim de uns tempos trouxe Caim do fruto da terra uma oferta ao Senhor. ⁴Abel, por sua vez,

---

15 Para a resposta de Adão, veja o GIF: https://tenor.com/view/-gif-3835277.
16 Umberto Cassuto, *A Commentary on the Book of Genesis: Part I, From Adam to Noah*. Jerusalém: Magnes Press, 1998, p. 201–202.

trouxe das primícias do seu rebanho e da gordura deste. Agradou-se o Senhor de Abel e de sua oferta; ⁵ao passo que de Caim e de sua oferta não se agradou. Irou-se, pois, sobremaneira, Caim, e descaiu-lhe o semblante.

Caim se tornou o primeiro humano a trazer uma oferta a Deus. Ele possui a patente do primeiro sacrifício religioso, o enigmático criador de todo o sistema de ofertas religiosas.[17] Abel seguiu-o. Caim trouxe um pouco de sua colheita; Abel trouxe as primícias de seus rebanhos. A oferta de Abel foi aceita. A de Caim foi desprezada.

Nesta passagem, não nos é dito por que Deus aceitou a oferta de Abel (de gordura animal) e rejeitou a oferta de Caim (de grãos). Ambas as ofertas eram legítimas. Para essa resposta, nos voltamos para o Novo Testamento, onde lemos que Deus aceitou o sacrifício de Abel porque ele confiou em Deus; Caim não (Hb 11.4). Abel não colocou sua confiança em sua capacidade de inventar, criar animais e acumular riqueza. No centro de sua vida, ele vivia para uma recompensa futura. A fé de Abel santificou suas tentativas rudimentares de criação de gado. Ele confiou que receberia de Deus o que sua carreira nunca poderia lhe dar. Isto é o que significa glorificar a Deus em nossas criações. Tem a ver com nosso coração, nossa lealdade e onde procuramos nossa esperança e segurança final.

Caim não prometeu tal fidelidade; ele não consagrou sua vida e inovação a Deus. Talvez ele tenha vivido para esta vida presente, confiando em sua originalidade e sua prosperidade.

---

17   Rabbi David Fohrman, *The Beast That Crouches at the Door*. Baltimore, MD: HFBS Press, 2012, p. 97–98.

Por fora, Caim parecia muito com seu irmão. Ele parecia um fazendeiro filantropo. Mas Deus não tinha o coração de Caim. Essa é a diferença. Inovação direcionada para a glória de Deus versus inovação motivada pelo sucesso mundano – as ambições podem parecer paralelas, mas seus caminhos divergem eternamente. O irmão mais velho ficou com inveja.

> [6]Então, lhe disse o SENHOR: Por que andas irado, e por que descaiu o teu semblante? [7]Se procederes bem, não é certo que serás aceito? Se, todavia, procederes mal, eis que o pecado jaz à porta; o seu desejo será contra ti, mas a ti cumpre dominá-lo.

Caim estava devastado. Mas Deus o encontrou, encorajou-o a não desistir, mas a prosseguir em sua devoção e exortou Caim a não ceder à inveja e à ira. A exortação falha.

> [8]Disse Caim a Abel, seu irmão: Vamos ao campo. Estando eles no campo, sucedeu que se levantou Caim contra Abel, seu irmão, e o matou.

No primeiro homicídio, Caim esperou ficar sozinho com Abel em um campo distante. Talvez Caim tenha usado uma ferramenta agrícola como arma; não sabemos. Os detalhes forenses já foram há muito tomados pelo pó, mas a ofensa está registrada nas Escrituras. Caim matou seu irmão Abel e abandonou seu corpo para que seu sangue derramado fosse engolido pelo solo.

Caim e Abel eram irmãos hostis, "envolvidos em uma luta fratricida que termina com a morte do *melhor* deles", um cenário do pesadelo que é a trágica história da humanidade.[18] O mal dentro do drama da história humana é assombroso, e a tristeza resultante dessa cena é densa, capturada por muitas pinturas clássicas sobre o momento horrível em que Adão e Eva descobriram o corpo de seu filho morto — o arrepiante primeiro espetáculo de morte humana trazida ao mundo pelo primeiro pecado de seus pais.

No drama agonizante, Deus interveio e falou com Caim.

> [9]Disse o Senhor a Caim: Onde está Abel, teu irmão? Ele respondeu: Não sei; acaso, sou eu tutor de meu irmão? [10]E disse Deus: Que fizeste? A voz do sangue de teu irmão clama da terra a mim. [11]És agora, pois, maldito por sobre a terra, cuja boca se abriu para receber de tuas mãos o sangue de teu irmão. [12]Quando lavrares o solo, não te dará ele a sua força; serás fugitivo e errante pela terra.

Um corpo assassinado em um campo clama por sangue (Dt 21.1–9). Por homicídio, Caim merecia a execução imediata. Mas sua vida foi poupada. Ele viveria, mas não lhe seria oferecido perdão, nem salvação, nem graça. Sua vida de agricultor acabou. O solo, já amaldiçoado, agora se recusava a florescer para Caim. Não lhe daria riqueza nem mais oferendas. Caim é expulso como fugitivo em exílio perpétuo para

---

18 Jordan B. Peterson, "Biblical Series V: Cain and Abel: The Hostile Brothers", youtube.com, 27/6/2017.

carregar sua culpa e maldição agonizante por todos os seus dias restantes na terra.

Mas Deus não acabou com Caim.

> ¹³Então, disse Caim ao Senhor: É tamanho o meu castigo, que já não posso suportá-lo. ¹⁴Eis que hoje me lanças da face da terra, e da tua presença hei de esconder-me; serei fugitivo e errante pela terra; quem comigo se encontrar me matará. ¹⁵O Senhor, porém, lhe disse: Assim, qualquer que matar a Caim será vingado sete vezes. E pôs o Senhor um sinal em Caim para que o não ferisse de morte quem quer que o encontrasse. ¹⁶Retirou-se Caim da presença do Senhor e habitou na terra de Node, ao oriente do Éden.

Não apenas Caim *não* é executado, mas Deus protege sua vida e marca Caim de alguma forma óbvia que diz: não mexa com esse cara. Não o ataque. Não o machuque. Não o mate.

Então, por que a linhagem de Caim é tão cuidadosamente protegida, quando esse patriarca assassino é tão digno de morte? Sua resposta a essa pergunta acabará determinando se você se tornará um pessimista ou um otimista em tecnologia. Você verá o motivo se continuarmos lendo.

> ¹⁷E coabitou Caim com sua mulher; ela concebeu e deu à luz a Enoque. Caim edificou uma cidade e lhe chamou Enoque, o nome de seu filho.

Na era posterior a Adão e Eva e anterior à arca de Noé, Caim construiu a primeira cidade mencionada nas Escrituras (uma predecessora pré-diluviana da Babel pós-diluviana). Caim, exilado de seus campos, passou ao planejamento urbano e projetou o que se tornou a primeira cidade com nome na terra. Seu pai e sua mãe, Adão e Eva, deram nomes aos animais e a seus próprios filhos. Caim deu nome à sua cidade. Ele fez algo inanimado, nomeou-o e reivindicou-o como sua própria invenção. Sua invenção inaugura tanto a construção urbana quanto a propriedade intelectual.

Agora, como lembrete, estamos perguntando: de onde vem a tecnologia humana? E voltamos à linhagem de Caim para algumas pistas.

> [18] A Enoque nasceu-lhe Irade; Irade gerou a Meujael, Meujael, a Metusael, e Metusael, a Lameque. [19] Lameque tomou para si duas esposas: o nome de uma era Ada, a outra se chamava Zilá.

A genealogia ganha velocidade para chegar ao tataraneto de Caim, Lameque, inventor da poligamia. Ele e suas duas esposas, Ada e Zilá, têm quatro filhos notáveis.

> [20] Ada deu à luz a Jabal; este foi o pai dos que habitam em tendas e possuem gado.

Abel criava ovelhas, mas Jabal criava vários animais. Isso é novidade. Jabal também inventará habitações móveis, têxteis duráveis e linhagens específicas de animais, basicamente o que hoje chamamos dos primórdios rudimentares da genética. E Jabal tinha um irmão.

²¹O nome de seu irmão era Jubal; este foi o pai de todos os que tocam harpa e flauta.

Jubal foi o gênio que inventou a música, os instrumentos de corda e os de sopro simultaneamente. A indústria musical nasceu para liderar a sociedade em canções. Então vem um terceiro irmão.

²²Zilá, por sua vez, deu à luz a Tubalcaim, artífice de todo instrumento cortante, de bronze e de ferro;

A indústria de fabricação de ferramentas começa com Tubalcaim, um homem habilidoso em modelar e afiar espadas e novas ferramentas agrícolas. Tanto a Idade do Bronze quanto a Idade do Ferro nascem simultaneamente.

Então os três irmãos ganham uma irmã.

A irmã de Tubalcaim foi Naamá.

A menção da irmã nesta genealogia antiga é surpreendente. Ela deve ter sido notável. A única evidência que temos é o nome dela, que sugere a doçura de sua voz feminina. Talvez Naamá tenha sido a primeira cantora profissional.[19] Isso se encaixaria com a invenção da indústria musical por Jubal.

Mas, seguindo essa genealogia de notáveis inovadores, o pai Lameque estourou com a primeira canção registrada na história humana: uma faixa de *rap gangsta* cheia de

---

19   Nahum M. Sarna, *Genesis, The JPS Torah Commentary*. Filadélfia: Jewish Publication Society, 1989, p. 38.

ia, arrogante, egocêntrica sobre autopreservação e vingança (4.23-24). Lameque aparentemente matou alguém, e mataria muitos mais como vingança. O espírito assassino de Caim sobreviveu; na verdade, parece amplificado. Avanços tecnológicos acelerados nunca avançam a ética na mesma proporção.[20] Por ora, a linhagem de Caim continua, mas não como uma história de herança espiritual. Sua linhagem é uma história amaldiçoada e espiritualmente disfuncional de brilhantismo inovador. "A família de Caim é um microcosmo: seu padrão de proeza técnica e falha moral é o mesmo da humanidade".[21]

Então — pausando na música — a história volta para Adão e Eva, que deu à luz a outro filho, Sete, substituto de Abel, e antepassado de um futuro engenheiro, um homem de fé chamado Noé (Gn 4.25-5.32).

A LINHAGEM DE CAIM

Voltaremos à linhagem de Sete e Noé mais tarde. Por enquanto, devemos avaliar novamente que Deus poderia ter executado Caim pelo assassinato premeditado e a sangue frio de seu irmão, mas não o fez. Em vez disso, Deus protegeu Caim para um propósito específico. A genealogia deixa claro que Deus não estava simplesmente protegendo um homem; Deus estava protegendo uma linhagem.

No declínio espiritual de Caim, surgiu a cidade inaugural. A partir daquela cidade, através de Lameque e suas duas esposas, a inovação humana disparou. De repente, em

---

20 Cassuto, *Commentary on the Book of Genesis*, p. 244.
21 Derek Kidner, *Genesis: An Introduction and Commentary*, Tyndale Old Testament Commentaries. Downers Grove, IL: InterVarsity Press, 1967, p. 83.

rápida sucessão, o precursor dos têxteis duráveis, da habitação móvel e da linhagem específica de animais estava em cena. E então o precursor de instrumentos musicais e músicos seguiu. E então o precursor da Idade do Bronze e da Idade do Ferro e o inventor original de todas as ferramentas de metal afiadas apareceu.

Ouça com atenção os nomes dos irmãos — Jabal, Jubal, Tubal. Essa parte de seus nomes que rima deriva da palavra hebraica que significa "produzir".[22] Eles eram produtores. Sua identidade central estava ligada a uma inventividade inerente a eles. Cada filho, seja por nome ou ocupação, fazia alusões a Caim.[23] É por isso que Caim foi preservado, para resultar em uma "cultura material multifacetada desenvolvida entre seus descendentes".[24]

NOSSOS PAIS TECNOLÓGICOS

O quarto capítulo de Gênesis oferece uma rápida introdução aos nossos precursores tecnológicos, esclarecida em três pequenas frases no texto: "o pai dos que…", "o pai de todos os que…", "artífice de todo…". Cada irmão lançou toda uma indústria de inovação que o autor de Gênesis quer que rastreemos até os dias atuais. O progresso tecnológico do homem é de interesse da Bíblia.[25] A influência dos irmãos acompanha a história. Do Jubal de Gênesis ao Jobs do Vale do Silício, cada

---

22 Kenneth A. Mathews, *Genesis 1–11:26* (New American Commentary, vol. 1A). Nashville, TN: Broadman & Holman, 1996, p. 287–288.
23 Cassuto, *Commentary on the Book of Genesis*, p. 235.
24 Cassuto, *Commentary on the Book of Genesis*, p. 230.
25 Herman Bavinck, *Reformed Ethics: Created, Fallen, and Converted Humanity* (John Bolt et al., eds., vol. 1). Grand Rapids, MI: Baker Academic, 2019, p. 163.

nova indústria exerce uma influência permanente e perpétua no desenvolvimento de toda a cultura humana subsequente.

Mas se formos traçar a influência da linhagem de Caim em nossas vidas hoje, nos deparamos com um grande problema. Esses três inventores e todas as suas indústrias logo seriam arrasadas por um dilúvio global. Então, se a genética animal, a metalurgia e a indústria musical devem suas origens ao legado familiar de três irmãos cuja progênie foi totalmente destruída por uma inundação global, como eles podem ser considerados os ancestrais dessas indústrias hoje?

A arca.

Guardada na embarcação de Noé estava a família escolhida por Deus, duas criaturas de cada espécie e o conhecimento tecnológico coletivo da humanidade. Noé pode ser ignorado na longa história da tecnologia, mas ele e sua família são parteiras essenciais do desenrolar da história da inovação humana. Noé foi um dos mais ambiciosos e brilhantes engenheiros antigos, e foi o homem escolhido por Deus para conduzir todas as indústrias da linhagem de Caim através do dilúvio. Pela linguagem comum, Noé e sua arca difundiram todo o conhecimento tecnológico pré-diluviano da humanidade para toda a população pós-diluviana da Terra. Esse conhecimento acabou se manifestando em feitos ímpios da engenharia humana (Babel). Mas não devemos passar tão apressadamente pela arca. Na maravilha moderna de sua época, Noé carregou as inovações da linhagem de Caim e as dispersou como conhecimento comum no novo mundo. A relação de Deus com a inovação humana não fará sentido se não notarmos essas conexões.

A corrente fica assim: a terra rejeitou Caim; Deus rejeitou Caim; mas Deus não matou Caim. Em vez disso, Deus escolheu canalizar sua graça comum através da linhagem de Caim para abençoar o mundo. Um rebelde assassino e sua família rebelde tornaram-se a escolha de Deus para liberar novas invenções no mundo. Indústrias inteiras foram levadas por Noé para um novo mundo e transmitidas a nós hoje.

A história humana começa nessas duas linhagens. A linhagem abortada de Abel foi substituída por um novo filho, Sete, e a história do povo pactual de Deus continuou. Com a chegada de Sete, os fiéis começaram a invocar *Yahweh* — "aquele que é quem é" e "aquele que faz ser o que é". Pela primeira vez, o autossuficiente criador do universo agora era chamado por seu santo nome.[26]

A QUESTÃO

Então, de onde veio a expansão da antiga inovação humana? Muitas pessoas assumem que os tecnólogos de elite borbulham por uma lei da inevitabilidade. Uma pessoa em cem milhões será um grande inventor, e cada era recebe um ou dois deles, virtuosos como Arquimedes, da Vinci, Edison, Franklin, Ford, Tesla ou Einstein. Eles descobrem novas realidades ou constroem um monte de coisas de ponta. Eles são raros.

Sem dizer isso explicitamente, o consenso é que os inventores são simplesmente o produto do acaso ou um sucesso inevitável. Mas essa ideia é equivocada. Pelo que aprendemos em Isaías 54, é mais correto dizer que Jabal, o precursor dos pastores nômades, foi criado por Deus e ordenado para esse

---

26 Sarna, *Genesis*, p. 127.

propósito, inventar a pecuária, entender como funcionam as linhagens animais e começar a experimentar o que hoje chamamos de genética. E Jubal, o precursor da música e dos instrumentos, foi criado por Deus e ordenado para este propósito, não apenas para dar aos amadores algo para tocar, mas para dar origem à indústria de profissionais musicais especializados que dominam instrumentos para celebração pública em bandas e orquestras e na indústria musical.[27] E então Tubalcaim, o primeiro causador da Idade do Bronze e da Idade do Ferro, foi criado por Deus e ordenado para este propósito, para ser um ferreiro que encheria sua comunidade com ferramentas e armas de metal afiadas como "o forjador de todo instrumento *cortante* de bronze e ferro".[28] Ele martelava e lixava todas as coisas afiadas destinadas a cortar: facas, foices e espadas de guerra. E não nos esqueçamos do patriarca no início da história, Caim, o precursor dos desenvolvedores urbanos, que foi criado por Deus e ordenado para esse propósito.

Assim que esses inovadores surgem no enredo de Gênesis, nenhuma explicação adicional nos é dada. A habilidade de construir uma cidade, criar animais, fazer música e forjar ferramentas de bronze e ferro parece surgir do nada. Mas nos bastidores, sabemos que eles foram ordenados por Deus. Os inovadores são feitos por Deus.

Mas de onde suas inovações se originam materialmente? Essa é a próxima pergunta que devemos responder.

---

27 Sarna, *Genesis*, p. 37.
28 *Torah Nevi'im U-Khetuvim, the Holy Scriptures according to the Masoretic Text*. Filadélfia: Jewish Publication Society of America, 1917, Gn 4.22; ênfase adicionada.

TECNOLOGIA AGRÍCOLA

Para entender a origem material de nossas inovações, devemos seguir outro conjunto de pistas no texto bíblico. E os encontramos em Isaías 28.23–29, nas origens da tecnologia agrícola. Começamos no versículo 23.

> [23] Inclinai os ouvidos e ouvi a minha voz; atendei bem e ouvi o meu discurso.

Isaías nos diz: "Pare tudo o que você está fazendo e ouça! Preste atenção, porque o que você está prestes a ouvir é muito importante!" Muito bem, então o que ele está tentando nos dizer com tanta urgência? Ele vai nos guiar através de técnicas agrícolas modernas (modernas para Isaías, no caso).

Primeiro vem a preparação. Certas práticas preparatórias do solo são necessárias antes que uma cultura possa ser plantada.

> [24] Porventura, lavra todo dia o lavrador, para semear? Ou todo dia sulca a sua terra e a esterroa?

O agricultor fica abrindo e fechando o terreno? Não, ele cava o chão algumas vezes. Mas quem disse ao fazendeiro para fazer isso algumas vezes e não perpetuamente? Quem ensinou o agricultor a seguir esse padrão para obter os melhores resultados? Essa é uma questão em aberto. Guarde essa pergunta enquanto Isaías passa para as técnicas de plantio.

²⁵Porventura, quando já tem nivelado a superfície, não lhe espalha o endro, não semeia o cominho, não lança nela o trigo em leiras, ou cevada, no devido lugar, ou a espelta, na margem?

O campo é alisado e lavrado. O solo está solto. A terra está pronta para a semente. Agora é a hora de espalhar sementes de endro e cominho aqui e ali. Mas faça filas no solo para o trigo; ele cresce melhor em linhas retas. E nas bordas, plante espelta. Cada semente tem um *local* ideal para ser plantada e uma *forma* específica de ser plantada.

Então, quem ensinou ao agricultor a multicultura? Quem é o cérebro por trás das técnicas humanas de plantio? É o agricultor? Não.

²⁶Pois o seu Deus assim o instrui devidamente e o ensina.

Entenda isso. O mestre agricultor aprendeu suas técnicas de plantio diretamente do Criador através de sua criação. Agora guarde esse ponto por um momento enquanto passamos das técnicas de plantio, pulamos as técnicas de colheita e estudamos ferramentas e práticas de debulha.

²⁷Porque o endro não se trilha com instrumento de trilhar, nem sobre o cominho se passa roda de carro; mas com vara se sacode o endro, e o cominho, com pau. ²⁸Acaso, é esmiuçado o cereal? Não; o lavrador nem sempre o está debulhando, nem sempre está fazendo passar por cima dele a roda do seu carro e os seus cavalos.

Endro, cominho, cereal: três culturas para três propósitos, cada um exigindo ferramentas e técnicas diferentes. O endro é debulhado com uma vara de madeira e o cominho com uma haste de metal. O cereal é esmagado por uma carroça puxada por cavalos. Observe a força crescente; cada técnica é adequada à cultura para maximizar a lavoura. A própria colheita parece ensinar o agricultor. Ou será outro?

Quando esses versículos foram escritos, o primeiro volume publicado de conselhos agrícolas reunidos ainda estava a meio milênio de distância.[29] Então, quem recebe o crédito por ensinar ao agricultor essas ferramentas e técnicas de debulha?

> [29]Também isso procede do Senhor dos Exércitos; ele é maravilhoso em conselho e grande em sabedoria.

Então, quem recebe crédito por combinar as ferramentas e as técnicas agrícolas exatas para cada cultura? Progresso evolutivo? Não. A antiga guilda de fazendeiros? Não. Que tal a própria criação? Não, nem mesmo a criação. O Criador recebe a glória, toda ela. Por quê? Porque as técnicas de lavoura, plantio e debulha do mestre agricultor são todas técnicas aprendidas com o Criador totalmente sábio e suficiente. Ao contrário da teoria de que as práticas agrícolas estáveis levaram à invenção dos deuses, foi Deus quem inventou as práticas agrícolas estáveis.[30] A existência eterna de Deus e seus padrões na criação antecedem ao agricultor.

---

29 Marco Catão, *De agri cultura* (160 a.C.).
30 Yuval Noah Harari, *Homo Deus: A Brief History of Tomorrow*. Nova Iorque: HarperCollins, 2017, p. 90–91 [Em português: *Homo Deus: Uma breve história do amanhã*. São Paulo: Companhia das Letras, 2016].

A PROVIDÊNCIA DE DEUS SOBRE NÓS

Como veremos em breve, esse texto traz muitas consequências para nossa discussão sobre tecnologia hoje. Mas, primeiro, precisamos fazer uma pausa por um momento para falar novamente sobre o povo de Deus. Este texto aparece no meio de Isaías porque é uma chave para abrir todo o livro. O relacionamento de Deus com o agricultor é um ponto importante, mas secundário. Este texto é sobre Deus cultivando Israel. E ele sabe o que está fazendo. Ele não continuará a sulcar os corações de seu povo com um arado, nem os debulhará continuamente. Ele é o mestre agrônomo e está levando seu povo a um objetivo. Ele está cultivando a história para gerar uma colheita espiritual em seu povo. E se parece que Deus está cavando e remexendo demais sua vida agora, ele não está. Seu trabalho agrícola em nós, embora doloroso, produzirá uma colheita de justiça (Hb 12.11). Nós somos sua videira. Ele é o nosso agricultor. Ele sabe exatamente como produzir a colheita ideal em sua vida. Ele vai cavar sua vida, podar sua morte, fertilizar suas raízes e cuidar de você durante todas as estações. Deus instrui o agricultor porque ele é o mestre agricultor de nossas vidas. Ele tem muitas ferramentas e técnicas que pode usar em nós para realizar seu objetivo. A obra de Deus dentro de nós é agrícola (Mt 13.1–23).

UM GRANDE OBSTÁCULO

Assim, Deus ensina ao agricultor novas técnicas agrícolas. Mas espere. Duas objeções surgem desse foco agrícola. O homem agrário pergunta: "As Escrituras não nos ensinam a não cavar mais fundo na criação do que o arado, e a não construir mais alto do que um zigurate?" E o técnico pergunta: "Isso funciona muito bem na agricultura: plantar sementes, colher grãos, ouvir a criação. Mas trabalho em uma sala limpa, hermeticamente fechada e sem poeira, com uma máscara e um macacão branco impermeável. Trabalho com cobalto, índio, tântalo, robôs e softwares. A voz de Deus é muda onde trabalho. Eu não ouço a criação. Isaías 28 pode funcionar em contextos agrários, mas não dentro de uma fábrica de semicondutores. Não existe uma diferença intransponível entre uma ferramenta básica primitiva, como uma enxada de jardim, e a tecnologia de hoje, como um celular ou uma usina nuclear?"

Eu entendo as duas perguntas, e ambas são importantes. Então, eu oro: Deus, mostre-me a relevância de Isaías para a era digital. Ao tentar entender a relação entre a agricultura familiar e os foguetes da SpaceX, aqui estão três respostas a serem consideradas: (1) a agricultura é nossa tecnologia primária; (2) toda tecnologia tem ancestrais; e (3) toda inovação é estruturada pela agricultura.

A agricultura é nossa tecnologia primária

Primeiro, a agricultura é nossa tecnologia primária. Na verdade, a agricultura é provavelmente "o mais fundamental de todos os avanços tecnológicos humanos", a tecnologia básica por trás de todas as outras tecnologias. Como a base de plástico verde na qual a maioria de nós construiu nossas primeiras casas de Lego, a agricultura é a base tecnológica sobre a qual outras tecnologias se estruturam. A primeira revolução tecnológica da humanidade foi a agrícola, e somente quando "a tecnologia de produção de alimentos se instalou, uma reação em cadeia de outros desenvolvimentos tecnológicos seguiu em velocidade cada vez maior. A transformação na produção de alimentos foi seguida pelo desenvolvimento da metalurgia, a invenção da roda, o aperfeiçoamento dos sistemas de escrita e registro de informações e outras inovações técnicas que tiveram efeitos poderosos na cultura humana".[31]

Quando você coleta sua comida aqui e ali, você precisa de um grupo de busca cheio de coletores. Mas, quando você cultiva sua comida em hectares de plantações próximas, os coletores podem preencher seu tempo com outras atividades. O cultivo sedentário trouxe grandes mudanças sociais e possibilitou que comunidades maiores vivessem em um só local. Isso tornou possível possuir mais coisas, ter mais ferramentas e viver atrás dos portões protetores da cidade. A agricultura tornou a cidade possível e a cidade ajudou a libertar as pessoas das preocupações alimentares. A agricultura levou às cidades, e as cidades produziram inovadores e invenções — tudo porque os agricultores podiam alimentar mais pessoas do que a si mesmos (hoje, por exemplo, um agricultor americano pode alimentar cerca de 160 pessoas — que, não mais sobrecarregadas com a preocupação diária de produzir sua própria comida, podem desempenhar outros papéis na sociedade).

O abastecimento de alimentos forneceu uma base estável para o desenvolvimento de outras tecnologias. Sem tecnologia agrícola, todos seríamos chamados a colher, caçar e coletar para sustentar a nós e nossas pequenas comunidades. A agricultura é uma tecnologia primária; ela torna

---

31 Harvey Russell Bernard e Pertti J. Pelto, *Technology and Social Change*. Nova Iorque: Macmillan, 1972, p. 317–318.

possível todos os outros progressos tecnológicos. Sem a foice e o arado, sem a agricultura primitiva e suas ferramentas, não haveria catedrais, e também "não haveria as grandes navegações europeias".[32] O agronegócio é um desenvolvimento primário, e novas possibilidades de descoberta humana estão sobre os ombros dos agricultores.

Toda tecnologia tem ancestrais

Segundo, toda a nossa tecnologia tem ancestrais. A agricultura em si é um excelente exemplo de avanço tecnológico e ilustra como as tecnologias primitivas se adaptam, modificam, se fundem, melhoram e se tornam tecnologias mais poderosas e complexas posteriormente. O teórico da tecnologia W. Brian Arthur chama isso de "evolução combinatória". Todas as tecnologias são misturas de tecnologias anteriores ou "combinações novas do que já existe", diz ele. É como a compilação tecnológica do iPhone. Microcomponentes, como câmeras, gravadores de voz, telas sensíveis ao toque, tocadores de música e alto-falantes, cada um deles tecnologias em si, combinam-se para formar uma nova macrotecnologia. O processo recursivo continua indefinidamente conforme ferramentas simples se fundem em novas tecnologias, que se tornam uma rede de possibilidades, na qual tecnologias ainda mais complexas emergem no futuro. Em certo sentido, o progresso tecnológico é orgânico, como se "a tecnologia se criasse a partir de si mesma". A tecnologia forma uma "ancestralidade rica e interligada" que se torna mais complexa e sofisticada ao

---

[32] Václav Smil, *Energy and Civilization: A History*. Cambridge, MA: MIT Press, 2018, p. 52-53.

longo do tempo. À medida que a hereditariedade cresce, nossas máquinas do futuro pensarão por si mesmas e agirão por si mesmas, tornando-se "autoconfiguráveis, auto-otimizáveis, automontáveis, autocuráveis e autoprotegidas". Elas se assemelham a uma espécie de organismo vivo. "Mas é vivo apenas no sentido de que um recife de coral está vivo."[33]

Assim, a ancestralidade interligada do iPhone pode ser rastreada até inovações mais primitivas. Pense na empresa de vidro Corning, que primeiro dominou a técnica do vidro de cozinha um século antes de dominar a técnica do Gorilla Glass, agora usado em todos os iPhones. A história da tela do seu iPhone tem mais de um século. E isso é apenas uma parte da história. Se você já jogou um videogame como o *Civilization*, sabe disso. Você, como governante, constrói uma civilização baseada em uma árvore de tecnologia em constante evolução. Uma tecnologia primitiva leva à descoberta de inovações mais avançadas, à medida que os séculos avançam de 4000 a.C. a 2100 d.C.

Tome por exemplo a linguagem. A linguagem é uma inovação básica, dada por Deus ao homem desde o início dos tempos e depois multiplicada em Babel. A linguagem tornou possível ao homem falar com Deus e com outros humanos. Tornou possível para os primeiros humanos nomear animais e às vezes até mesmo falar com animais (Gn 3.1–24). Tornou possível dar nomes a estrelas e filhos, contar histórias e construir cidades. A linguagem formou hieróglifos e depois alfabetos, escrita, livros, impressoras, bibliotecas, telégrafos,

---

33 W. Brian Arthur, *The Nature of Technology: What It Is and How It Evolves*. Nova Iorque: Penguin, 2009, p. 18–24, 189, 207.

textos, tweets e o código digital dos programadores. O dom da linguagem também significa que Deus poderia se revelar de maneiras incrivelmente detalhadas e intrincadas que perdurariam milênios. A linguagem carrega a vontade e a intenção de Deus para a criação, revela a mensagem vivificante do evangelho e serve como um canal para renovar o homem interior (Rm 10.17; Cl 3.10; Hb 4.12). A linguagem representa a mais antiga, mais completa e mais rica das árvores tecnológicas.[34] Mas o alfabeto antigo gerou mais do que apenas palavras — histórias orais levaram a alfabetos escritos, que levaram a bibliotecas cheias de pergaminhos, que levaram a leis escritas, que levaram à democratização do pensamento, que levou a técnicas de impressão mais acessíveis, que levaram ao livro de códices encadernado, que levou à alfabetização generalizada — e assim por diante até chegar à Internet. Sem alfabetos antigos, não se chega à Internet. É tudo uma longa linha ancestral, ligada a primórdios rudimentares.

O mesmo crescimento constante aparece na tecnologia agrícola, ano após ano, geração após geração, como grossos anéis de árvores marcando estações de abundância. Uma geração de avanços provoca avanços mais agressivos no futuro. Por exemplo, a terra tem nitratos orgânicos em resíduos e compostagem suficiente para cultivar alimentos para cerca de três bilhões de pessoas. E é isso. Então, como este planeta pode fornecer comida para quatro bilhões, sete bilhões ou dez bilhões de pessoas?

---

34 Um bom tema no excelente livro de John Dyer, *From the Garden to the City: The Redeeming and Corrupting Power of Technology*. Grand Rapids, MI: Kregel, 2011; veja especialmente p. 51–54.

A resposta está vinculada à seguinte pergunta. Qual foi a mais importante invenção do século XX? A pergunta foi feita à audiência de uma palestra do TED pelo cientista Václav Smil em 2000, quando a população global era de seis bilhões. O público gritou suas respostas: penicilina, ar-condicionado, rádios, televisões, computadores, internet, voo humano e energia nuclear. "Vocês estão todos errados", Smil anunciou do palco. "Temos seis bilhões de pessoas neste planeta; metade delas não estaria aqui sem a invenção que vocês não falaram: a síntese de amônia de Haber". Devido aos limites do nitrogênio orgânico no ecossistema global, sem fertilizantes de nitrogênio amoniacal, "metade da população deste planeta não estaria aqui. Não há outra técnica, nenhuma outra invenção, sem a qual hoje não haveria metade das pessoas aqui. Então, de longe, esta é a invenção mais importante do século XX. E a maioria das pessoas não faz ideia disso".[35] Se os cientistas estão certos e a Terra pode sustentar apenas quarenta milhões de caçadores-coletores, ou três bilhões de habitantes urbanos por meio da agricultura orgânica, então a amônia artificial impede que a maioria de nós de passe fome hoje.[36]

Então, dada a aparente falta de nitrogênio orgânico da Terra, quem nos ensina como alimentar quatro, oito e dez bilhões de pessoas no planeta? Deus ensina. O Criador nos ensina como escalar a agricultura para atender a demanda humana. A tecnologia agrícola é dinamicamente

---

[35] Para a história completa e a ciência, veja Václav Smil, *Enriching the Earth: Fritz Haber, Carl Bosch, and the Transformation of World Food Production*. Cambridge, MA: MIT Press, 2004.

[36] Carl Sagan, Pale Blue Dot: *A Vision of the Human Future in Space*. Nova Iorque: Ballantine, 1997, p. 316.

progressiva e é intencionalmente baseada nas descobertas primitivas de Isaías 28. Toda tecnologia brota dessa raiz ancestral e agrícola.

Toda inovação é moldada pela agricultura

Terceiro, toda inovação é moldada pela agricultura. Outra maneira de dizer isso é que toda inovação material está igualmente enraizada na criação — não apenas tecnologias agrícolas primitivas, mas também as inovações tecnológicas modernas. João Calvino explica bem esse ponto. Primeiro, quer estejamos falando sobre "mesmo o mais inculto idiota", ou sobre fazendeiros ou médicos, ou cientistas, ou astrofísicos, a sabedoria de Deus é ensinada a todos. Se você nunca fez faculdade ou tem doutorado em botânica, se você cultiva um vaso de tomates ou colhe um milhão de alqueires de soja, Calvino diz: "Não há ninguém para quem Deus não tenha tornado muito clara sua soberania".[37] Isaías 28 revela um princípio exponencialmente maior em ação no mundo. Deus ensina a todos nós, e liberalmente. A saúde espiritual do fazendeiro de Isaías é irrelevante. Todo ser humano pensante — crente, incrédulo, cético, agnóstico, ateu — foi encharcado com a sabedoria divina, diretamente de Deus, sobre como se relacionar com a ordem criada.

Um cientista em um jaleco não está mais distante do Criador do que um fazendeiro em um campo. De fato, Calvino escreve que os cientistas realmente "chegaram bem mais longe na introspecção dos segredos da divina sabedoria". O agricultor de Isaías é uma versão simplificada de um

---

37 João Calvino, *A instituição da religião cristã*. São Paulo: Unesp, 2008, 1.5.2 (p. 52).

paradigma elástico que se estende desde a cooperativa agrícola até a sala de controle de operações da missão da NASA, como Calvino explica em sua nota de rodapé de Isaías 28.26:

> Uma observação passageira pode ser feita, e de fato deve ser feita, de que não apenas a agricultura, mas também todas as artes que contribuem para o bem da humanidade são dons de Deus. Tudo o que pertence à hábil invenção foi transmitido por ele às mentes dos homens. Os homens não têm o direito de se orgulhar por isso, ou reivindicar para si o louvor da invenção, como vemos que fizeram os antigos, que, por sua ingratidão a Deus, contaram no número dos deuses aqueles que eles consideravam ser os autores de qualquer artifício engenhoso. Daí surgiu a apoteose e aquela prodigiosa multidão de deuses que os pagãos moldaram em sua própria fantasia. Daí surgiu o grande Ceres [o deus da agricultura], Triptolemo [o deus da semeadura e moagem de grãos], Mercúrio [o deus da importação e exportação], e inumeráveis outros deuses, celebrados por línguas humanas e por escritos humanos. O profeta mostra que tais artes devem ser atribuídas a Deus [não a deuses], de quem foram recebidas, que é o único inventor e mestre delas. Se devemos formar tal opinião sobre agricultura e mecânica, o que devemos pensar das ciências eruditas e exaltadas, como Medicina, Direito, Astronomia, Geometria, Lógica e similares? Não devemos considerá-las tanto mais como procedentes de Deus? Não devemos nelas também contemplar e reconhecer sua bondade, para

que seu louvor e glória sejam celebrados tanto nos menores quanto nos maiores assuntos?[38]

Durante séculos, as culturas pagãs atribuíram impulsivamente aos deuses a inovação humana. Calvino diz que esse impulso é um desvio errôneo do único e verdadeiro Deus. Somente Deus é o Criador dos inventores humanos (como Isaías 54 nos ensinou).

Mais importante, observe como a lógica de Calvino transita livremente das ferramentas agrícolas rudimentares do antigo fazendeiro para máquinas mais complexas, depois para a ciência, medicina, direito e física. Minha primeira leitura desta citação de Calvino colocou em movimento o que seria uma revolução copernicana em minha própria compreensão de Deus, da criação, da agricultura, da ciência e da engenharia — como nossas tecnologias modernas orbitam todas no mesmo sistema. Não há necessidade de separar técnicas agrícolas básicas de máquinas mais complexas ou de tecnologias médicas, elétricas e até genéticas. A ciência, como a agricultura, é a arte de ouvir o Criador, a arte de seguir os padrões e as possibilidades que Deus codificou na criação.

O domínio do homem sobre a terra "não apenas os chamados mais antigos do homem — como a caça e pesca, agricultura e pecuária —, mas também os negócios e o

---

38 João Calvino, *Commentary on the Book of the Prophet Isaiah*. Edimburgo: Calvin Translation Society, 1853, 2.306. Assim também diz Charnock, que escreve: "A arte da lavoura é fruto do ensinamento divino (Is 28.24–25). Se esses conhecimentos menores, comuns a todas as nações e facilmente aprendidos por todos, são descobertas da sabedoria divina, muito mais as ciências mais nobres, a sabedoria intelectual e política". Charnock, *Complete Works*, 2.20.

comércio, finanças e crédito, exploração de minas e montanhas, ciência e arte".[39] A lógica do agricultor de Isaías se aplica até às ciências elétricas e digitais e à computação quântica. Aplica-se até à beleza e ao poder de equações simples como $E=mc^2$ ou à equação de Euler. Aplica-se à ciência de foguetes. Konstantin Tsiolkovsky publicou em 1903 o que se tornaria a equação de Tsiolkovsky para calcular a velocidade dos foguetes. Aplica-se à ciência do voo. Daniel Bernoulli publicou em 1738 o que se tornaria o efeito Bernoulli para ajudar a explicar a sustentação do avião. Deus nos ensinou a construir foguetes e aviões da mesma forma como ensinou o antigo agricultor a plantar. Em cada descoberta humana encontramos a instrução do Criador. Deus é nosso tutor e ordena cada elo da cadeia da revolução tecnológica.

Com o passar do tempo começa a emergir uma unidade em toda nossa descoberta científica. Começamos a ver o projeto de um único arquiteto. O esforço científico é como a humanidade construindo um templo de pedra, escreve Kuyper. "Todo o templo é construído *sem* um projeto humano e *sem* a concordância dos homens. Aparentemente, ele se ergue sozinho", disse ele. "Cada pessoa lavra sua própria pedra e a traz em seguida para tê-la cimentada na construção. Logo vem outra pessoa que remove essa pedra, remodelando-a e encaixando-a de modo diferente. Trabalhando separadamente entre si, sem qualquer acordo mútuo e sem a menor presença de direção por parte de outras pessoas, com todos ziguezagueando e seguindo seu próprio curso

---

[39] Herman Bavinck, *As maravilhas de Deus*. São Paulo: Pilgrim; Rio de Janeiro: Thomas Nelson, 2021, p. 265-266.

— cada pessoa constrói a ciência segundo julga apropriado." Ao longo dos séculos, à medida que melhorias incrementais mudam partes do edifício, "desse labor aparentemente confuso emerge um templo, apresentando a estabilidade da arquitetura e também seu estilo", tudo porque há um "Arquiteto e Artista que jamais foi visto". Nada disso surgiu por acaso. A ciência segue um plano estabelecido por Deus. Ele estabeleceu o fim da criação e então deu a essa criação inventores com imaginação criativa. A ciência é invenção de Deus. "Isso não significa nada além de afirmar e confessar com gratidão que o próprio Deus chamou a ciência à existência como uma de suas criaturas, e, consequentemente, que a ciência ocupa seu lugar independente em nossa vida humana".[40] A ciência assume uma vida unificada própria.

Essa ilustração de Kuyper, da ciência como um templo de pedra construído ao longo do tempo, apoia o que João Calvino ensinou séculos antes. Calvino viveu muito antes da SpaceX ou da Apollo 11, mas já estava traçando a trajetória das ferramentas primitivas de construção até a física aeroespacial avançada. Ele já estava enxertando-as em uma árvore tecnológica ordenada por Deus, argumentando desde ferramentas menores até tecnologias mais potentes e descobertas científicas mais refinadas. Se o agricultor fazia uma vara para bater sementes de cominho, mais tarde alguém tomaria as funções necessárias para cultivar e as combinaria de forma automatizada em um moinho a vapor. Este processo continua até hoje. Todos os dias ouvimos novas possibilidades

---

[40] Abraham Kuyper, *Sabedoria e prodígios: graça comum na ciência e na arte*. Brasília: Monergismo, 2016, p. 27–28.

vindas do Criador. Ele nunca para de ensinar, então não temos desculpa para parar de ouvir sua instrução ou correção. Cada tijolo do templo continua a ser remodelado e melhorado. Várias inovações antigas se fundem em inovações novas e melhores do futuro.

Mas toda essa inovação não significa que nossas inovações passadas desapareçam. Ao contrário, quando Kevin Kelly investigou inovações antigas, de martelos de pedra a válvulas de motores a vapor, ele notou que toda inovação humana que já foi adotada ainda está em produção em algum lugar.[41] Podemos pensar que as inovações expiram e são substituídas, mas as mais úteis são permanentes. E, se todas as inovações permanecem relevantes, talvez Deus esteja agora ensinando comunidades pequenas e remotas a se autossustentarem com alimentos cultivados com ferramentas manuais primitivas. A nova tecnologia não descarta a tecnologia antiga.

Mas, à medida que as pessoas se aglomeram nas cidades, essas cidades dependerão de operações agrícolas colossais, onde os alimentos podem ser cultivados e processados fora da cidade e enviados para ela. A indústria nesta escala será sempre imperfeita. Mas a cidade exige avanços crescentes, então uma era de fazendeiros ouve o Criador e usa varas e carroças. Uma geração posterior ouve o Criador e usa sistemas de irrigação de pás e foices. Outra geração ouve o Criador e usa aspersores de irrigação, colheitadeiras autônomas e amônia sintetizada para aumentar os níveis de nitrogênio no solo. Essas melhorias incrementais são como Deus acomoda este planeta para hospedar populações cada vez maiores. É a pura

---

41 Kevin Kelly, *What Technology Wants*. Nova Iorque: Penguin, 2011, p. 53–56.

generosidade de Deus que faz com que o sol e a chuva, para não falar do nitrogênio sintético, caiam nas terras de seus inimigos (Mt 5.45).

Assim, enquanto o Criador ensina as comunas de Porto Rico a cultivar variedades nativas de milho, ele pode ensinar simultaneamente os agricultores industriais em Nebraska a cultivar mais de um bilhão de alqueires de milho. Deus continua a instruir os agricultores todos os dias.

CATECISMO DOS EXPERIMENTOS

Em qualquer escala, essas dinâmicas contínuas de inovação funcionam porque a criação é um catecismo que lemos pela ciência e experimentos. Deus fala através da investigação humana. "O primeiro agricultor recebeu um manual?" pergunta Kuyper. "Deus lhe enviou um anjo para demonstrar tudo? Deus lhe deu uma revelação oral? Nada disso. Deus lhe deu o solo, uma cabeça para pensar, mãos para trabalhar e (além disso) uma *fome* básica. Deus o estimulou por meio desse impulso. Deus o ensinou a pensar sobre as coisas. E assim ele teve que tentar e errar. Primeiro uma coisa e, quando isso não funcionou, outra coisa, até que finalmente uma pessoa encontrou isso e outra aquilo, com os resultados confirmando que essa era a solução certa".[42]

Fomes e necessidades básicas acabam dando lugar a fomes mais complexas e "necessidades" mais discutíveis em sociedades prósperas.[43] Mas as mesmas forças estão em ação.

---

42 Abraham Kuyper, *Common Grace: God's Gifts for a Fallen World*. Bellingham, WA: Lexham Press, 2020, vol. 2, p. 585.
43 Arthur, *Nature of Technology*, p. 174–175.

Toda mudança tecnológica é motivada por impulsos humanos internos, que incentivam uma nova exploração das possibilidades dentro dos padrões da criação. A tecnologia agrícola avança por causa da fome. A tecnologia médica avança por causa da doença. Nossas tecnologias também podem avançar por meio de desejos menos virtuosos de conforto, riqueza, fama e poder. Todos os tipos de desejos internos levam a humanidade a experimentar. Mas não importa o motivo, a inovação só pode seguir um padrão que o próprio Deus codificou na ordem criada.

Dentro da ordem criada, Deus limita todas as nossas possibilidades. É um mito supor que toda inovação humana avançará indefinidamente. As inovações geralmente atingem limites, como a velocidade dos aviões comerciais. Aprendemos a gerar ventos com a força de furacões de categoria cinco nos motores a jato, mas, a 925 km/h, os jatos hoje viajam aproximadamente na mesma velocidade de sessenta anos atrás. Nossos voos são mais seguros e eficientes em termos de combustível, mas a velocidade de cruzeiro ideal não mudou em seis décadas. A criação parece ter limitado a velocidade de cruzeiro ideal dos jatos comerciais; homem e máquina otimizados ao padrão de criação de Deus.

Novamente, diz Kuyper: "Por meio de inúmeros tipos de experimentos, Deus nos ensinou tudo o que sabemos agora, e por meio de todos os tipos de experimentos, nosso conhecimento continua a ser enriquecido".[44] Conforme experimentamos com a criação, conforme procuramos novas maneiras de fazer as coisas, o Criador nos ensina. "Deus não

---

44 Kuyper, *Common Grace*, vol. 2, p. 585–586.

dá ao agricultor uma revelação especial sobre como ele deve arar, semear, escavar, capinar e debulhar", escreve Kuyper. "O agricultor deve aprender tentando. Mas conforme ele constantemente experimenta novas maneiras e quando através de muitas tentativas e erros ele aprende da maneira mais difícil, é verdade o que o profeta Isaías diz sobre esse processo: 'Seu Deus o ensina'".[45] Na melhor das circunstâncias, "nos deixamos ser instruídos mais e de maneiras melhores por nosso Deus; não apenas no Catecismo de Heidelberg [espiritualmente], mas também no catecismo da agricultura, no catecismo da indústria e no catecismo do comércio. Pois é óbvio que tudo o que dissemos sobre a agricultura com base em Isaías 28 é igualmente aplicável a todo o resto do esforço humano".[46] Se você extrapolar a dinâmica que impulsiona a tecnologia agrícola, verá esses mesmos fatores em jogo em todos os empreendimentos humanos.

Os ateus supõem que as Escrituras contêm tudo o que Deus tem a dizer ou a nos ensinar.[47] Mas isso é ingenuidade. Deus também nos ensina através do catecismo da ciência. O cientista torna-se "o sacerdote da criação", escreve Torrance, "cujo ofício é interpretar os livros da natureza escritos pelo dedo de Deus, desvendar o universo em seus maravilhosos padrões e simetrias, e reunir tudo em uma articulação ordenada, de tal maneira que cumpra o seu fim próprio como o

---

45 Kuyper, *Common Grace*, vol. 2, p. 616.
46 Kuyper, *Common Grace*, vol. 2, p. 585–586.
47 Veja por exemplo Harari, *Homo Deus*, p. 213.

vasto teatro de glória no qual o Criador é adorado, cantado e louvado por suas criaturas".[48]

Mesmo nossas tentativas de parar os vírus devem louvá-lo.

COMBATENDO O CORONAVÍRUS

Em março de 2020, levei essas ideias sobre tecnologia para Seattle, em uma reunião com vista para os estádios da baía no centro da cidade. De uma sala de conferências no décimo quarto andar, observava uma equipe de homens pintando as linhas do campo de futebol americano para o jogo do fim de semana de uma nova liga, a XFL. O jogo nunca aconteceu. A temporada inteira foi cancelada algumas horas depois devido à pandemia de coronavírus. No início do surto, Seattle era o epicentro da América. E, enquanto a cidade fechava e as ruas esvaziaram, também foi um momento notável para abordar a propagação da pandemia do Sudeste Asiático para a América do Norte. Vimos esse vírus se mover de país em país, de estado em estado, marchando em direção a uma pandemia global e tudo diante de nossos olhos, ao vivo, nas redes sociais. À medida que o vírus se espalhava, um banco de dados de genoma continuou a crescer também. Cientistas de todo o mundo rastrearam a estrutura do RNA do vírus conforme ele se modificava e mudava de pessoa para pessoa. Essas mutações tornaram possível construir uma cadeia de transmissão, rastrear infecções até fontes anteriores, até mesmo a um provável hospedeiro original. É impressionante que

---

[48] Thomas Forsyth Torrance, *The Ground and Grammar of Theology*. Charlottesville, VA: University Press of Virginia, 1980, p. 5–6.

tenhamos a tecnologia e as plataformas abertas para rastrear em tempo real a impressão digital de um vírus à medida que ele se transforma e se espalha pelo mundo.

Também foram impressionantes as maneiras pelas quais os pesquisadores médicos juntaram suas ideias e colaboraram para combater o vírus. Quem nos ensinou a rastrear e parar os vírus? Os teóricos de germes do século XIX recebem toda a glória? Não. Os imunologistas do século XXI que projetaram vacinas de mRNA recebem todo o crédito? Não. Deus recebe o crédito e a glória por cada inovação que cura. Parafraseando a frase de efeito de Isaías sobre a origem divina da tecnologia agrícola, nossas últimas descobertas sobre doenças infecciosas também vêm do Senhor dos Exércitos, que é maravilhoso em conselho e grande em sabedoria (Is 28.29).

Mas a generosidade de Deus pode ser difícil de ver quando depositamos tanta confiança na ciência e na inovação humana. Em abril de 2020, quando a primeira onda de casos de coronavírus misericordiosamente começou a diminuir cidade de Nova Iorque, o governador Andrew Cuomo foi à televisão para celebrar o trabalho de seu governo e a higiene dos nova-iorquinos. "O número caiu porque *nós* reduzimos o número. Não foi Deus que fez isso".[49] A implicação é que sempre que alguma coisa boa acontece no mundo que não tem explicação científica Deus recebe o crédito por isso. Tudo bem, se é o que você quer, diz o secularista, dê crédito a Deus por tudo o que não pode ser explicado. Mas o que *nós* realizamos, científica e medicamente, descobrindo como retardar e parar os vírus,

---

[49] "Governor Andrew Cuomo New York Coronavirus Briefing Transcript", rev.com (13/4/2020).

todo o crédito vai para o enfático, em itálico, *nós*. *Nós* fizemos isso. *Nós* reduzimos os números. Veja, não estou implicando com Cuomo. Ele é apenas um exemplo recente do sentimento natural de um homem com pouca consciência de Deus, que não percebe que a única razão pela qual podemos combater um vírus é que o Criador está falando ativamente e nos ensinando a seguir os padrões da criação. Deus está trabalhando ao nos instruir dentro de laboratórios, por meio de experimentos e em ensaios clínicos. As urgências sentidas que impulsionam a ciência incluem a busca por salvar vidas, salvar a economia e reabrir as economias locais. Mas por meio de nossa urgência Deus está nos ensinando a combater doenças infecciosas.[50]

Alguns meses depois, se recuperando do vírus em um hospital, o presidente americano Donald Trump fez um vídeo para elogiar os novos medicamentos experimentais que recebeu. "Francamente, são milagres, se você quer saber a verdade. São milagres. As pessoas me criticam quando digo isso. Mas temos coisas acontecendo que parecem milagres vindos de Deus".[51] Isso é uma teologia sólida. Os produtos de ponta da ciência são dons divinos.

Quando as vacinas contra o coronavírus começaram a ser enviadas por todos os Estados Unidos em dezembro de

---

50 "Todos os desastres que ameaçam ou ocorrem vêm de Deus, da mesma forma que todos os meios, ocultos na natureza, para prevenir desastres também. [...] Não devemos mais deixar de honrar a Deus por metade da vida. Não devemos imaginar que a ciência possa fazer alguma coisa por si mesma, como se a ciência desse modo tivesse forjado uma arma para desafiar Deus, ou de alguma forma tivesse conseguido tornar o relâmpago de Deus impotente. A ciência não tem poder algum, e não existe força na natureza que não seja operada por Deus". Kuyper, *Common Grace*, vol. 2, p. 597.

51 "President Donald Trump provides update on health, says he'll 'beat coronavirus soundly'", *Global News*, youtube.com (3/10/2020).

2020, apenas nove meses após o primeiro pico da pandemia no país, a dra. Kathrin Jansen, cientista e chefe de pesquisa de vacinas da Pfizer, foi questionada se uma nova vacina tão rapidamente era um milagre. "Podemos chamar isso de milagre", disse ela. "Mas milagre sempre transmite uma noção de que algo aconteceu do nada. Não aconteceu do nada. Certo? Foi algo deliberado. Foi feito com paixão. Urgência. Sempre se tinha em vista aquela doença devastadora".[52] Sim. Mas talvez possamos reservar espaço para milagres cientificamente descobertos? Ou pelo menos reservar um lugar para presentes de Deus cientificamente descobertos?

Com o envio das vacinas e a controvérsia girando em torno da segurança das injeções desenvolvidas rapidamente, a equipe do National Institutes of Health (NIH) se reuniu para ser vacinada ao vivo na televisão. Um dos últimos a arregaçar a manga foi o diretor do NIH, Dr. Francis Collins, um cristão. Um momento após sua injeção, ele foi a um pódio para chamar a vacina historicamente rápida de uma luz no final de um longo túnel escuro chamado COVID-19, "uma luz possibilitada pelo poder da ciência do NIH e de nossos muitos parceiros". Como a Pfizer. Ele então encerrou a reunião com uma oração de gratidão a Deus recitando o Salmo 103.2–5, o famoso salmo "Bendize o Senhor", com ênfase particular no Deus que "sara todas as tuas enfermidades" e "quem farta de bens a tua velhice, de sorte que a tua mocidade

---

52 "How the Pfizer-BioNTech COVID-19 Vaccine Was Developed", *60 Minutes*, youtube.com (20/12/2020).

se renova como a da águia".⁵³ A inovação científica não é nada menos que um dom divino.

Seja o agricultor em seu campo ou o epidemiologista em seu laboratório, o Criador nos instrui através dos padrões e dos poderes que ele estabeleceu intencionalmente em sua criação. Isso vale para genes, germes e gêiseres. Muito antes que os humanos imaginassem comprimir vapor para alimentar o século XIX, gêiseres de vapor potente irrompiam da terra. E Deus estabeleceu ventos predominantes em todo o mundo — correntes de ar previsíveis e poder manejável para mover enormes barcos de madeira através de vias navegáveis para transportar mercadorias e explorar terras.⁵⁴ Ou pense em relâmpagos, estalando do céu a uma taxa de cerca de cem por segundo. Deus faz cada um à mão (Sl 135.7). Cada raio ressoa com uma declaração: "Você pode usar isso para energizar suas cidades!" Então, Benjamin Franklin se perguntou: "Hmm, será que o raio é eletricidade?" E então ele miticamente pegou um raio com uma pipa em 1752 e provou isso. Sim, relâmpago é eletricidade, e pelo raio o Criador ensinou gerações inteiras a fazer lâmpadas, alimentar cidades e inaugurar a era do computador, a era do celular e a era do carro elétrico. Ou pense nos cientistas da era espacial que sonharam em usar a fusão nuclear para alimentar nossas cidades. A fusão nuclear foi inspirada por efeitos especiais em um filme de ficção científica? Não. Como veremos mais adiante, essa

---

53 "LIVE: Anthony Fauci, Alex Azar Receive Covid-19 Vaccine in Washington, D.C." *Bloomberg Quicktake: Now*, youtube.com (22/12/2020).
54 William Bates, *The Whole Works of the Rev. William Bates*. Harrisonburg, VA: Sprinkle, 1990, v. 3, p. 78–79.

forma suprema de poder foi ideia de Deus na queima do nosso sol (e de inúmeras estrelas maiores que nosso sol).

Muitas críticas cristãs da tecnologia presumem que toda inovação humana é uma imposição inorgânica sobre a ordem criada. Sugiro uma forma oposta de pensar. Os sacerdotes da criação, os cientistas, descobrem padrões na criação. Então os diáconos da descoberta, os tecnólogos, exploram esses padrões para o florescimento humano. Toda inovação humana nesse sentido é orgânica. Fora das possibilidades de criação, a inovação humana é impossível. Para que qualquer droga, vacina ou tecnologia funcione, ela precisa seguir um padrão. Não fazemos os padrões. Só podemos segui-los, à medida que descobrimos novos dons divinos.

BALROGS

Quando Carl Sagan tentou provar a hostilidade de Deus à ciência humana, ele fez isso alegando que Adão e Eva foram proibidos de comer da árvore do "conhecimento e do entendimento".[55] Ele erroneamente supôs que a árvore proibida no Éden era a tentativa de Deus de manter o homem para sempre separado do aprendizado científico e das proezas tecnológicas. Muitos cristãos também caem nesse erro, supondo que Deus está ameaçado pela consciência científica do homem. Essa lógica falha pensa que, se continuarmos inovando, certamente descobriremos algo proibido que trará a maldição de Deus sobre todos nós.

Ou, para usar uma metáfora mítica da mineração, se continuarmos cavando mais fundo neste mundo para encontrar

---

55 Sagan, *Pale Blue Dot*, p. 53.

novas inovações, eventualmente descobriremos algum novo poder nefasto, como anões cobiçosos que cavaram fundo demais na terra em busca de mithril, um metal que vale dez vezes mais que ouro. Aqueles anões, advertiu o mago Gandalf, "escavaram com muita ganância, e muito fundo, e descobriram aquilo de que fugiam, a Ruína de Durin".[56] Anões gananciosos despertaram um pesadelo, um mal monstruoso, um balrog. Muitos cristãos também são tecnologicamente tímidos, com medo de despertar um balrog, como se pudéssemos violar a ordem criada e desenterrar algum poder maligno que nunca deveríamos descobrir. Pelo contrário, se Deus não quisesse que descobríssemos algo — matérias-primas ou leis naturais ou poderes potenciais —, ele simplesmente não codificaria isso no padrão de sua criação. Deus define a altura, a largura e a profundidade da caixa de areia de nossa descoberta.

Isso remonta à intenção do Criador. Deus encheu este globo com uma distribuição precisa e intencional de minerais, metais, líquidos, gases, pressões atmosféricas, gravidade, oxigênio e água para produzir o mundo que temos atualmente. Cada nova descoberta dos portadores da imagem de Deus desvenda a mente do Criador em seu desígnio de criação. Mas também destaca o ápice de sua criação: os próprios portadores da sua imagem.

A criação existe porque Deus falou. Nenhuma outra causa além de seu padrão intencional pode explicar as propriedades microscópicas dos quarks ou os volumes expansivos de massa. Só Deus mediu as distâncias no espaço e repartiu o volume de água e materiais necessários em nosso

---

56 J. R. R. Tolkien, *O Senhor dos anéis*. São Paulo: Martins Fontes, 2000, p. 331.

planeta (Is 40.12). Deus calculou cada centímetro quadrado da criação com equilíbrio perfeito e padrões precisos e os colocou no lugar certo para investigarmos e cultivarmos. Este planeta está cheio de surpresas para nós. Mas não para ele.

LEGO

Aqui está uma ilustração simples. Imagine um tambor de 250 litros cheio de sessenta mil peças de LEGO de todos os tamanhos, formas e cores. A partir desse tambor, poderíamos construir qualquer coisa que quiséssemos, um monte de coisas pequenas ou uma coisa grande. Poderíamos usar algumas das peças, a maioria das peças ou todas as peças. Então poderíamos desmontar as peças e reconstruir algo diferente. Agora, para mentes finitas como a nossa, aquele tambor representa um número infinito de combinações que poderíamos imaginar, construir e reconstruir. As infinitas possibilidades são o que tornam as peças de LEGO tão cativantes para a imaginação humana. Nunca poderíamos calcular em nossas próprias cabeças todos os resultados possíveis.

Mas, para uma mente infinita, aquele tambor de LEGO tem um número muito finito de resultados, todos eles previsíveis. A relação de Deus com a criação não é finita, como se ele nos desse um tambor de peças que podemos misturar, combinar e construir coisas que ele nunca poderia ter imaginado. Ele é infinito e já conhece cada combinação, permutação e limitação do que podemos fazer. Ele não apenas conhece as possibilidades, mas também define os limites dessas possibilidades. Ele conhece as realidades que descobrimos. Ele modelou as possibilidades que ainda não podemos imaginar. Ele selecionou o exato número, tamanho, concentração e cor de cada peça. Quaisquer que sejam as misturas que criamos, todas estão de acordo com os limites das peças que ele primeiro disponibilizou para nós. E esses padrões não se aplicam apenas às peças, mas também à forma como as peças se conectam e se mantêm unidas diante de leis naturais como a gravidade.

O Criador determina o que deve ser feito, codifica essas possibilidades na criação e conduz os portadores de sua imagem em um processo dinâmico de descoberta, inovação e aprimoramento ao longo da história do homem. Ele já inventou todas as misturas de LEGO e depois jogou todas essas peças em um tambor. Para uma mente finita, essas possibilidades parecem infinitas e ilimitadas. Para uma mente infinita, as possibilidades são finitas e intencionalmente limitadas.

A ilustração do LEGO é uma explicação muito simplificada de algo muito mais complexo. O tambor da criação contém toda a composição material da terra e do nosso universo e, com ela, todas as possibilidades latentes guiadas por todas as leis naturais. Deus codificou cada padrão e limite na criação. Nossas inovações inevitáveis estão limitadas às potencialidades da ordem criada. O Criador é livre para fazer coisas do nada; nós não. Nós inventamos dentro dos limites estritos de matérias-primas e leis naturais, limites estabelecidos pelo próprio Criador. Deus coloca padrões na criação, até cada elemento da tabela periódica, seu volume relativo e sua disponibilidade para nós. Somente Deus estabelece todos os padrões de descoberta humana que seguimos. Ele estabelece ao nosso redor limites que, francamente, para uma mente finita, parecem ilimitados. Mas os limites estão aí e são invioláveis, porque não temos acesso ao que Deus não nos disponibiliza.

DO NADA

Então voltamos ao que significa para Deus fazer todas as coisas do nada. Deus ordena e todas as coisas aparecem (Sl 148.5): Ele simplesmente "chama à existência as coisas que não existem" (Rm 4.17). Assim, "Pela fé, entendemos que foi o universo formado pela palavra de Deus, de maneira que o visível veio a existir das coisas que não aparecem" (Hb 11.3). Assim, o escritor de Apocalipse, ao falar com Deus, diz que Deus é digno de toda glória porque "todas as coisas tu criaste, sim, por causa da tua vontade vieram a existir e foram criadas" (Ap 4.11). A criação existe por uma razão fundamental: porque Deus quis. Cristo é o Criador, porque, por um lado, "Todas as coisas foram feitas por intermédio dele" e, por outro lado, "sem ele, nada do que foi feito se fez" (Jo 1.3). Entenda essa dupla negativa. Fora de Cristo nada foi feito do que já foi feito um dia. Em Cristo, "foram criadas todas as coisas, nos céus e sobre a terra, as visíveis e as invisíveis, sejam tronos, sejam soberanias, quer principados, quer potestades. Tudo foi criado por meio dele e para ele" (Cl 1.16).

Creatio ex nihilo significa que a criação é segura e protegida por Deus, não por si mesma. Nenhuma atividade humana pode desfazer a estabilidade final da criação porque, agora mesmo, Cristo está "sustentando todas as coisas pela palavra do seu poder" (Hb 1.3). Seu sustento global significa que "uma vez que o universo não é apenas criado do nada, mas mantido em seu ser criatural através da constante interação de Deus com ele", todo o universo material "recebe uma estabilidade além de qualquer coisa de que seja capaz em seu próprio estado contingente".[57]

Cristo sustenta a estabilidade do universo pela palavra de seu poder. Cristo é a origem, o sustentador e o objetivo final da criação. Ele não rejeitou sua criação pecaminosa; ele a redimiu. Cristo, o Criador, restaura significado e propósito ao universo material de três outras maneiras importantes. Pela encarnação, Cristo entrou em sua criação material para confirmar seu valor e significado. Pela crucificação, Cristo pôs fim à tirania do pecado e da vaidade sobre sua criação. Pela ressurreição, Cristo inaugurou a nova criação, restaurando o destino de sua criação material, de nossos corpos e do próprio cosmos. De dentro da própria criação material, Cristo reafirma seu valor, a liberta e inaugura seu *telos* final. Em outras palavras, "a principal base da ciência, tecnologia, artesanato e arte humana é, portanto, cristológica".[58]

Explorar todas as implicações da base cristocêntrica da tecnologia exigiria outro livro. Aqui posso simplesmente declarar esse fato glorioso. À parte de Cristo, não há arte, ciência, tecnologia, agricultura, microprocessador ou inovação médica. À parte de Cristo, não teríamos iPhones. Nada do que existe agora, visível ou invisível, pode existir se antes não existisse na mente do Criador. Isso abrange todas as coisas visíveis (como elementos raros da terra), invisíveis (como a alma) e quase invisíveis (como átomos, RNA e DNA).

---

57 Torrance, *Divine and Contingent Order*, p. 21.
58 Gunton, *Christ and Creation*, p. 123–124.

Inclui todas as coisas primárias, como a lua e os oceanos, e todas as coisas derivadas, como técnicas agrícolas e aplicativos de smartphone. Fora de Cristo não há nada. O valor de todas as coisas é relativo a ele.

Deus não aprende nada. Ele não descobre nada. Ele não investiga como um cientista ou experimenta como um bioquímico. Ele não tem Laboratório de Pesquisa e Desenvolvimento. Ele não precisa de tentativas e erros. Como Criador, Deus já sabe tudo sobre sua criação. E sabe tudo sobre sua criação porque ele é a causa e a gênese de todas as coisas dentro dela. Deus é o gênio por trás da agricultura, não por ser o primeiro observador dos truques da agricultura humana. Ele sabe como a agricultura funciona porque todo o processo do grão – desde o cultivo até a semeadura, a irrigação, a colheita e o cozimento – foi modelado por ele e nele. Quando Deus falou esse padrão, passamos a ter solo, oxigênio, nitrogênio, água da chuva e raios de sol. Ele nos dá o pão de cada dia por meio de um padrão de vida que ele embutiu na criação. A criação evidencia esses dons (Gn 1.11).

Portanto, não pulverize grãos de pão. Não os debulhe para sempre. Passe a roda da carroça sobre esses grãos com um cavalo, mas não os esmague. E não ajunte endro com um trenó de debulha. O endro é batido com uma vara e o cominho com uma cajado. Assim, o agricultor de endro corta um pedaço de madeira, e Deus não está observando, balançando a cabeça e pensando: "Ah, interessante. Eu não esperava isso!" Não, mesmo as técnicas e ferramentas do agricultor foram codificadas na ordem criada pelo próprio Criador. O agricultor empunha a vara, e a única maneira correta de falar dessa vara é que essa técnica e esse processo foram aprendidos diretamente do próprio Criador, de seus maravilhosos conselhos e excelente sabedoria. É uma arte a ser aprendida. Varas agrícolas, cajados, rodas, eixos, alavancas, manivelas, engrenagens dentadas e polias existiam na mente de Deus antes que o mundo fosse criado, porque o Criador modelou tudo isso a partir de si mesmo antes que a primeira semente brotasse.

Por seus padrões intencionais na criação, Deus gerou a ciência e a tecnologia. A ciência descobre os padrões. A tecnologia explora os padrões. Deus é a gênese de toda tecnologia humana. Isso vale para as pás antigas e para as colheitadeiras e tratores usados hoje. Deus modelou ferramentas primitivas e modelou tecnologias mais avançadas para produzir alimentos. Deus encheu o tambor de LEGO, e nós brincamos com as possibilidades. *Brincar* é a palavra certa. A ciência e a tecnologia não são campos abstratos que operam por conta própria; são o produto de portadores da imagem de Deus atuando no universo material com razão, imaginação e criatividade. O aspecto lúdico da criação ecoa no aspecto lúdico da descoberta humana. Portanto, quaisquer tecnologias que funcionem para trazer desenvolvimento a este planeta e às nossas vidas existiam primeiro na mente de Deus — muito antes de se tornarem uma descoberta do inventor, que normalmente recebe toda a glória e todo o dinheiro.[59]

À luz do design da criação, não me surpreende que Einstein tenha explodido em "arrebatado assombro com a harmonia da lei natural, que revela uma inteligência de tal

---

59 Petrus Van Mastricht, *Theoretical and Practical Theology*. Grand Rapids, MI: Reformation Heritage, 2019, vol. 2 p. 251–291.

superioridade que, comparada a ela, todo o pensamento e ação sistemáticos dos seres humanos são um reflexo insignificante".[60] O Criador é um ser plenamente sábio que intencionalmente encheu a criação com forças naturais e materiais, intencionalmente projetou todo um reino para o aprendizado, a exploração e a admiração do homem. O design é tão inteligente que nenhuma invenção humana surpreende o designer. E o design é tão intencional que cada padrão cumpre os desígnios eternos do Criador. Então Calvino é livre para chamar Deus de "inventor solitário" porque ele já projetou a partir de si mesmo todas as possibilidades tecnológicas que podem ser imaginadas ou produzidas em sua criação. Nenhuma possibilidade tecnológica, nenhuma mistura de matérias-primas ou materiais sintéticos pode surpreender a Deus. Ele não apenas criou as inúmeras possibilidades de inovação humana; ele também criou todas as inevitabilidades potenciais muito antes do momento "aha" do próprio inventor. E se cada invenção concebível que podemos imaginar já estava modelada na mente de Deus desde a eternidade passada, cada uma de nossas descobertas deve nos fazer maravilhar com a profundidade ilimitada de quem ele é.[61]

Hoje, poucos agricultores debulham grãos com um mangual de mão em uma eira. Em vez disso, tratores enormes John Deere colhem, debulham e joeiram em um processo, guiado por coordenadas de GPS, puxados por mais de 500 cavalos de potência e conectados a uma rede automática de suporte sem fio. Nossas tecnologias em constante mudança

---

60 Albert Einstein, *The World as I See It*. Londres: Bodley Head, 1935, p. 28.
61 Van Mastricht, *Theoretical and Practical Theology*, p. 273.

são como placas no final de uma fileira de milho que indicam a semente que foi plantada ali. As placas não apontam para o agricultor e as tecnologias não apontam para os inventores. Toda tecnologia aponta para o inventor de todos os inventores, aquele que fez todas as coisas do nada e que pré-modelou os limites de cada uma de nossas descobertas até agora e no futuro. Inovamos porque ele continua a falar e nos ensinar hoje. Assim, o objetivo final da tecnologia (em qualquer época) é nos apontar de volta para a glória, a generosidade, a majestade e autossuficiência do próprio Criador. E o objetivo final da tecnologia é nos aprofundar mais no gênio criativo de Deus, direcionar nossos corações a Deus, para adorá-lo e agradecê-lo por nosso pão diário. A glória de Deus é o fim da criação e o objetivo de todas as nossas inovações. Ele é digno de nossas vidas, digno de nossas melhores invenções, digno de todo louvor.

ESPERANDO

Apesar de maiores rendimentos por alqueire ou melhores pães para assar, não adotamos todas as possibilidades tecnológicas em nossas vidas. E o povo de Deus também não venera os moradores das cidades de Jabal, Jubal e Tubalcaim. Celebramos os primeiros homens que evitaram as cidades: Abraão, Isaque e Jacó. Na Bíblia, as cidades são onde as pessoas se agregam e proliferam tecnologias para se protegerem de Deus.[62] Hoje, as cidades são epicentros do poder tecnológico, concedendo a cada um de seus cidadãos uma ilusão crescente de que

---

[62] Daniel J. Treier, "City", *Evangelical Dictionary of Theology*, (Daniel J. Treier e Walter A. Elwell, eds.). Grand Rapids, MI: Baker Academic, 2017, p. 190.

controlam o mundo. A maestria tecnológica é a atmosfera da cidade e gera o ateísmo. É somente dentro de uma cidade que o homem pode "impunemente declarar-se senhor da natureza. É somente em uma civilização urbana que o homem tem a possibilidade metafísica de dizer: 'Eu matei Deus'".[63] Assim, os filhos fiéis de Deus muitas vezes evitam as cidades.

Muito mais deve ser dito sobre as cidades mais adiante. Mas Babel é um protótipo do que as cidades fazem de melhor: elas criam altares para que o homem adore o homem. No entanto, depois de acabar com esta cidade, Deus encheu o mundo com outras metrópoles: Tóquio, Déli, Xangai, Cairo, Pequim, Nova Iorque, Istambul e Moscou. A maioria de nós agora vive em cidades. Mas, mesmo enquanto gravitamos em direção aos grandes centros urbanos, as Escrituras nos apontam para uma cidade melhor que há de vir (Ap 21.1-4).

E assim esperamos. Esperar é relevante em nossa era de maravilhas tecnológicas. A fé está viva em uma pessoa que vê os avanços da humanidade — as cidades, as inovações e a tecnologia do futuro — e ainda espera uma cidade invisível por vir. O cristão vive entre o "já" e o "ainda não" de nossa salvação, um deleite satisfeito em nossa salvação presente com uma esperançosa expectativa de uma cidade celestial vindoura feita por Deus. Vamos analisar essa nova cidade com mais cuidado mais adiante. Mas a história da criação de Deus é sua obra em criar um povo, e ele criará uma cidade encantadora para que seu povo possa desfrutar de sua cidade criada para sempre, e para que ele possa se deleitar com a alegria de seu povo ao se deleitarem com o que ele fez (Is 65.18-19).

---

63 Jacques Ellul, *The Meaning of the City*. Eugene, OR: Wipf & Stock, 2011, p. 16.

Então, agora estamos diante da pergunta: estou fixado em tecnologias terrenas e cidades terrenas projetadas e desenvolvidas pela inovação de homens e mulheres? Ou minha esperança está em uma cidade futura, projetada e construída pelo próprio Deus? Babel nos mostra com que facilidade nós, pecadores, colocamos nossas aspirações imediatas nos produtos de nossa própria inovação e criatividade. Abraão nos mostra um caminho diferente, o caminho da fé. E ele nos mostra por que, mesmo nesta era de inovação, devemos sentir um certo desconforto. Não nos sentimos em casa nesta era tecnológica.

CONCLUSÕES

A tecnologia representa uma parte importante do drama da história humana. Mas ela tem limites. Em breve veremos o que a tecnologia não pode realizar. Mas primeiro devemos reunir algumas conclusões a partir deste ponto da discussão.

1. Descobrimos apenas o que Deus infundiu na criação.

Os humanos são ótimos em sonhar e formular hipóteses sobre possibilidades fantasiosas do que poderia ser, mas todas essas ideias estão confinadas ao que é possível dentro da ordem criada. A verdade humilhante é que os humanos "não podem introduzir nada na natureza; só podem derivar coisas da natureza, pois não é a humanidade, mas Deus, que faz com que elas estejam presentes na natureza e quem criou a natureza". Somente a intenção de Deus pode tornar possível a descoberta científica. Dentro dessa história de inovação está a realidade de que "os seres humanos trabalharam por muitos séculos com ferramentas extremamente inadequadas enquanto tudo o que precisávamos para o avanço de nosso empreendimento estava sob nossos pés o tempo todo, por assim dizer. Mas não temos consciência disso; na verdade, estamos cegos para isso". Até que em algum momento, no tempo de Deus, ele nos direciona para uma inovação ou descoberta. E então "a ciência e o aprendizado começam a se vangloriar de suas descobertas e se portar como se fossem os que realmente fizeram isso, embora com todas as suas descobertas não pudessem criar ou produzir nada; eles poderiam trabalhar apenas com poderes que descobriram exatamente como foram criados por Deus".[64] Esse é o enredo básico da inovação humana.

A cada passo da inovação tecnológica, novos avanços nos dão um vislumbre da mente do Criador. Se a descoberta humana é simplesmente como descobrimos as possibilidades latentes e inevitabilidades codificadas na criação, devemos nos maravilhar — não com a inovação humana, mas com o Criador! Quando os irmãos Wright finalmente conseguiram que seu avião coberto de tecido planasse sobre a superfície da terra por algumas centenas de metros, Deus não estava sentado desfrutando de uma inovação humana. E ele não estava assistindo ao resultado final de um avião que poderia simplesmente ser atribuído a anos de tentativas e erros, vitórias e quedas. Não. Naquele momento, ele estava observando os humanos aplicarem algo explicado 165 anos antes com o efeito Bernoulli, outra descoberta dos padrões codificados

---

[64] Kuyper, *Common Grace*, vol. 2, p. 586.

na criação destinada a ser usada mais tarde. Como os irmãos Wright voaram em 1903? Como podemos voar hoje? Porque o Criador nos ensinou.

É por isso que o evolucionista Kevin Kelly pode dizer: "O *technium* não pode fazer todas as invenções imagináveis ou todas as ideias possíveis. Em vez disso, o *technium* é limitado em muitas direções pelas restrições de matéria e energia".[65] Sim, mas devemos acrescentar que essas restrições foram postas por Deus.

Se inventamos algo que melhora nossas vidas, isso vem da graça comum de Deus, que modelou essa possibilidade na criação desde o início dos tempos e, por seu Espírito, criou pessoas para trabalhar em uma descoberta no próprio tempo do Criador. Quando fazemos uma descoberta tecnológica, estamos simplesmente aprendendo o que Deus já sabia desde o início. Descobrimos as possibilidades latentes e as inevitabilidades codificadas na criação pelo Criador. Quais incontáveis milhões de possibilidades neste globo e na exploração espacial permanecem desconhecidas?

2. Deus envia inovação por meio de gênios e por inevitabilidade.

Os debates sobre a origem das inovações humanas levaram a duas teorias dominantes. Algumas pessoas defendem uma "teoria heroica da invenção" e dizem que as inovações vêm dos gênios que as descobrem. Em outras palavras, uma descoberta não seria feita sem um descobridor único, como um Einstein ou um Edison. Outras pessoas defendem uma

---

65 Kelly, *What Technology Wants*, p. 119.

teoria de "descoberta múltipla" ou "invenção simultânea" e dizem que, a qualquer momento no desdobramento de uma árvore tecnológica, há um momento para uma descoberta inevitável, tão inevitável que várias pessoas farão a mesma nova descoberta, de forma independente e remota, aproximadamente ao mesmo tempo.[66]

O falecido cosmólogo Stephen Hawking não era religioso, e seus conceitos sobre Deus existiam em um lugar científico abstrato e impessoal. No entanto, no final de sua vida, ele disse: "Conhecer a mente de Deus é conhecer as leis da natureza".[67] Isso é absolutamente verdade, ainda que não seja a verdade completa. À medida que descobrimos as leis naturais e o que essas leis tornam possível ou impossível, fazemos novas descobertas sobre os padrões da criação colocados ali pelo próprio Criador. Uma observação semelhante foi feita por Thomas Edison, um inventor que registrou mais de mil patentes em sua ilustre carreira — incluindo a lâmpada incandescente, o fonógrafo, a bateria alcalina e o fluoroscópio de raios X. Edison era um livre pensador, mais agnóstico do que crente. Mas ele acreditava na natureza e uma vez admitiu: "Não tenho imaginação. Eu nunca sonho. Minhas chamadas invenções já existiam no meio ambiente — eu as tirei de lá. Eu não criei nada. Ninguém cria. Não existe uma ideia nascendo do cérebro. Tudo vem de fora. O diligente a retira do meio ambiente".[68] Então, onde as invenções se originam, se não da cabeça do inventor? Elas são retiradas da criação. Elas

---

[66] Veja uma excelente pesquisa sobre inovações simultâneas em Kelly, *What Technology Wants*, p. 131–155.
[67] Stephen Hawking, *Brief Answers to the Big Questions*. Londres: Bantam, 2018, p. 28.
[68] Edmund Morris, *Edison*. Nova Iorque: Random House, 2019, p. 12.

vêm do tambor de LEGO e geralmente são construídas ao mesmo tempo por vários inventores.

Isaías 28.23–29 é um grande exemplo de invenção simultânea. O agricultor não foi um inventor heroico. Ele não era Einstein. Ele nem sequer era um dos famosos tataranetos de Caim. Ele era apenas um simples agricultor, e Deus o ensinou a arar, semear e colher. O texto implica que Deus estava ensinando a milhares de outros agricultores as mesmas habilidades, ao mesmo tempo, em todo o mundo, e talvez por meio de ferramentas mais avançadas ou rudimentares. Deus define o momento em que as inovações são descobertas.

A energia a vapor foi compreendida muito antes de ser colocada em operação pela primeira vez em 1712. Mas não há razão para que a energia a vapor não pudesse ter sido aproveitada dessa maneira séculos antes, escreve Kuyper. O longo atraso do vapor "mostra de maneira marcante como é o próprio Deus quem guia todos os assuntos humanos, dando à civilização humana um impulso inteiramente novo apenas quando, em seu conselho, isso estava destinado a acontecer".[69] A linha do tempo de nossas inevitáveis inovações aguarda a agenda de Deus. Só Deus governa o volume, a velocidade e o tempo de nossas descobertas científicas e tendências tecnológicas.

Isso vale para a era digital. Quando perguntado por que criou o Twitter, o cocriador e CEO Jack Dorsey admitiu que não o criou. O Twitter "não foi algo que realmente inventamos", disse ele, "foi algo que descobrimos". Ele e sua equipe simplesmente implementaram a tecnologia SMS inicial, usada em mensagens de texto, para transmitir mensagens de

---

[69] Kuyper, *Common Grace*, vol. 3, p. 498.

texto, não para uns poucos escolhidos, mas para muitos ilimitados. A pequena equipe do Twitter começou a usar a nova tecnologia para atualizar o paradeiro uns dos outros ao vivo quando estavam fora do escritório. "Foi uma sensação incrível saber que eu estaria enviando uma atualização e potencialmente iria vibrar no bolso de alguns dos meus amigos e eles veriam e entenderiam — naquele momento, imediatamente — o que eu estava passando, o que eu estava pensando". A conexão instantânea uniu a equipe. "Era eletrizante. Parecia algo muito poderoso para nós". Mas a potente plataforma digital não surgiu do nada, *ex nihilo*. O Twitter foi descoberto. No devido tempo, o Twitter era inevitável.[70]

Então, qual teoria está certa: a teoria heroica da invenção ou a da invenção simultânea? A Escritura parece resolver o debate mostrando como ambas operam simultaneamente. Na linhagem de Caim, vemos o *heroísmo* em indivíduos selecionados que marcam a gênese de novos campos de inovação humana. E no agricultor antigo vemos o *simultâneo*, com agricultores desconectados em todo o mundo descobrindo novas práticas agrícolas simultaneamente. Dentro da linha do tempo de Deus para a invenção humana, ambas as teorias funcionam em conjunto.

3. O progresso tecnológico se move dentro dos limites de possibilidades do Criador.

A descoberta múltipla acontece quando os seres humanos seguem as dicas da criação, muitas vezes ao mesmo tempo, mas nem sempre no mesmo lugar. O longo processo

---

70 "Jack Dorsey on Twitter's Mistakes", podcast *The Daily* (7/8/2020).

da ciência humana, da engenharia e do avanço tecnológico se desdobra à medida que o homem emprega seus poderes intelectuais para ler as possibilidades inerentes à ordem criada. Deus dá ao homem os poderes intelectuais para descobrir as possibilidades da criação e, pensamento por pensamento e experimento por experimento, a ciência, a engenharia e a tecnologia avançam. Novas descobertas não são por acaso, nem meramente o produto do brilhantismo humano. Deus governa a história do progresso tecnológico estabelecendo os trilhos de possibilidade na criação através da escassez ou da abundância de matérias-primas e pelos limites da lei natural. Primeiro, o Criador define os limites da caixa de areia e, em seguida, revela ao homem as ferramentas para cavar, descobrir e projetar dentro dela.

É aqui que os evolucionistas darwinianos se tornam muito úteis, porque, embora eu negue que sua teoria seja uma maneira adequada de entender a história biológica, acho que os evolucionistas nos dão a linguagem certa para falar de evolução tecnológica. As tecnologias são construídas através da evolução combinatória. Velhas tecnologias se fundem em novas tecnologias, mas também evoluem de acordo com a "constante captura e aproveitamento dos fenômenos naturais". Toda inovação humana ajuda a explorar ou resistir às leis naturais. "Uma tecnologia é sempre baseada em algum fenômeno ou obviedade da natureza que pode ser explorada e usada para um propósito". É uma afirmação bastante óbvia, mas verdadeiramente notável em suas implicações quando do Arthur diz: "Se tivéssemos vivido em um universo com fenômenos diferentes, teríamos tecnologias diferentes".⁷¹ Os padrões naturais *desta criação* levaram a *estas tecnologias* que agora temos em mãos.

Assim, o evolucionista Kevin Kelly diz: "Nosso papel como humanos, pelo menos por enquanto, é conduzir a tecnologia pelos caminhos que ela naturalmente quer seguir".⁷² A inovação humana é como uma represa de inevitabilidade, "como água atrás de uma represa, um desejo incrivelmente forte reprimido e esperando para ser liberado".⁷³

O potencial da criação não significa que as descobertas tecnológicas estejam livres dos desejos pecaminosos do homem. Nunca estão. No entanto, dentro da própria criação vem a inspiração de que precisamos para novas descobertas. Desde os capítulos iniciais de Gênesis, os humanos responderam à criação gerando novas indústrias. Nosso impulso nativo de cultivar a criação parece funcionar em conjunto com uma força reprimida dentro da criação que provoca novas descobertas. As possibilidades dentro da criação ordenam nossos comportamentos e moldam nossas técnicas. A criação contém em si uma espécie de projeto para a inovação humana e uma linha do tempo ordenada para quando certas inovações surgirão. Inventamos porque a própria criação estimula certas invenções no momento certo.

A tecnologia humana só é possível por conta das potencialidades da criação. Chame isso de "descoberta", de "invenção", de "inovação", que seja; os comportamentos humanos

---

71 Arthur, *Nature of Technology*, p. 22, 46, 172.
72 Kelly, *What Technology Wants*, p. 269.
73 Kelly, *What Technology Wants*, p. 273.

são pré-codificados na criação pelo Criador e descobertos pelos humanos através da experimentação.

Deus e sua criação esperam nossa inovação. No Salmo 104.14–15 lemos que o Criador fez as plantas emergirem do solo para que tivéssemos pão, vinho e óleo — porque Deus pretende alegrar, revigorar e fortalecer nossos corpos. O objetivo de Deus começou com três dádivas orgânicas (trigo, uvas e azeitonas). Cada dádiva corresponde a um resultado pretendido (pão, vinho e azeite). Entre a dádiva e o resultado está o processo ou técnica humana (assar, fermentar e prensar). O Criador recebe todo o louvor pelos efeitos de nosso pão, vinho e óleo (alegrar, revigorar e fortalecer nossos corpos), não apenas porque ele modelou as matérias-primas de que precisávamos, mas porque ele criou as plantas exatas para produzir esses resultados renovadores. As técnicas humanas que usamos para produzir os resultados finais foram codificadas pelo Criador na própria criação. Os recursos naturais e as leis naturais são guias que limitam nossas possibilidades inovadoras e moldam providencialmente a trajetória de quais inovações funcionam melhor. Portanto, é totalmente correto dizer que as técnicas agrícolas do agricultor são aprendidas diretamente do Criador através da criação. Podemos dizer o mesmo do fabricante de pão, de vinho e de azeite. A voz do Criador, ouvida na criação, evoca as habilidades humanas.

4. A criação é um parque de diversões de código aberto, próprio para maiores.

Deus criou a terra e a chamou de boa. Ele lançou eletricidade pelo céu, dispersou depósitos de urânio sob do solo e inseriu códigos genéticos nas células. A termodinâmica foi sua ideia, a fusão nuclear foi seu projeto e os suplementos de nitrogênio foram sua provisão. Toda essa tecnologia foi destinada a ser descoberta. Para o bem ou para o mal (e em breve devemos falar sobre o mal), o Criador nos entregou uma criação de código aberto. Ele nos presenteou com a tabela periódica e com o que nos parece ser um número infinito de maneiras de misturar e combinar os elementos da ordem criada. Este mundo é carregado de possibilidades — o que é um pouco assustador. O Criador nos deu fogo, eletricidade, carvão, cobre, ferro meteórico, borra de petróleo, urânio e genomas para investigar. Se a descoberta humana em algumas dessas áreas o deixa desconfortável, de fato deveria. Tive a mesma sensação na primeira vez que alguém colocou um rifle em minhas mãos para atirar em alvos, quando era um garotinho em uma fazenda. A sensação de estar despreparado para o poder que eu tinha nas mãos lembra os humanos que detêm os poderes da inovação. Somos criancinhas finitas, que recebem não apenas um balde de LEGO ou um rifle carregado, mas uma pilha de granadas de mão. Nos foram confiados poderes explosivos que podem destruir corpos e mutilar a criação. Nós exercemos poderes que exigem grande diligência e sabedoria.

No entanto, estamos falando principalmente de materiais ao alcance de pás, retroescavadeiras e plataformas de perfuração. Não consigo imaginar o que está infundido mais profundamente neste globo, para não mencionar nos mundos ao nosso redor; nova energia e novos metais para bilhões de humanos progredirem neste planeta e em outros planetas, nos próximos séculos. O jeito certo de fazer novas descobertas não é com o punho cerrado ganancioso, mas com a mão aberta, como se recebendo um presente.

5. A tecnologia vem do pó e volta ao pó.

Seja trazendo o cordeiro sacrificial para a oferta ou criando o vinho e o pão usados para a Comunhão, mesmo os atos criativos mais sagrados do homem são fundamentalmente atos de destruição. Nós fazemos e, portanto, animais, uvas e grãos devem morrer.[74] Mas a maioria de nossas tecnologias são feitas do inanimado, retiradas da poeira nas matérias-primas desta terra — escavadas, refinadas e inovadas pelos zeladores da terra (nós). Nossa tecnologia, como nós, é retirada do solo e retornará ao solo como pó. As invenções não são eternas, mas brotam em uma árvore tecnológica na linha do tempo da criação. Cada uma delas compartilha um ciclo de vida, semelhantemente aos humanos. A criação de Adão e Eva por Deus foi um paradigma da inovação humana. Adão e Eva foram tirados do solo, receberam a vida de Deus e receberam a ordem de trabalhar o solo. Por causa de seu pecado, seus corpos voltarão a entrar no solo.

Nossos aparelhos vêm do solo e, por assim dizer, damos vida a eles. Idealmente, essas tecnologias servem ao desenvolvimento da humanidade antes de serem finalmente colocadas de volta no solo ou recicladas em outra coisa. Mas um ciclo de futilidade mancha todas as nossas inovações. Eclesiastes fala à nossa era tecnológica quando nos diz: "O que foi é o que há de ser; e o que se fez, isso se tornará a fazer; nada há, pois,

---

74 Gunton, *Christ and Creation*, p. 125.

novo debaixo do sol" (Ec 1.9). Não podemos escapar da futilidade. Nenhuma de nossas tecnologias escapará do fascínio do poder humano sobre tudo. Estamos cegos, deixados à nossa própria vaidade pela miragem do progresso tecnológico. Não é tanto que estamos avançando, e sim que andamos em círculos de mesmice que não podem nos redimir. A realidade honesta que deve reger nossas aspirações (junto com nosso consumo) é que todas as nossas inovações serão enfim direcionadas a um centro de reciclagem ou um aterro sanitário. Elas não podem servir como objetos da esperança duradoura do nosso coração.

6. A provisão de Deus é visível no nível micro.

O ciclo de vida da inovação não significa necessariamente que novas tecnologias gerem mais rejeitos. Em certo sentido, a tecnologia nos torna menos dependentes de certas matérias-primas a granel. Pense em discos de música de vinil substituídos por cassetes, substituídos por CDs, substituídos por MP3s intangíveis. E, no entanto, à medida que nossos avanços tecnológicos se reduzem ao nada digital, perdemos de vista as realidades criadas e desprezamos os recursos físicos necessários ao planeta.

Em 31 de maio de 1988, o presidente americano Ronald Reagan viajou para a Rússia para ajudar a garantir que o Muro de Berlim cairia (e caiu, derrubado dezessete meses depois). Mas, naquela viagem, Reagan argumentou que o muro precisava cair porque toda a humanidade estava à beira de uma "revolução tecnológica" global, como ele a chamava, uma revolução do "pequeno chip de silício, não maior que uma impressão digital", um chip que poderia substituir salas cheias de sistemas de computador antigos. A humanidade estava prestes a experimentar um renascimento tecnológico. "Como uma crisálida, estamos emergindo da economia da Revolução Industrial — uma economia confinada e limitada pelos recursos físicos da Terra", para uma economia mental, disse ele. "Pense naquele pequeno chip de computador. Seu valor não está na areia da qual é feito, mas na arquitetura microscópica projetada por mentes humanas engenhosas. Na nova economia, a invenção humana torna cada vez mais obsoletos os recursos físicos. Estamos rompendo as condições materiais de existência para um mundo onde o homem cria seu próprio destino".[75]

Os eventos não foram aleatórios. A democratização do chip de computador nos computadores pessoais e depois nos smartphones condenaria o comunismo.[76] Talvez o presidente soubesse disso. Mas as palavras ousadas de Reagan ecoam uma falsa suposição sobre microtecnologias: à medida que nossa tecnologia se torna menor, os próprios elementos naturais perdem importância. Penso que essa lógica é falha. Primeiro, o encolhimento da tecnologia nunca diminui a demanda por recursos naturais. Mesmo quando nossos dispositivos encolhem, geramos montanhas de resíduos de dispositivos eletrônicos todos os anos. Segundo, mesmo com a redução da tecnologia, nunca transcendemos a riqueza dos recursos naturais da Terra. Em vez disso, passamos a apreciá-los mais, especialmente os elementos mais raros. As micro inovações não diminuem a criação, mas nos tornam mais

---

75 Ronald Reagan, "Remarks and a Question-and-Answer Session with the Students and Faculty at Moscow State University", reaganlibrary.gov (31/5/1988).
76 Harari, *Homo Deus*, p. 377.

dependentes dos elementos mais preciosos da Terra. A nova tecnologia cria a necessidade de mais minas, não menos.

Pense nas glórias materiais em pequenas proporções, como fios metálicos microscópicos, com quatro micrômetros de diâmetro, que são revestidos com um polímero resistente à corrosão e colocados na superfície do cérebro para possibilitar as interfaces de máquinas neurológicas. Ou pense no smartphone. O iPhone só é possível por causa da ordem criada. Da tela à bateria, ao processador, ao som e à caixa, cada smartphone combina mais de sessenta elementos.[77] Nas palavras de um amigo da indústria de tecnologia, "acho incrível que todos aqueles elementos obscuros da tabela periódica que tive que aprender na aula de química no ensino médio em 1977, uma tarefa que parecia inútil na época, agora são essenciais para a era do celular. E os elementos estavam todos lá desde o início! Deus criou um vasto mundo de diversos elementos, petróleo bruto e silício, embora por quase toda a história essas coisas raramente tenham sido usadas". E se não poderíamos ter previsto o iPhone quarenta anos atrás, imagine o que está reservado para o nosso futuro. Quaisquer que sejam as maravilhas tecnológicas por vir, elas já estão latentes na tabela periódica, no solo, na caixa de areia que Deus nos deu.

Por causa da disponibilidade de microelementos, podemos ser incapazes de conceber limites para nossas possibilidades inovadoras. Mas os limites permanecem. E, não

---

[77] Veja Andy Brunning, "The Chemical Elements of a Smartphone", compoundchem.com (19/2/2014); e Jeff Desjardins, "The Extraordinary Raw Materials in an iPhone 6s", visualcapitalist.com (8/3/2016).

importa o quanto nossas tecnologias diminuam, não podemos perder de vista os elementos materiais que tornam cada nova conquista possível, em primeiro lugar.

7. A tecnologia é um presente de Deus para a humanidade a fim de refrear a maldição.

Um agricultor sabe mais do que ninguém que a tecnologia é um presente de Deus para refrear a maldição. Lembre-se da maldição que Deus pronunciou sobre Adão, que amaldiçoou a agricultura e todo agricultor que nasceria depois:

> [17]E a Adão disse: Visto que atendeste a voz de tua mulher e comeste da árvore que eu te ordenara não comesses, maldita é a terra por tua causa; em fadigas obterás dela o sustento durante os dias de tua vida. [18]Ela produzirá também cardos e abrolhos, e tu comerás a erva do campo. [19]No suor do rosto comerás o teu pão, até que tornes à terra, pois dela foste formado; porque tu és pó e ao pó tornarás. (Gn 3.17–19)

Como lidamos com cardos e abrolhos? Isso faz parte da tecnologia que virá na história da agricultura. Novas técnicas agrícolas nos ajudam a extrair uma colheita do solo amaldiçoado.

No jardim, havia comida prontamente disponível para Adão e Eva. Após a queda, a comida seria retirada do solo com muito suor e trabalho. Aqui vemos a graça de Deus ao ensinar o agricultor em Isaías 28. A tecnologia é um presente que recebemos para refrear os efeitos da queda. De fato, "o impulso de praticamente toda atividade humana nasce do desejo de combater o pecado ou seus efeitos".[78] Esta é a graça comum de Deus em nossa inovação humana. Deus colocou este universo, e nossos próprios corpos, sob uma maldição para que pudéssemos viver na esperança da ressurreição (Rm 8.18–25). Por sua graça, ele também nos deixou possibilidades inovadoras como uma dádiva misericordiosa para resistir a alguns desses efeitos, para curar parte da criação que está quebrada e para nos dar novas maneiras de administrar a dor de viver em um universo caído.

Jesus lembrou que Deus "faz nascer o seu sol sobre maus e bons e vir chuvas sobre justos e injustos" (Mt 5.45). Todas as coisas boas da criação são bênçãos da mão de Deus. Podemos aplicar essa benevolência às tecnologias que construímos a partir da criação? Se é assim, através de todas as nossas melhores tecnologias, Deus derrama bênçãos sobre os justos e os injustos na forma de eletricidade, televisores, carros, jatos, computadores, internet, ar-condicionado, analgésicos, grãos de café expresso e toda a culinária internacional que você pode imaginar. Nossa abundância de bênçãos mostra a beleza da bondade de Deus para com os pecadores que suportam esta existência caída.

8. As tecnologias permanecem sob a futilidade da maldição.

A tecnologia pode ajudar a refrear a maldição, mas, ainda assim, a tecnologia permanece sob a maldição. A tecnofutilidade é inescapável. Como isso nos afeta?

---

78 Kuyper, *Common Grace*, vol. 2, p. 582.

A inovação humana é cheia de ironias. Se você cavar um buraco, você pode cair nele (Sl 7.15). Se você escavar pedras, elas podem rolar sobre você e esmagá-lo. Se você rachar troncos, os galhos podem atrapalhar o machado (Ec 10.8–10). Ou, como observou Paul Virilio: "Quando você inventa o navio, você também inventa o naufrágio; quando você inventa o avião, você também inventa a queda do avião; e, quando você inventa a eletricidade, você inventa o choque. Toda tecnologia carrega sua própria negatividade, que é inventada ao mesmo tempo que o progresso técnico".[79] Este é o perigo de nossa criação de código aberto. Todo o nosso progresso tecnológico permanece sob a maldição. Então, devemos parar de criar tecnologias, porque, dessa forma, o mundo seria mais seguro? Não. Embora Virilio tenha razão, a realidade é que as acidentes aéreos mortais podem ser notados desde antes da invenção do voo, por asteroides e vulcões que antecedem os irmãos Wright (pense em Pompeia). Afogamentos por inundação catastrófica precedem o Titanic (pense no dilúvio). E as mortes por choque elétrico antecedem a energia elétrica das cidades (pense em incêndios florestais). A maldição da criação antecede Chernobyl em milênios. Perigos mortais, em todas as direções, são consequências da vida no mundo caído, quer criemos invenções ou não.[80]

---

[79] Paul Virilio, *Politics of the Very Worst*. Cambridge, MA: MIT Press, 1999, p. 89.

[80] Isso também é geralmente verdadeiro para inovações mais antigas. Como Spurgeon disse em uma época receosa de trens: "Se a máquina a vapor nunca tivesse sido conhecida, e se a ferrovia nunca tivesse sido construída, não obstante, haveria mortes súbitas e acidentes terríveis. Ao retomar os antigos registros em que nossos ancestrais escreveram seus acidentes e suas calamidades, descobrimos que a velha diligência rendeu um espólio de morte tão pesado quanto o trem veloz". C. H. Spurgeon, *The Metropolitan Tabernacle Pulpit Sermons*. Londres: Passmore & Alabaster, 1861, vol. 7, p. 481.

Os pessimistas tecnológicos dirão que as inovações sempre apresentam mais problemas do que soluções. Os otimistas tecnológicos dirão que as melhores inovações resolvem mais problemas do que criam. Mas ambos concordam que as inovações trazem novos problemas e novas complexidades. Isso é parte da realidade amaldiçoada da vida sob a queda. Assim, embora a tecnologia seja um presente de Deus para nos ajudar a lidar com as dores e as tensões diárias da vida, no final das contas, essas mesmas tecnologias lembram que ainda vivemos sob a maldição. Em sua soberania, Deus sabia que os potenciais que ele embutiu na criação introduziam recompensas e riscos. Isso porque, no processo de inventar tecnologias construtivas, os portadores decaídos de sua imagem também descobririam tecnologias destrutivas. Como vimos no capítulo anterior, Deus é soberano até mesmo sobre tecnologias nocivas — embora as consequências morais não recaiam sobre o Criador, mas sobre nós, imagem dele. Parte da maldição que somos forçados a carregar neste planeta caído e tecnologicamente avançado é que não podemos desinventar nada.

9. Tecnologias de ponta surgirão principalmente através dos rebeldes contra Deus.

Que os avanços vêm através daqueles que rejeitam a Deus é uma conclusão direta de Gênesis 4. Na "lista de heróis antediluvianos que fundaram as artes da civilização humana — construção de cidades, pastoreio, metalurgia, música —", vemos uma ligação: "urbanização e nomadismo, música e metalurgia" estão todos ligados à linhagem de Caim, sugerindo que "todos os aspectos da cultura humana estão de alguma forma manchados pelo pecado de Caim".[81] Sim, a tecnologia inicial foi manchada pelo pecado de Caim. Mas isso não diminui o fato de que Deus introduziu esses avanços industriais na história da humanidade pela linhagem de Caim por causa de sua própria misericórdia e intenção protetora.

Muitos cristãos não entendem bem esse ponto. As aspirações urbanas de Caim não foram seu desvio "para o caminho errado, onde cada passo leva mais longe de Deus", nem sua "arrogante pirataria da criação".[82] Muito pelo contrário. A linhagem de Caim foi divinamente preservada e escolhida para impulsionar a inovação humana. Refinamento genético, metalurgia e produção musical — uma tríade de inovações que mudou para sempre o curso da história humana e a vida de cada um de nós — foram o próprio propósito divino ao preservar a linhagem de Caim. Nas fortes palavras de João Calvino:

> Que saibamos, então, que os filhos de Caim, embora privados do Espírito de regeneração, foram, contudo, dotados de dons de modo algum desprezíveis; assim como a experiência de todas as épocas nos ensina quão amplamente os raios da luz divina brilharam sobre as nações incrédulas, para o benefício da vida presente; e vemos, no presente, que os excelentes dons do Espírito são difundidos por toda a raça humana.[83]

---

81 Gordon J. Wenham, *Genesis 1–15* (Word Biblical Commentary). Dallas: Word, 1998, vol. 1., p. 110–111.
82 Ellul, *Meaning of the City*, p. 5–7.
83 João Calvino e John King, *Commentary on the First Book of Moses Called Genesis*. Bellingham, WA: Logos Bible Software, 2010, vol. 1, p. 217–218.

O princípio da linhagem de Caim permanece verdadeiro hoje. O Espírito derrama brilhantismo inovador liberalmente sobre aqueles que não confiam ou louvam o Deus vivo.

No ápice de sua glória nacional, o povo de Deus nunca foi reconhecido por nenhum feito de ciência ou engenharia. Os barcos de Israel "eram insignificantes em comparação às frotas de Tiro e Sidom". Os egípcios, os assírios, os babilônios, os persas, os gregos e os romanos, todos "ultrapassaram Israel em todos os campos da ciência e da aptidão tecnológica". Para o bem do mundo, Israel contribuiria com seu Salvador, não com seus últimos avanços mecânicos. As inovações hoje podem vir do povo de Deus, mas, na maior parte, "os dons e os talentos para o desenvolvimento da humanidade como um todo são dispensados em medida muito mais forte e maior aos filhos do mundo do que aos filhos da luz".[84] Isso era verdade em Gênesis 4, e ainda é verdade hoje.

Em sua sabedoria, Deus escolhe enviar as ideias e as inovações mais poderosas para este mundo principalmente por meio dos rebeldes contra Deus, por meio de agnósticos, ateus e deístas que mantêm alguma aparência de religião (como Caim fez em sua oferta). Mas, por alguma razão, Deus escolheu *não* enviar muitos avanços tecnológicos através de sua noiva, a igreja. O avivamento espiritual e a proeza inovadora, mesmo ambos sendo obra do Espírito de Deus, raramente estão ligados na economia do plano de Deus.

Esta é a maior ironia humana: possuir uma riqueza crescente de conhecimento vindo do Criador e usar esses poderes

---

84 Abraham Kuyper, *Pro Rege: Living under Christ's Kingship*. Bellingham, WA: Lexham Press, vol. 1, p. 168, 171.

de inovação para detectar os padrões do Criador em sua criação — ao mesmo tempo em que usa o fruto dessas inovações para desonrar a Deus através do orgulho, da ganância e da busca do poder. Muitas das maiores e mais inventivas mentes também são idiotas de carteirinha, traidores e manipuladores que destroem seus cônjuges, estragam seus filhos e esgotam seus colegas e funcionários.

Então, se você me dissesse que muitos dos grandes descobridores, físicos, inventores e gurus de startups no Vale do Silício são narcisistas egocêntricos, querendo ganhar fama, poder, riqueza e prestígio, eu diria: "sim, deve ser isso mesmo". Não estou dizendo que não existam exceções maravilhosas; estou dizendo que não devemos nos surpreender se a arrogância for a norma. Ainda podemos glorificar a Deus pela inovação que vem por meio de incrédulos extraordinariamente talentosos e poderosos, porque a graça comum da descoberta tecnológica continua a fluir fortemente entre os não cristãos.

O povo de Deus se beneficia das habilidades dos incrédulos, e isso fica claro no Antigo Testamento. O rei gentio e arquiteto Hirão, rei de Tiro, vem à mente: o homem que o rei Davi pediu que projetasse e construísse sua própria casa (2Sm 5.11). Mais tarde, Salomão chamou outro Hirão de Tiro, um meio-judeu que aprendeu metalurgia com seu pai gentio, para liderar a construção do templo em Jerusalém (1Rs 7.13–14). O povo de Deus não se envergonhava de convocar as habilidades dos gentios. Mas hoje muitos cristãos querem descartar a tecnologia com base na impiedade que veem dentro dessa indústria. Se a inovação é da linhagem de Caim, não devemos nos surpreender com a incredulidade dos inovadores. Em vez disso, podemos nos maravilhar com o propósito divino em suas vidas.

Mais do que nunca, os cristãos são necessários na ciência e na inovação. E cada vez mais as grandes descobertas da ciência *estão* sendo lideradas por cristãos. E, no entanto, a igreja não dominará esses campos da ciência e da inovação, mas geralmente reagirá a novos avanços. Na era tecnológica, a igreja está "ocupada mais com operações de retaguarda do que com novas tecnologias pioneiras", diz Harari, em tom de crítica. Então o ateu pergunta: que inovação um pastor cristão inventou no século XX que pode rivalizar com os antibióticos ou com o computador? E o que a Bíblia tem a dizer sobre engenharia genética ou inteligência artificial?[85] É verdade que os cristãos são mais reativos do que inovadores. Mas isso não é uma falha da relevância do evangelho; este foi o padrão estabelecido pelo Criador desde Caim. Harari está confuso, como muitos estão. Deixando de lado o mapeamento do genoma humano, um dos grandes avanços científicos de nossa época (e liderado por um cristão), a igreja não justifica sua existência por conta de sua capacidade de oferecer inovações ao mundo. O Espírito que converte almas é o mesmo Espírito que inspira computadores, antibióticos e um mapa do genoma humano. No entanto, ainda é concebível imaginar um futuro em que a ciência e as cidades sigam uma trajetória tecnológica tão agressiva à qual a igreja só possa reagir — extraindo o bem e rejeitando o mal, até que todo o sistema culmine em uma rede global que deve ser finalmente derrubada por Deus no final da história humana. Mas estamos nos antecipando.

---

85 Harari, *Homo Deus*, p. 276–278.

10. A ciência não leva os inovadores ao arrependimento.

É lógico perguntar: a inovação humana, inspirada pelo Espírito, seguindo padrões de possibilidade divinamente ordenados na ordem criada, não deveria levar os inovadores de volta a Deus? A resposta é um dos grandes paradoxos da era tecnológica. Muitos dos maiores inventores do mundo se afastam de Deus, em vez de se aproximarem dele. Por causa do poder trágico e distorcido do pecado, quanto mais engenhoso o inventor, mais engenhosos são os ídolos que sua mente cria. "Do mesmo modo que de uma vasta e ampla fonte brota água, uma imensa turba de deuses nasce da mente dos homens, quando cada um, com vaga licenciosidade, inventa indevidamente isso ou aquilo a respeito de Deus", escreve Calvino. E "qualquer um, quanto mais elevado for o entendimento, já anunciado e burilado pela técnica e pela ciência, tanto mais parece imprimir cores especiais à sua sentença".[86] Gênios da tecnologia são os idólatras mais articulados. Seu brilhantismo os faz rejeitar a revelação e inventar um deus elaborado em seus próprios cérebros inovadores, mas caídos. O brilhantismo que leva a avanços tecnológicos é o mesmo brilhantismo, maculado pelo pecado, que leva as mentes do Vale do Silício a fabricar novas vaidades espirituais em adoração da autoexpressão (como o festival contracultural Burning Man) ou em uma visão da existência sem Deus (hipótese da simulação).

A descoberta tecnológica acontece apenas quando ouvimos a voz de Deus na criação, mas essa voz não é garantia

---

86 João Calvino, *A instituição da religião cristã*. São Paulo: Unesp, 2006, I.5.12 (p. 62).

de que nos moveremos em direção à palavra do Criador nas Escrituras. Mais frequentemente, ocorre o oposto, movendo o inovador em direção a vaidades que substituem Deus. Esse é um paradoxo real na era tecnológica. Homens e mulheres podem ser dotados de incríveis faculdades para descobrir novos padrões na criação e, como resultado, construir novas invenções, mas ainda assim permanecerem cegos à glória do Criador.

Via de regra, os maiores inovadores do mundo não adoram o Criador. Pode ser por isso que Deus decidiu, desde o início, abençoar os não cristãos com maiores graus de brilhantismo inovador. Esse é o chamado deles neste mundo, um chamado que não será dado ao povo de Deus, em geral.[87] Por um lado, é inegavelmente verdade que "os filhos do mundo são mais hábeis na sua própria geração do que os filhos da luz" (Lc 16.8). No entanto, as Escrituras dizem que toda a maior sabedoria e as descobertas tecnológicas do homem são tolices comparadas à cruz de Cristo (1Co 1.18–2.16). Para o mundo, a crucificação de Cristo é uma tolice, uma loucura que nenhum inovador bilionário do Vale do Silício celebrará em público.

11. Os avanços tecnológicos existem para a igreja.

Permita-me um devaneio metafísico: Por que o mundo existe? A resposta mais simples é que o mundo existe para demonstrar o amor do Pai por seu Filho.[88] O Filho tem uma noiva, a igreja. E o Filho será gerado para ela; ele vem do céu

---

87 Kuyper, *Common Grace*, vol. 1, p. 337.
88 Robert W. Jenson, *Systematic Theology, vol. 2: The Works of God* (ed. rev.). Nova Iorque: Oxford University Press, 2001, p. 48.

à terra, e ele a redime. O mundo existe para que Cristo tenha uma noiva feliz, tudo para a glória de Deus.

Por causa do amor do Pai pelo Filho, Deus demonstra seu amor à igreja de várias maneiras. Uma maneira são as descobertas científicas do mundo por meio de pecadores endurecidos — não por amor aos pecadores, mas por amor à sua igreja. Deus ama a igreja quando implanta inovações humanas que fornecerão empregos para os cristãos sustentarem a si mesmos e suas famílias. A mesma ferramenta que pode destruir o pecador com ambição mundana pode ser a vocação de um cristão. Como Charnock diz sobre os dons das inovações: "Esses dons são de fato a ruína dos homens maus, por causa de seu orgulho, mas o seu benefício para a igreja tem a ver com sua excelência, e muitas vezes são tão proveitosos para os outros quanto perigosos para si mesmos. Assim como todo o bem que está nas plantas e nos animais é para o bem do homem, todos os dons dos homens naturais são para o bem da igreja; pois esse é seu fim principal, depois da glória de Deus".[89]

As plantas existem para alimentar os animais e o homem. Os animais existem para alimentar o homem. Tudo na criação existe para servir a um propósito superior a si. Essa mesma dinâmica funciona na inovação humana. O brilhantismo inovador do homem natural existe para um propósito maior além de si, ou seja, para que outros o usem para glorificar a Deus a serviço de sua missão na terra. Esse princípio vem diretamente de Paulo, que confirma que tudo o que encontramos neste mundo — incluindo, podemos supor, todos

---

[89] Charnock, *Complete Works*, vol. 1, p. 67–68.

os dons inventivos dados à humanidade — existe como uma dádiva para a igreja. Toda inovação é uma dádiva que nos lembra de não nos vangloriarmos do brilhantismo inovador do homem. Esse brilhantismo é dado por Deus e orquestrado por Deus para servir à igreja em sua missão. Independentemente do que mais ela faça, toda inovação humana que beneficia o mundo é um dom de Deus, para sua glória, a serviço de seu povo (Rm 8.28; 1Co 3.21-23).

Enquanto escrevo, minha família está trancada em casa em quarentena por causa do coronavírus, ansiosa para "se reunir" com o povo de Deus virtualmente no domingo através de uma *live* do YouTube. Enquanto penso nessa situação temporária, minha mente vagueia por quantos milionários (e bilionários) foram necessários para criar o YouTube, sem mencionar o número de homens e mulheres que serão arruinados pela riqueza e pelo poder que receberam ao aperfeiçoarem esta plataforma de vídeo. Mas e se Deus ordenou tudo isso para criar uma plataforma de vídeo de ponta e confiável para a igreja usar de forma redentiva? Se os criadores de redes sociais faturam bilhões de dólares, isso é uma consequência temporal da existência da tecnologia em função da noiva. Essas plataformas destroem "homens maus" com riquezas mundanas; mas servem à igreja e assim se tornam necessárias.

O mundo está repleto de aparelhos, ferramentas e mídias cativantes — tudo transbordando de possibilidades. E a igreja é chamada a discernir quais desses aparelhos, ferramentas e mídias realmente servem à sua missão de buscar o reino de Deus. Portanto, precisamos de discernimento para saber quando Deus permitiu que as possibilidades tecnológicas excedessem as necessidades da igreja. Mas aqui está a conclusão: os inovadores que rejeitam a Deus recebem seus dons, não pelo amor de Deus ao inovador, mas, em última análise, como uma dádiva de Deus para a igreja. Não é diferente do brilhantismo metalúrgico da linhagem de Caim, um dom divino que Noé usou para construir e montar sua arca.

12. O abuso tecnológico deve dar ouvidos à voz da criação.

Conforme nos equilibramos em todas essas possibilidades da tecnologia, cometeremos erros. Neste mundo caído, nossas tecnologias prejudicarão a criação e a nós mesmos. Isso faz parte da condição humana. Somos chamados a inventar, e isso inclui os erros com os quais devemos aprender. Ser livre para criar é ser livre para falhar.

Não apenas cometeremos erros, mas nosso planeta também passará por grandes mudanças — à medida que nossa população continua a crescer de sete para dez bilhões de pessoas. Certos animais serão extintos. Habitats nativos serão destruídos. Todos os ciclos de vida e padrões da Terra serão alterados. Em outras palavras, "a ecologia *sempre* será um problema. Toda atividade humana altera o equilíbrio do que existe, e será assim, a menos que vejamos a conquista do equilíbrio estático como o objetivo da atividade humana".[90] Mas não é. Os seres humanos necessariamente desfazem equilíbrios. É o que fazemos.

Mas aqui podemos parar e considerar que o risco é amplificado na era tecnológica. Medicamentos defeituosos,

---

90 Gunton, *Christ and Creation*, p. 125.

usinas nucleares defeituosas, barragens hidrelétricas defeituosas, contenção defeituosa em torno de patógenos experimentais; todas essas tecnologias são riscos amplificados com consequências muito maiores. Portanto, à medida que inovamos, devemos ouvir atentamente a criação. Será cada vez mais difícil *não ouvir* a criação. Eu a ouço agora enquanto escrevo, trancado em casa por conta de uma pandemia, em quarentena por um vírus em uma cidade deserta sem chuva mensurável por 140 dias seguidos no verão mais quente já registrado. Eu a ouço enquanto mais de quinhentos incêndios florestais queimam milhões de acres de floresta na Califórnia, enviando fumaça aos céus das grandes cidades do estado para fazê-los brilhar em vermelho escuro ao sol do meio-dia enquanto as cinzas caem como neve. Eu a ouço quando uma tempestade tropical atinge os estados de Texas e Louisiana um dia antes de um furacão de categoria quatro atingir a mesma região, tempestades gêmeas gestadas simultaneamente no Golfo do México. Não importa o quanto nos sintamos protegidos por nossas inovações, demorará muito tempo até pararmos de ouvir os gemidos da criação (Rm 8.22). Algo neste mundo está quebrado para além de conserto ou cura. Não importa o quanto inovamos, não podemos escapar da fúria da natureza. Na verdade, talvez estejamos a atraindo.

Com o tempo, nos tornamos mais suscetíveis às mudanças da natureza. Quando as cinzas de um vulcão no sul da Islândia interromperam as viagens aéreas por toda a Europa, Slavoj Žižek percebeu que as consequências econômicas existiam apenas *por causa* das viagens aéreas. "Há um século, tal erupção teria passado quase despercebida", disse ele. "O desenvolvimento tecnológico nos tornou mais independentes da natureza e, ao mesmo tempo, em um nível diferente, mais dependentes dos caprichos da natureza".[91] Apenas jatos comerciais podem tornar nossas economias suscetíveis às mudanças de humor da natureza a 30.000 pés.

A natureza nos perturba e nós a perturbamos em resposta. Perturbamos a criação *necessariamente* e perturbamos a criação *desnecessariamente*. E precisamos de discernimento para distinguir os dois. Precisamos de debate científico, vozes discordantes em nosso diálogo com a criação, para que com o tempo aprendamos os prós e contras, usos e abusos, benefícios e danos de nossas novas tecnologias. À medida que imaginamos, fazemos, testamos e lançamos novas tecnologias no mundo, os ajustes sempre serão necessários.

Se estivermos dispostos a ouvir, os cânceres nos dirão quando nossas tecnologias foram longe demais para o corpo humano. A poluição do ar e da água nos dirá quando nossas tecnologias foram longe demais para o planeta. "Os humanos sempre foram muito melhores em inventar ferramentas do que em usá-las com sabedoria".[92] A princípio, isso geralmente é verdade, mas não em última análise. Os humanos mostram resiliência na superação do abuso de ferramentas e na correção de agentes cancerígenos como aditivos alimentares, clorofluorcarbonos, amianto e tinta à base de chumbo. Se estivermos dispostos a ouvir, atenderemos, corrigiremos

---

91 Slavoj Žižek, "Joe Public v. the Volcano", newstatesman.com (29/4/2010).
92 Yuval Noah Harari, *21 Lessons for the 21st Century*. Nova Iorque: Random House, 2019, p. 7.

e dimensionaremos nossas ambições para a saúde de nossos corpos e a saúde de nosso planeta.

13. Toda inovação deve direcionar nossa admiração e agradecimento ao Criador.

Também abusamos da tecnologia quando a usamos para empurrar Deus ainda mais para fora de nossas vidas diárias. À medida que nossas inovações reduzem o perigo, elas também reduzem a oração, a fé e a gratidão. O antigo agricultor levava sacrifícios a Deus. Mas agora a agricultura industrial moderna "não tem utilidade para os deuses, porque a ciência e a tecnologia modernas dão à humanidade poderes que excedem em muito os dos deuses antigos".[93] Antigos marinheiros, em navios frágeis e sem ferramentas de navegação, marcavam suas perigosas viagens oceânicas primeiro com "sacrifícios propiciatórios", depois, com alguma sorte divina, voltavam para casa "ornamentados com guirlandas e filetes dourados para agradecer aos deuses" no templo mais próximo. Os navios a vapor mudaram tudo isso; eles "mataram toda a gratidão no coração dos marinheiros".[94] A tecnologia mais segura oferece mais controle, possui maior previsibilidade e mata a gratidão divina.

Mas os cristãos são pessoas agradecidas, ou pelo menos deveriam ser. Podemos resistir à tentação de esquecer o Doador por causa da atração de dons cada vez mais poderosos, de negligenciar o Criador por causa do controle de

---

93 Harari, *Homo Deus*, p. 99.
94 Júlio Verne, *Twenty Thousand Leagues Under the Sea*. Nova Iorque: Grosset & Dunlap, 1917, p. 213. Veja Sl 107.23–32.

nossos próprios mundinhos. Mostramos nossa gratidão ao Doador recusando-nos a nos tornar viciados em seus dons. Em vez disso, oramos por sabedoria para usar seus dons em um espírito de gratidão e de piedoso domínio próprio, como sendo as coisas preciosas com as quais ele nos abençoou — como o celular e o potente acesso digital que temos à vida uns aos outros. Não somos chamados a encontrar nosso conforto no controle deste mundo. A vida não tem a ver com adotar todos os confortos e controlar todas as variáveis. Se o conforto pessoal é a motivação principal em sua adoção da tecnologia, é uma armadilha que mata a adoração. Mas todas as tecnologias que tornam nossas vidas mais confortáveis — lava-louças, ar-condicionado, carros seguros e cidades eletrificadas — continuam sendo grandes dádivas de Deus, e ele recebe a glória por modelar a criação para que essas dádivas possam ser nossas. Então oramos: "Deus, liberte-me dos ídolos do conforto e encha-me de admiração centrada em ti pelos dons deste mundo que tu me deste para usar e desfrutar". Todos os padrões e todas as possibilidades na criação são dádivas divinas que devemos administrar com cuidado.

Com a ajuda do Espírito, podemos fazer uma pausa por um momento em nossa tecnoautonomia. Podemos confessar nossa idolatria do conforto e nossa preguiça espiritual que nos fazem perder de vista a glória de Deus refletida nas inovações que usamos todos os dias. Em vez disso, podemos recarregar nossas almas com admiração teocêntrica. O mesmo Deus que plantou as primeiras sequoias carregadas de pinhas também ensinou ao inovador como desfolhar árvores para que as Escrituras pudessem ser impressas e recebidas em nossas mãos. O mesmo Deus que criou os mares e enterrou um lodo escuro nas profundezas da terra ensinou ao inovador como usar esse combustível para girar hélices e transportar missionários para povos não alcançados em todo o mundo. O mesmo Deus que enterrou vulcões nos oceanos também espalhou urânio no solo para ser escavado e refinado em energia de fissão nuclear para acender as luzes de milhões de igrejas nas manhãs de domingo.

A eletricidade é uma dádiva divina do Criador. O próprio Deus cria cada relâmpago (Sl 135.7). Cada um de seus raios poderia energizar a cidade de Nova Iorque por um momento. O desafio da engenharia é criar um raio feito pelo homem que funcione continuamente, e há muito tempo descobrimos esse segredo. Mas o relâmpago natural foi modelado por Deus e dado a nós como a primeira causa da era digital. Apenas porque Deus modelou a eletricidade é que agora temos casas eletrificadas, cidades eletrificadas e a proliferação da era digital.

Uma das promessas que Deus fez a seu povo sobre a terra prometida é que ali ele encontraria tudo o que fosse necessário para seu florescimento. A terra prometida fluiria com leite, mel, pão e azeitonas, e também floresceria com ferro acima do solo e cobre no solo (Dt 8.7–9). Deus gosta de presentear seu povo com terras carregadas de grandes quantidades de ferro e bronze (1Cr 22.3–4). Mas Deus também sabe que essas bênçãos podem ameaçar substituí-lo. Então ele advertiu seu povo: cuidado, para que os confortos que vocês criarem para si mesmos com essas tecnologias de metal não façam com que vocês se esqueçam de mim e de minha bondade para com vocês ao lhes dar tais presentes (Dt 8.10–14). Abusamos da tecnologia quando nos esquecemos do Doador que nos deu todas essas bênçãos materiais em primeiro lugar.

Muitos cristãos têm dificuldade nisso, falhando em contar as dezenas de milhares de inovações que Deus nos deu para usar todos os dias. Muitos cristãos, como os não-cristãos, separam as tecnologias que os cercam da grande metanarrativa da generosidade de Deus. Mas se a glória de Deus brilha na criação intocada (no sol, na lua e nas montanhas), também brilha nas inovações que concentram e refinam a criação em novas formas. Sessenta dos elementos da Terra, comprimidos em nossos celulares, nos dão uma perspectiva de criação que nenhuma outra geração viu. Nenhuma de nossas inovações é perfeita. Toda dádiva material nesta vida é maculada pela queda. No entanto, parece que muitos cristãos estão guardando sua gratidão tecnológica para alguma inovação futura que cairá dos céus, incorruptível pelo mau uso humano e sem possíveis efeitos colaterais.

Se uma tecnologia violar sua consciência, abstenha-se dela. Mas, se não for o caso e você a adotar em sua vida, agradeça a Deus por isso. Dê a ele sua adoração e sua gratidão. Recuse-se a ser um tecnoagnóstico, alguém que usa os dons, mas ignora o Doador. O tecnólogo pode ser surdo à voz do Criador, mas as ovelhas de Deus ouvem sua voz (Jo 10.27). Podemos ouvir a extravagância do Criador em cada dádiva tecnológica que usamos —carros, computadores, celulares, casas eletrificadas, água encanada, eletrodomésticos, livros, revistas, plásticos, internet, Wikipedia, televisão, música, remédios, aviões e Nike Air Jordans. Inclua as 150.000 coisas que você pode comprar no mercado e as 12 milhões de coisas que você pode encomendar na Amazon. Faça uma lista de tudo a que você tem acesso, graças à inovação. Conte todos os seus microprocessadores, se puder. Cada bênção deve ser recebida com ação de graças como um presente de nosso Doador radicalmente generoso.

VOCÊ FARIA A TROCA?

Em 2016, o economista e professor Donald Boudreaux deu a seus alunos um ultimato: continuar vivendo suas vidas medíocres atuais ou trocá-las pela vida do primeiro bilionário dos Estados Unidos em 1916, o magnata do petróleo John D. Rockefeller. Seu patrimônio líquido de US$ 1 bilhão em 1916 se traduz em US$ 23 bilhões atuais — mais dinheiro do que você poderia gastar, todo seu. Atraente?

Com tamanha riqueza, você poderia possuir grandes casas em todo o país, até mesmo sua própria ilha particular. Mas em 1916 não havia jatos particulares. Chegar a cada casa exigiria viajar por dias em um vagão particular sem ar-condicionado. Você pode desfrutar de ar-condicionado em suas casas, mas em nenhum outro lugar — nem em bancos, lojas, no escritório ou nas casas de seus amigos. Seu motorista poderia levá-lo pelas cidades em um cupê ou uma limusine, mas o passeio seria lento e relativamente desconfortável. As estradas eram irregulares e as falhas mecânicas atormentavam até mesmo os deslocamentos mais básicos.

Você poderia colocar sua visão no horizonte e viajar pelo mundo em navios lentos, mas levaria uma semana ou mais em mar aberto para chegar a qualquer lugar. Como a pessoa mais rica do país, você pode suportar condições de vida precárias para viajar pelo mundo e saborear a culinária internacional. Mas nenhuma dessas iguarias estaria disponível em casa. Mesmo para você, a comida seria principalmente limitada às ofertas locais. Restaurantes de gastronomia internacional não existiam.

Sua casa teria rede elétrica, mas não havia muito o que fazer com a energia. Além de lâmpadas e torradeiras, poucos eletrodomésticos estavam disponíveis. Não havia estações de rádio, nem televisores. Você teria uma bela coleção de discos, mas todos em mono e com ruídos. Você poderia construir um cinema particular, mas haveria apenas alguns filmes mudos para assistir, supondo que você pudesse encontrar exemplares deles para vender. Seu telefone seria conectado a uma parede. Você poderia comprar os melhores relógios do mundo, mas eles eram mais bonitos do que precisos.

A farmacologia e os procedimentos médicos eram rudimentares. Antibióticos não estavam disponíveis, nem mesmo para você. Mesmo uma pequena infecção poderia ameaçar sua vida. Um em cada dez bebês morria no primeiro ano de vida, uma estatística que se aplicaria aos filhos nascidos de sua esposa e suas filhas. Procedimentos dentários não poderiam salvar seus dentes. Dentaduras seriam inevitáveis. Não havia lentes de contato.

"Honestamente, eu não ficaria nem remotamente tentado a deixar minha vida em 2016 para me tornar um bilionário em 1916", diz Boudreaux. Ao contrastar os confortos, "quase todo americano de classe média hoje é mais rico do que o homem mais rico da América há apenas 100 anos".[95] Nossos jatos seguros, carros confiáveis, telefones inteligentes, opções médicas, eletrodomésticos, streamings de vídeo, música digital, confortos infinitos e incontáveis bens de consumo elevaram cada um de nós a uma riqueza tecnológica além da imaginação mais louca de Rockefeller.}

A RESPOSTA

Então, o urânio foi espalhado na criação acidental ou intencionalmente? A energia atômica foi colocada em nossas mãos por acaso ou de propósito? Deus se esqueceu de esconder as reservas de petróleo a uma profundidade suficiente para mantê-las fora de nosso alcance? Alguém se esqueceu de tornar este lugar seguro para crianças?

As tecnologias em nossas mãos surgem a partir dos padrões da Terra. O Criador controla as matérias-primas colocadas no solo para descobrirmos e as usarmos. Ele controla as leis naturais das tecnologias que criamos. Ele nos dá cientistas que exploram os padrões e inovadores que aplicam os padrões em novas tecnologias para nós usarmos. O processo funciona porque segue a voz do Criador.

Deus faz as coisas do nada. Fazemos coisas com o que está disponível. Ele é soberano; nós somos limitados. No entanto, conseguimos inventar potentes inovações. Temos poderes multiplicados à nossa disposição para atender a muitas de nossas necessidades e desejos. Mas a tecnologia não pode resolver nossa maior necessidade.

---

[95] Don Boudreaux, "Most Ordinary Americans in 2016 Are Richer Than Was John D. Rockefeller in 1916", *cafehayek.com* (20/2/2016).

O QUE A TECNOLOGIA NUNCA PODERÁ CONQUISTAR?

Deus codificou todas as possibilidades tecnológicas na ordem criada. E dentro de cada um de nós ele codificou o desejo de transcendência. Deus "pôs a eternidade no coração do homem", o que significa que estamos sempre procurando por mais (Ec 3.11). Este mundo nunca é o suficiente. Portanto, não surpreende que o primeiro esforço humano tenha sido construir uma torre até o céu, para entrar nos céus, viajar para o espaço. Estamos programados para construir torres altas e disparar foguetes enormes para transcender este planeta.

A motivação para tal aspiração está por toda parte. Em uma recente noite de primavera, minha família ficou no quintal para admirar a noite de céu claro. A maior superlua do ano estava em seu maior brilho e tamanho, como um holofote no céu — a criação de Deus, brilhando radiante no escuro. Cerca de quinze minutos depois, olhamos na direção oposta e vimos a Estação Espacial Internacional cruzar o céu a 27 mil km/h, 400 mil metros acima do nosso quintal.[1] A glória de Deus brilhando nos céus à minha direita. A glória do homem zunindo pelo céu à minha esquerda.

Em 1958, os soviéticos colocaram o primeiro satélite no espaço. Pela primeira vez, a humanidade podia olhar para o alto e dizer que possuía um dispositivo tecnológico nos céus. O Sputnik despertou a esperança de que um dia nós, humanos, poderíamos escapar do confinamento desta Terra e, uma década depois, Neil Armstrong e Buzz Aldrin pisaram com suas botas na poeira da lua. A Apollo 11 capturou a atenção do mundo. As viagens espaciais atingiram alturas dignas de Babel, juntando as aspirações coletivas da humanidade. Finalmente, alguns disseram, o homem poderia abandonar os velhos mitos tradicionais desta Terra e alcançar novos planetas. O homem poderia descartar os antigos rituais religiosos datados e buscar a imortalidade por meio de descobertas científicas e viagens espaciais.[2]

Momentos após o pouso da Apollo 11 na lua, um animado romancista de ficção científica viu o lançamento da paz mundial. Ray Bradbury pensou que o foguete reuniria a humanidade. "Porque, quando nos movermos para o

---

1 Na noite de 7/4/2020.
2 Sobre o espanto cativante das viagens espaciais contra a monotonia da religião, culminando na desilusão de não encontrar nada na lua, veja "Moondust", episódio 7 da 3ª temporada de *The Crown*, produzido pela Netflix, de 17/11/2019.

mistério, quando nos movermos para a solidão do espaço, quando começarmos a descobrir que realmente somos três bilhões de pessoas solitárias em um mundo pequeno, acho que isso vai nos aproximar muito mais", Bradbury disse para Mike Wallace na televisão. As viagens espaciais movimentariam a humanidade de maneiras que só a guerra conseguia fazer anteriormente:

> Sempre desejamos algo para gritar e pular para cima e para baixo. E a guerra é um ótimo brinquedo para isso. Homens e meninos adoravam a guerra. Eles fingiam às vezes que não, mas adoravam. Agora encontramos um amor maior, que pode nos unir, que pode fundir toda a raça humana em uma massa sólida de pessoas seguindo um único ideal. Então, vamos usar isso. Vamos nomear este ideal e vamos eliminar a guerra porque o inimigo adequado está diante de nós. Todo o universo não se importa se existimos ou não, mas nós nos importamos se existimos. Agora nomeamos o universo como o inimigo e saímos para lutar contra ele. Aí está o grande inimigo. E essa é a guerra certa a se travar.[3]

Ao vivo na TV, a humanidade assistiu à primeira caminhada na lua. Mas ela não unificou as nações. Nem ela, nem outras descobertas cósmicas desde então. Em várias missões espaciais, os astronautas experimentaram o que é chamado de "efeito panorama",[4] o choque metafísico de se distanciar da Terra e voltar o olhar para ver nosso globo giratório como

---

3 Tony Reinke, "Ray Bradbury on Space Travel", tonyreinke.com (28/1/2020).
4 "Overview effect", no original [N.T.].

um todo — uma unidade sem fronteiras, protegida por uma atmosfera fina, e cercado por um vasto vazio de escuridão em todas as direções. O "efeito panorama" faz com que os astronautas questionem as guerras territoriais e as tensões internacionais da humanidade. Se todos pudessem ver a Terra do espaço, dizem eles, poderíamos viver em paz. A NASA pode oferecer "experiências místicas extremamente caras aos astronautas", mas esse frenesi nunca se traduz em paz mundial.[5] De longe, o mundo parece pacífico, mas é abalado pela discórdia humana localizada.

É verdade que, desde que o homem pisou na lua, não houve guerras mundiais. Mas essa relativa paz global se deve à ascensão da economia do conhecimento, diz Harari. À medida que a ciência e a inovação se tornaram os recursos mais lucrativos de uma nação, as guerras tornaram-se mais limitadas às poucas regiões onde ainda há economias baseadas em materiais. As guerras de hoje têm maior probabilidade de acontecer perto dos campos de petróleo do Oriente Médio ou das minas de coltan de Ruanda. Mas, para muitos países, o conhecimento humano é seu maior tesouro. E não é possível invadir uma nação com tropas de infantaria para saquear seu conhecimento.[6]

O que é mais drástico do que uma guerra mundial é que o próprio planeta está morrendo e se tornando um problema para o futuro da humanidade. Ou ao menos foi o que nos disseram. Ainda assim, há um otimismo nos exploradores espaciais de hoje como Elon Musk. Quando perguntado: "O que

---

[5] Wendell Berry, *Essays 1993–2017*. Nova Iorque: Library of America, 2019, p. 140.
[6] Yuval Noah Harari, *Homo Deus: A Brief History of Tomorrow*. Nova Iorque: Random House, 2017, p. 14–21.

tornará o mundo um lugar melhor?", ele respondeu: "Acordar de manhã e esperar um futuro em que seremos uma civilização espacial, entre as estrelas, é muito emocionante. Ao passo que, se você soubesse que estamos para sempre confinados à terra, isso seria muito triste".[7] Criar uma nova arca na forma de um foguete SpaceX para nos levar a Marte não é um hobby para Musk. De acordo com seu biógrafo, Marte é o "objetivo maior" e o "princípio unificador de tudo o que ele faz".[8]

As viagens espaciais fazem tecnólogos se levantarem da cama pela manhã. Elas despertam nossa criatividade. Elas unificarão a humanidade, acabarão com as guerras e trarão felicidade e significado às nossas vidas. Elas darão à humanidade uma cápsula de fuga antes que nossos oceanos fervam, nossas rochas se evaporem e nosso planeta seja sugado pelo sol. São a nossa única esperança de nos salvar deste planeta falido. Pela viagem espacial nos salvaremos.

Estas são as esperanças tecnológicas do homem. Temos grande confiança em foguetes.

Mas, mesmo quando Neil Armstrong deu seu "grande salto para a humanidade", John Updike relatou o momento em um romance desta maneira:

> O noticiário das seis só fala sobre espaço, só fala sobre vazio: algum careca brinca com brinquedinhos para mostrar as manobras de encaixe e desencaixe e depois debatedores falam sobre o significado disso para os próximos quinhen-

---

[7] "Joe Rogan Experience #1169—Elon Musk", podcast PowerfulJRE, youtube.com (7/9/2018).

[8] Ashlee Vance, *Elon Musk: Tesla, SpaceX, and the Quest for a Fantastic Future*. Nova Iorque: HarperCollins, 2015, p. 16.

tos anos. Eles continuam mencionando Cristóvão Colombo, mas só o que eu vejo é exatamente o oposto: Colombo rumou às cegas e atingiu algo; esses caras veem exatamente onde eles estão mirando e é um grande nada.[9]

Estamos cercados por algo entre 100 bilhões e dois trilhões de galáxias em um espaço físico que se estende por pelo menos noventa bilhões de anos-luz. Dentro dessa extensão insondável chamamos de uma pequena bola azul de lar. Podemos nos impulsionar a 40.000 km/h até outra rocha enorme, mas lá encontraremos apenas outra rocha — outro nada grande e redondo, outra lembrança da desolação e do vazio. Para alguns, esses novos globos são telas em branco para a autoconstrução humana. Contudo, mesmo com esse desejo de transcendência dentro de nós e mesmo na ambição de viajar pelo espaço, encontramos mais escuridão.

Fora de Deus, as viagens espaciais nos lançam em um vazio crescente que continua a se expandir na velocidade da luz. Ao olharmos através de telescópios, nos deparamos repetidamente com um horizonte infinito de globos grandes, inexplorados e desolados. Quanto mais fundo examinamos a escuridão do espaço sideral, mais encontramos solidão e isolamento.

SALMO 20

Como foguetes aparafusados a um ônibus espacial, os corações humanos se agarram à inovação para encontrar esperança para o futuro. Vemos essa esperança equivocada no enredo da exploração espacial, e também a vemos nas Escrituras.

---

[9] John Updike, *Rabbit Redux*. Nova Iorque: Random House Trade, 1971, p. 23.

Para entender por que a humanidade é tão suscetível à confiança tecnológica, vamos para o Salmo 20, escrito pelo rei Davi, o mestre tecnólogo. Lembre-se de seu famoso encontro com Golias em 1 Samuel 17, não um confronto entre uma máquina de guerra e um pastor sem tecnologia, mas sim a história de uma máquina de guerra reforçada contra um franco-atirador cheio de fé e tecnologia. Davi era o franco-atirador e sabia como amplificar o poder do braço humano com uma funda. Mas, quando Davi escreveu o Salmo 20, ele era um homem adulto, bem treinado na técnica de espada e armadura, um rei célebre liderando seu exército para a guerra.

Deixe-me preparar você para o Salmo 20. Em uma manhã normal de domingo na minha igreja, quando você entra pela porta da frente, recebe um boletim de uma página, impresso com a ordem do culto e leituras responsivas, a liturgia matutina. O Salmo 20 é assim. Especificamente, é um boletim para uma reunião especial da congregação no templo para adorar e orar nos momentos finais antes que o rei e o exército de Israel sejam enviados para a guerra.[10]

Assim, o rei e seus soldados estão equipados para a guerra, portando armaduras e brandindo espadas. Contudo, antes de partirem, todos se reúnem no templo para buscar o favor de Deus. A congregação começa a cantar junto, sobre o rei e o exército, nos versículos 1–5.

> ¹O Senhor te responda no dia da tribulação;
> o nome do Deus de Jacó te eleve em segurança.

---

10 Por este esboço estou em dívida com Derek Kidner, *Salmos 1–72: Introdução e comentário* (Série Cultura Bíblica, vol. 14ª). São Paulo: Vida Nova, 1980, p. 119.

²Do seu santuário te envie socorro
    e desde Sião te sustenha.
³Lembre-se de todas as tuas ofertas de manjares
    e aceite os teus holocaustos.
⁴Conceda-te segundo o teu coração
    e realize todos os teus desígnios.
⁵Celebraremos com júbilo a tua vitória
    e em nome do nosso Deus hastearemos pendões;
    satisfaça o SENHOR a todos os teus votos.

A canção e o apelo da congregação para que Deus traga a vitória termina aqui. Em seguida, o rei — o próprio rei Davi, autor deste salmo — levanta-se para dirigir-se à assembleia do templo com um cântico de confiança centrada em Deus. Aqui está o que ele declara ao Senhor no versículo 6.

⁶Agora, sei que o SENHOR salva o seu ungido;
    ele lhe responderá do seu santo céu
    com a vitoriosa força de sua destra.

O Salmo 20 é a declaração de confiança do rei no governo soberano de Deus sobre a guerra. E é verdade apesar das diferenças espaciais. Na expansão do universo e em qualquer distância que haja entre nós e Deus em "seu santo céu" — Yahweh está próximo (v. 6). O Deus infinito do universo não é impedido por limites físicos. Ele é onipresente. Ele está sempre com seu povo. Poderíamos colonizar Marte, e ele está lá. Ele está presente no céu, está presente na terra e está presente em cada uma das bilhões de galáxias. Ele não está limitado pelo tempo e espaço. Poderíamos viajar anos-luz no espaço profundo e, de seu santo céu, ele estaria tão presente para nós quanto está em seu templo (1Rs 8.29; Sl 139.7-10; Jr 23.23-24).

Entretanto, Deus também é nosso invencível Redentor. Ele está ao mesmo tempo perto de nós e, ainda incontestável, no céu. Deus está tão fora do alcance da rebelião coletiva da humanidade que não é tocado pela torre de Babel. Ele existe em luz inacessível, nem um pouco ofuscada pelos avanços tecnológicos de qualquer época. E, no entanto, ele também está perto.

A partir dessa teologia — de nosso conhecimento do Deus soberano, seguro, gracioso e onipresente —, permanecemos confiantes diante de toda tecnologia bélica humana. Davi proclama sua convicção nos versículos 7-8.

> ⁷Uns confiam em carros, outros, em cavalos;
> nós, porém, nos gloriaremos em o nome do SENHOR,
> nosso Deus.
> ⁸Eles se encurvam e caem;
> nós, porém, nos levantamos e nos mantemos de pé.

Então Davi recua do palco central, e toda a congregação termina o evento pré-guerra no versículo 9.

> ⁹Ó SENHOR, dá vitória ao rei;
> responde-nos, quando clamarmos.

Que cena!

Agora vamos voltar ao solo que Davi faz sobre máquinas de guerra nos versículos 7 e 8. Alguns confiam em carros e outros em cavalos. Carruagens puxadas por cavalos "representavam os mais poderosos recursos militares disponíveis na antiga prática de guerra do Oriente Próximo".[11] Carruagens eram o equivalente de um tanque naquela época, o recurso mais poderoso em um arsenal de guerra. Podemos recordar Isaías 54 e perguntar: quem fez o cavalo de guerra? Deus fez. E quem fez o fabricante da carruagem e o cavaleiro da carruagem? Deus fez. Ele ordenou o fabricante da carruagem, o cavaleiro da carruagem e o cavalo da carruagem, todos para seus próprios propósitos. Das antigas carruagens de guerra de Davi ao F–22 Raptor, Deus é soberano sobre todas as superpotências da inovação humana.

CONFIAMOS EM MÁQUINAS

Então, se tudo isso é verdade, se Deus é realmente *tão* soberano assim sobre todas as tecnologias, então talvez — *talvez* — possamos concluir que devemos confiar nessas tecnologias, afinal. Pois, se Deus está por trás de sua origem, podemos, portanto, "redimir" esses poderes para proteger o povo de Deus? Essa conclusão seria um erro enorme. Isso é pensar como as nações. Diante das máquinas de guerra, o que os reis fazem? Eles pegam para si o máximo que podem. Eles estocam poder. E, no entanto, em forte contraste, os reis de Israel são expressamente proibidos de estocar máquinas de guerra na forma de cavalos (veja Dt 17.16). O versículo 7

---

11 Peter C. Craigie, *Psalms 1–50* (Word Biblical Commentary, vol. 19). Nashville, TN: Nelson Reference & Electronic, 2004, p. 187.

do Salmo 20 nos mostra uma outra confiança, um contraste: a confiança do mundo contra a confiança do povo de Deus. "*Uns confiam* em carros [...] *nós, porém, nos gloriaremos* em o nome do Senhor".

O mundo se vale da falsa confiança na riqueza, no poder e na força militar. A sociedade caminha com a arrogância antinatural da autossuficiência: "Nada é impossível para nós!" Não é assim com o povo de Deus. Nossa suprema confiança está em Deus. A autoconfiança carnal ignora Deus. Confiar somente em Deus é a morte da vã autoconfiança, o colapso da confiança tecnológica artificial. Assim, o salmista, diante da guerra, nos exorta a abandonar toda confiança que nos impede de colocar nossa confiança exclusiva em Deus.

Se parece estranho confrontar o poder militar contra a fé religiosa — alguns confiam em mísseis balísticos e alguns confiam em Cristo —, essa contradição não é estranha ao salmista. A coleção de máquinas de guerra de qualquer nação — suas bombas, munições e mísseis — rapidamente se tornam a esperança e a segurança do povo, especialmente em tempos de guerra. Essa urgência de nível religioso se percebe na competição global para encolher chips de computador. Apenas chips menores e mais rápidos podem executar uma IA poderosa, uma das principais preocupações de segurança nacional na rivalidade entre a China e os Estados Unidos. A IA pode desencadear milhares de ataques simultâneos a um inimigo, muito além do alcance e da velocidade da resposta humana. Por sua vez, a autodefesa de uma nação deve se tornar ainda mais super-humana. A IA se tornará mais poderosa nas mãos da primeira nação a dominar o mercado dos chips mais rápidos do mundo.

Sempre que as inseguranças abalam uma nação, seus líderes agarram-se à tecnossegurança. Eles se voltam para um salvador. Quando a vida é incerta, a palavra de Deus nos lembra de confiar na segurança de Deus, não no arsenal do homem. "O cavalo prepara-se para o dia da batalha, mas a vitória vem do Senhor" (Pv. 21.31). Aqueles que buscam a vitória em cavalos e em carros de guerra "não atentam para o Santo de Israel, nem buscam ao Senhor!" (Is 31.1). Essa é a grande falha do homem. É Deus quem pode dar a vitória e que pode trazer o desastre. Mesmo com seus arsenais carregados, todas as superpotências humanas são carne falível. Deus é Espírito eterno (Is 31.1–3). Máquinas de guerra são falsos salvadores (Sl 33.17).

E, no entanto, apesar dessas advertências, "os americanos idolatram a tecnologia", admitiu o escritor de ficção científica Max Brooks. "É uma característica inerente ao *zeitgeist* nacional. Quer percebamos ou não, mesmo o ludita mais inveterado não pode negar a proeza tecnológica do nosso país. Dividimos o átomo, alcançamos a lua, enchemos cada casa e empresa com mais aparelhos e engenhocas do que os primeiros escritores de ficção científica sequer poderiam ter sonhado".[12] Sim, e quando os Estados Unidos ficaram para trás do mundo nas telecomunicações, foi apenas uma questão de tempo até assumir a liderança global com o lançamento do

---

12 Max Brooks, *World War Z: An Oral History of the Zombie War*. Nova Iorque: Broadway Paperbacks, 2006, p. 166.

iPhone.[13] Então, quando Kevin Kelly procurou comunidades semelhantes aos Amish em todo o mundo, ele não encontrou nada. Ele não conseguiu encontrar outra sociedade intencionalmente tecnominimalista em larga escala e em andamento fora da América do Norte. Por que não? Porque, "fora da América tecnológica, a ideia parece loucura".[14] Toda sociedade busca falsos salvadores na forma de cavalos, carruagens, torres, robôs, foguetes ou drones. Mas os Estados Unidos levam o culto à tecnologia a novos patamares.

O EVANGELHO DA TECNOLOGIA

A humanidade pode se tornar secular, mas nunca deixa de ser religiosa. O Salmo 20 nos lembra que a tecnologia humana é mais do que a soma de seus poderes mecânicos. A tecnologia de guerra sempre tem a ver com fé — fé *em* alguma coisa. A tecnologia busca preencher um vazio espiritual em nós, nos fazer sentir seguros. Em todas as suas esperanças e aspirações grandiosas, a tecnologia moderna ecoa a idolatria de Babel, ampliada um milhão de vezes no que chamo de "Evangelho da Tecnologia".

O Evangelho da Tecnologia, como o evangelho de Jesus Cristo, opera por sua própria cosmovisão e tem seu próprio entendimento de criação, queda, redenção, fé, ética, escatologia — seu próprio *telos* e objetivo. O escopo completo de nossos salvadores tecnológicos tomaria um livro inteiro. Então, aqui está apenas um esboço.

---

13 Vance, *Elon Musk*, p. 350–51.
14 Kevin Kelly, *What Technology Wants*. Nova Iorque: Penguin, 2011, p. 231.

O Evangelho da Tecnologia começa com a origem do homem na evolução. O homem veio do nada e não presta contas a ninguém. Ele vem se aprimorando há bilhões de anos e continuará a se autocriar por milhões de anos no futuro. Ao longo da história humana, a natureza tornou-se um dos nossos principais inimigos, uma força que quer matar nossa espécie com desastres e doenças. Resistimos ao impulso mortífero da natureza controlando a própria natureza. Buscamos subjugar e controlar até mesmo o universo vazio como um novo lugar de autopreservação.

Essa cosmovisão sem Deus, sem alma e evolucionária, movida por acaso e probabilidade, empurra a esperança humana para os poderes da ciência, da técnica e das máquinas. As pessoas não procuram mais a perfeição no divino, mas no *technium*, colocando todo o progresso nas mãos dos tecnólogos. Mesmo nas primeiras feiras mundiais, quando os inventores se gabavam dos recém-descobertos poderes da eletricidade, essa tecnologia elétrica era apresentada em exposições para contrastar a nova iluminação com a fabricação primitiva de fogo e a habitação em cavernas — para colocar os novos avanços eletrificados do homem dentro de um contexto de avanço darwiniano.[15] O progresso tecnológico é simplesmente o próximo passo na evolução do homem.

De acordo com o Evangelho da Tecnologia, não há queda humana em pecado, apenas impedimentos para a ascensão do homem. A luta é contra o controle sobre mim, minha imagem, meu corpo, meu gênero, meu espaço de vida, minha

---

15 David E. Nye, *Electrifying America: Social Meanings of a New Technology, 1880-1940.* Cambridge, MA: MIT Press, 1990, p. 35–36.

expressão sexual, meu tempo de vida, minha produtividade, meu potencial. O que quer que impeça a autodeterminação deve ser eliminado. Em última análise, o inimigo é aquilo que se intromete na autonomia de cada pessoa e a oposição pode ser derrotada por meio da inovação.

As esperanças da humanidade se estendem até mesmo à manipulação da genética de seus descendentes, em uma corrida pela sobrevivência dos mais adaptados tecnologicamente. As esperanças da humanidade lutam contra os limites da vida. Em uma corrida pela sobrevivência dos mais adaptados via tecnologia, os pais logo começarão a refinar sua prole com genética avançada. E a ciência antienvelhecimento está se desenvolvendo rapidamente no campo dos senolíticos, descobrindo maneiras de prolongar a vida, eliminando do corpo envelhecido suas células "zumbis" para manter o corpo jovem.[16] Muitos avanços médicos nos ajudarão a cuidar de nossos corpos e podemos comemorá-los. Mas, na medida em que o bem-estar, a nutrição e a atividade física se tornam uma forma de autossalvação, um substituto para Deus, o bem-estar se torna um ídolo, um falso evangelho.[17]

Assim, o tecnólogo cria uma espécie de redenção. A tecnologia médica se torna soteriologia e o corpo se torna um templo do evangelho do bem-estar. Você quer filhos apenas se forem saudáveis e talentosos? A genética pode ajudá-lo a prever e abortar fraquezas. Você procura um novo gênero? A tecnologia moderna torna possível desfazer ou refazer seu

---

16 Amy Fleming, "The Science of Senolytics: How a New Pill Could Spell the End of Ageing", theguardian.com (2/9/2019).

17 Kevin J. Vanhoozer, *Hearers and Doers: A Pastor's Guide to Making Disciples through Scripture and Doctrine*. Bellingham, WA: Lexham Press, 2019, p. 20.

gênero, pelo menos a nível externo, aparentemente. De muitas maneiras, a era tecnológica corrói importantes distinções biológicas entre homens e mulheres, relativiza o gênero, torna as diferenças sexuais maleáveis e, em última análise, elimina o valor da família nuclear.[18]

Tradicionalmente, a medicina nos oferecia o curativo, o paliativo e o preventivo. Agora, nos oferece o aumentativo. A tecnologia médica e a tecnologia digital estão se fundindo. As interfaces entre cérebro e máquina não são mais coisa de livros ou filmes de ficção científica. Como Neo conectado à Matrix, a atividade neurológica humana agora pode ser conectada a receptores digitais, com a intenção humana traduzida em sinais digitais em tempo real. A empresa de Elon Musk, Neuralink, faz isso inserindo minúsculos fios de metal flexíveis na superfície do cérebro. Mais comumente, interfaces neurais não invasivas serão usadas como pulseiras de leitura da mente. Graças a esses novos poderes telecinéticos, talvez um dia possamos esquecer teclados, mouses e telas sensíveis ao toque. Controlaremos nossos mundos digitais por meio de comandos verbais ou intenção silenciosa.

Se as previsões estiverem corretas, um dia nossa matéria neurológica será duplicada em um clone mental — uma leitura digital do armazenamento do cérebro, ou um cérebro digital aumentado que assiste e ouve tudo o que dizemos e fazemos para criar um banco de dados digital inesquecível de memórias (e talvez até uma consciência digitalizada que se tornará nosso eu eterno).

---

18 Veja a história em Carl Trueman, *The Rise and Triumph of the Modern Self*. Wheaton, IL: Crossway, 2020, p. 225–264.

Todo esse progresso vem com uma ética embutida. Cultura tecnológica é cultura de aceleração, na qual a otimização se torna seu próprio fim. Tudo gira em torno de proficiência e poder. O biohacking é feito para nos tornar fisicamente mais fortes e cognitivamente mais rápidos. É o custo humano da economia de aceleração. Do lado da produção da nossa economia, as tecnologias são chamadas a fazer mais coisas, mais baratas e mais rápidas. O consumismo impulsiona o crescimento econômico e a cultura de aceleração reforça a si mesma. Ninguém pergunta o porquê. A questão é ignorada enquanto a velocidade e a eficiência continuarem avançando. Em outras palavras, aqui "o mandamento do amor é substituído pelo mandamento da eficácia e da eficiência".[19] O Evangelho da Tecnologia alimenta a cultura da aceleração, mas, em última análise, é uma aceleração sem rumo a lugar nenhum.[20]

O Evangelho da Tecnologia também prega o conforto. Faça o que for preciso, adote o que for necessário para preservar sua própria segurança e conforto neste mundo. Sinta-se o mais confortável possível. Minimize os riscos. Isole-se do que você não conhece e do que não pode controlar. Autopreservação a qualquer custo.

No final, o Evangelho da Tecnologia é a sobrevivência do mais apto. Ele tem vencedores e perdedores, os usuários e os usados, os adeptos e os ingênuos, os programadores e

---

19 Egbert Schuurman, *Technology and the Future: A Philosophical Challenge*. Grand Rapids, MI: Paideia Press, 2009, n.p.
20 Hartmut Rosa, *Social Acceleration: A New Theory of Modernity*. Nova Iorque: Columbia University Press, 2015.

os programados.[21] Embora a igualdade possa ser um ideal, a desigualdade é inevitável.

Como a tecnologia explora esperanças e aspirações transcendentes, algumas definições estão começando a surgir. Em termos teológicos, o Evangelho da Tecnologia tem uma escatologia, um objetivo final. E ela se ramifica em duas formas distintas, a encarnada e a desencarnada.

Primeiro, uma forma do objetivo da tecnologia é uma encarnação totalmente aumentada. Por exemplo, o biohacking CRISPR promove o objetivo final da evolução, da busca da humanidade por uma espécie pós-humana superior. Se podemos imaginar um mundo de dinossauros e nossa superioridade intelectual a eles, pense em um lugar em que a humanidade atual fosse substituída por uma espécie sobre-humana e a humanidade não modificada (o que consideramos vida "normal" agora) fosse preservada apenas em museus. O pós-humanismo ostentará uma espécie de super-humanos, uma nova raça de neo-nefilins, tão maravilhosa que superará a humanidade primitiva em todos os sentidos, tão excelente que se tornará uma nova raça de seres. A tecnologia genética já está escalando essa trajetória transumana. O homem agora pode editar óvulos, espermatozoides ou embriões na engenharia genômica, uma tentativa de editar mudanças de DNA em uma linhagem. Ele buscará regenerar-se através de bebês "desenhados", geneticamente fabricados e, eventualmente, por crianças criadas ectogeneticamente, fora do útero, todas purificadas de doenças, defeitos e impurezas.

---

21 Douglas Rushkoff, *Program or Be Programmed: Ten Commands for a Digital Age*. Nova Iorque: Soft Skull, 2011.

Mas uma segunda forma dessa escatologia é a desencarnada. O transumanismo é a promessa de que um dia o homem evoluirá finalmente e completamente a ponto de encontrar uma maneira de escapar dessa existência biológica, não apenas com uma conexão neurológica no mundo digital, mas com uma transferência completa da consciência humana do cérebro para uma cognição digitalizada. A tecnologia promete um dia exumar nosso poder cerebral dessa confusão moribunda de células biológicas que chamamos de corpo.

O pós-humanismo encarnado ou o transumanismo desencarnado são as aspirações dos futuristas tecnológicos. A sociedade tecnológica busca a autotransfiguração, uma nova criação fabricada e uma escatologia autônoma.[22]

A evolução tornou-se autoevolução. Em meados do século passado, com toda a inovação que o homem reuniu na Revolução Industrial, ficou claro que a evolução não era mais uma força sutil, lenta e invisível guiando o homem por bilhões de anos. O homem havia tomado as rédeas de sua autotransfiguração. Em 1969, Victor Ferkiss chamou o homem de "animal tecnológico", a primeira criatura a fazer da mudança tecnológica "o fator fundamental na evolução humana". A evolução é autodirecionada. "Somente o homem evoluiu culturalmente a ponto de conscientemente poder alterar radicalmente seu ambiente físico e sua própria constituição

---

22 "A escatologia autenticamente cristã precisa ser distinguida do que poderíamos chamar de futurismo, que atribui papéis e prevê resultados no que não é mais do que um tipo de tecnologia escatológica". John Webster, *Word and Church: Essays in Christian Dogmatics*. Nova Iorque: T&T Clark, 2001, p. 274.

biológica".²³ Quarenta anos depois, Kevin Kelly chamou a tecnologia de "a força mais poderosa que foi desencadeada neste planeta em tal grau que acho que se tornou quem somos. Na verdade, nossa humanidade e tudo o que pensamos sobre nós mesmos é algo que inventamos. Nós inventamos a nós mesmos".²⁴ A evolução nos trouxe aqui: ao ápice da autoevolução humana, desenvolvida ao longo de bilhões de anos; o homem tecnológico. Ele nunca vai parar de se reinventar, se refazendo em algo tão glorioso e superior que só podemos chamá-lo de pós-humano.

O EVANGELHO VERSUS O EVANGELHO DA TECNOLOGIA

Se todas as aspirações do Evangelho da Tecnologia parecem novas, não são. Em julho de 1945, C. S. Lewis publicou um romance distópico de ficção científica para explorar esse mesmo impulso transumanista no homem. O título, *Aquela fortaleza medonha*, é uma referência à ambição de Babel. O transumanista do romance, dr. Filostrato, busca um mundo em que a morte é superável e a consciência humana é exumada de todos os limites biológicos. Ele está em guerra contra a confusão da vida biológica. O médico trabalha para a "conquista da morte. Ou para a conquista da vida orgânica, se você preferir", nas palavras do dr. Filostrato. "A morte e a vida orgânica são a mesma coisa. É para tirar o Novo homem daquele casulo de vida orgânica que abrigou a infância

---

23 Victor C. Ferkiss, *Technological Man: The Myth and the Reality*. Nova Iorque: Braziller, 1969), p. 27.
24 Kevin Kelly, "Technology's Epic Story", ted.com (Nov/2009).

da mente. O Novo homem é o homem que não vai morrer, o homem artificial, livre da Natureza".[25]

Um mês após o lançamento do romance de Lewis, os Estados Unidos lançaram uma bomba atômica sobre Hiroshima, e o homem foi lembrado de que a vida eterna é uma conquista muito mais difícil do que a morte em massa. Dominamos o poder de massacrar. Alguns dias depois dos bombardeios, George Orwell refletiu sobre o romance. "De fato, no momento em que uma única bomba atômica — de um tipo já declarado 'obsoleto' — acaba de explodir provavelmente trezentas mil pessoas em fragmentos, ele parece muito atual. Muitas pessoas em nossa época alimentam os monstruosos sonhos de poder que o sr. Lewis atribui a seus personagens, e estamos às portas do tempo em que tais sonhos serão realizáveis".[26] Simultaneamente, a ciência libera novos poderes para destruir a vida e os novos sonhos de nos tornarmos seres eternos.

Mas, apesar de todo o seu poder crescente, o Evangelho da Tecnologia está em confronto com o evangelho de Jesus Cristo. Para que a tecnologia alcance suas esperanças escatológicas finais, ela deve colocar Cristo de lado. E agora pode fazer isso, segundo o historiador futurista Yuval Noah Harari. "Não precisamos esperar pela Segunda Vinda para vencer a morte. Alguns *geeks* em um laboratório podem conseguir isso. Se tradicionalmente a morte era a especialidade dos padres e teólogos, agora os engenheiros estão assumindo

---

25 C. S. Lewis, *Aquela fortaleza medonha*. Rio de Janeiro: Thomas Nelson, 2019, p. 234.
26 George Orwell, *I Belong to the Left: 1945, The Complete Orwell*. Londres: Secker & Warburg, 2001, p. 250–251.

seu lugar".²⁷ Um evangelho substitui o outro ao vencer a morte. A tecnologia substitui o cristianismo como uma questão de necessidade, diz o transumanista Ray Kurzweil, porque "o principal papel da religião tradicional é a racionalização mortífera — isto é, racionalizar a tragédia da morte como uma coisa boa".²⁸

Primeiro, esta é uma má interpretação do cristianismo. Nunca racionalizamos a morte. A morte é nossa adversária, nossa tirania e nosso inimigo a ser finalmente derrotado (1Co 15.26). Cremos que um dia falaremos da morte como o mito de Tanatos hoje, uma tragédia encontrada apenas em histórias antigas como *Otelo*, alguma catástrofe inimaginável de uma época passada.

Mas a morte é o principal fronte na batalha da era tecnológica. Temos esperança eterna *através* da sepultura ou *evitando* a sepultura? Esses são evangelhos opostos. Em 1939, Lewis disse que "uma esperança 'científica' de derrotar a morte é um verdadeiro rival do cristianismo".²⁹ E, no entanto, desde então, "em nenhum caso a ciência venceu a inevitabilidade da morte. O homem moderno só encontrou distrações mais fascinantes da contemplação sóbria desse fato".³⁰ A feitiçaria tecnológica distrai o homem de sua mortalidade, mas ainda não acabou com a morte.

---

27 Harari, *Homo Deus*, p. 23.
28 Ray Kurzweil, *The Singularity Is Near: When Humans Transcend Biology*. Nova Iorque: Penguin, 2006, p. 372.
29 C. S. Lewis, *The Collected Letters of C. S. Lewis* (ed. Walter Hooper). Londres: HarperCollins, 2004–2007, vol. 2, p. 262.
30 Carl F. H. Henry, *Christian Personal Ethics*. Grand Rapids, MI: Baker, 1977, p. 47.

Aqui é onde o evangelho de Jesus Cristo e o Evangelho da Tecnologia encontram um impasse. Os tecnólogos dizem que não precisamos de alguém que morreu para derrotar a morte. Tudo o que precisamos é de alguns *geeks* em um laboratório para parar o relógio da morte dentro de nossas células. O salvador da humanidade será a humanidade. Não precisamos de deuses. Precisamos de engenheiros. Estamos à beira da autorredenção. Com essa crença, fechamos o círculo e nos encontramos novamente no topo de Babel dentre uma multidão das mentes mais fortes do mundo: os super-homens autocriados prontos para invadir o céu e destronar o Deus desnecessário. Ao tomar as rédeas do desenvolvimento evolutivo, o homem está em pleno galope para realizar o sonho de Nietzsche de um mundo em que "os seres humanos são chamados a transcender a si mesmos, a transformar suas vidas em obras de arte, a ocupar o lugar de Deus não como descobridores, mas como autocriadores e inventores de significado".[31] Todos nos tornaremos *Übermensch*. Super-homens. Seres superiores. Autoinventados. Autoglorificados. Autoentronizados. Cidadãos autoimortalizados de Babel.

Para todo esse progresso tecnológico, o que é necessário? Fé. O Evangelho da Tecnologia pede apenas que confiemos no pleno controle técnico de toda a realidade. Confie nas melhorias tecnológicas. Acompanhe-as. Adote. Adapte. Não resista. Não questione. E não se preocupe se o progresso tecnológico ultrapassar a ética. Dê aos tecnólogos sua fé, ou pelo menos sua confiança cega.

---

31 Trueman, *Rise and Triumph of the Modern Self*, p. 41–42.

DEUS EX MACHINA

A tecnologia se torna uma religião enraizada em um desejo cada vez mais profundo de controlar tudo em nosso mundo e nós mesmos. "Assim como há fundamentalismo religioso, há fundamentalismo técnico", escreve Paul Virilio. "O homem moderno, que matou o Deus judaico-cristão, o da transcendência, inventou um deus máquina, um *deus ex machina*".[32] Um "deus vindo da máquina", um salvador tecnológico. Nossas máquinas surgirão no momento certo para nos redimir, ou assim nos prometem.

Esse evangelho tecnológico de autoevolução clama pelo fim da salvação em Jesus Cristo. A doutrina do pecado e da depravação deve desaparecer. Trinta anos antes de Lewis, Herman Bavinck sentiu no ar essa mesma tendência cultural. A ideia "de que o homem é radicalmente corrupto, deve ser salvo por Cristo e nunca pode se tornar santo e feliz por seu próprio poder é o mais desmoralizante de todos os artigos da fé cristã, e deve ser combatido e erradicado com forte determinação". Assim, desafiando o evangelho, o homem tecnológico se move em direção ao *Übermenschismo*, a autorredenção, avançando "não apenas para frente, mas também para cima, a fim de encontrar a luz, a vida, o espírito".[33] Por mais de um século, o evangelho da era tecnológica tem sido o evangelho de uma autolibertação pós-humana.

Mais recentemente, Schuurman previu: "A sociedade do futuro é uma sociedade técnica; a ética do futuro é uma ética

---

32 Paul Virilio, citado em James Der Derian, "Speed Pollution", wired.com (1/5/1996).
33 Herman Bavinck, *The Philosophy of Revelation*. Nova Iorque: Longmans, Green, 1909, p. 274.

do sistema; a religião do futuro é a expectativa de redenção técnica. A humanidade confiará, se maravilhará e adorará a tecnologia, mas não raramente também temerá os meios técnicos como deuses". A obra da criação (*bara*) "não é mais a obra de Deus, mas a obra do homem". O homem é o único criador relevante agora. A queda no pecado "não é um ato de nos tornarmos infiéis a Deus, mas um ato de nos tornarmos infiéis a nós mesmos como humanos". A redenção não é "a confissão de que Cristo restaura a comunhão com Deus, mas a convocação para que os humanos voltem a ficar de pé sobre as próprias pernas". A fé é substituída por "autoconfiança". A liberdade não é liberdade em Cristo, mas "independência absoluta". Escatologia não é receber um presente de Deus, mas dobrar o mundo conhecido à nossa vontade humana.[34] O mundo da tecnologia gera uma cultura que "não reconhece nenhum significado ou direção normativa externa."[35] O tecnicismo, nossa tentativa de controlar o incontrolável na natureza e na providência, leva a uma consequência inevitável: a incapacidade de admirar o Deus do universo, o criador da criação. O mistério perece, e os relacionamentos também. "O amor morre; a empatia, a simpatia e o contato com o outro desaparecem. O estranhamento e a solidão aumentam".[36] O Evangelho da Tecnologia é uma barganha faustiana por poder, domínio e superioridade. Rouba nossa alegria, nossa fé e nossas próprias vidas.

---

34 Egbert Schuurman, *Faith and Hope in Technology*. Carlisle, Reino Unido: Piquant, 2003, p. 53–54.
35 Egbert Schuurman, *Faith and Hope in Technology*, p. 87.
36 Egbert Schuurman, *Faith and Hope in Technology*, p. 101.

DECEPÇÃO HISTÓRICA

Os sonhos tecnoutópicos da humanidade eventualmente se transformam em pesadelos tecnodistópicos. Há uma profusão de séries de televisão e romances que mostram como as consequências de nossa tecnologia assombram cada vez mais a imaginação moderna. Mas as previsões sobre como a tecnologia nos decepcionará no futuro são baseadas em observações de como a tecnologia já nos decepcionou no passado.

Tomemos o século XIX, quando começou a era das mais radicais inovações humanas que o mundo já viu. As invenções nascidas na Era Industrial preenchem uma longa lista de dádivas que hoje tomamos como comuns: máquinas de escrever, câmeras, filmes, vídeo, rede elétrica, lâmpadas incandescentes, baterias, telégrafos, telefones, cafeteiras, máquinas de costura, escadas rolantes, elevadores, chiclete, Coca-Cola, motores a vapor de alta pressão, trens, navios a vapor, motores de combustão interna movidos a gasolina e automóveis. Que tal tudo isso em um século? E estas foram mais do que pequenas melhorias. Imagine, um dia você nunca havia feito um telefonema e no dia seguinte você pode falar com sua irmã, em tempo real, do outro lado da cidade. Você nunca viu uma foto sua, e então confere seu cabelo em uma fotografia difusa. Você nunca usou eletricidade ou viu uma lâmpada, e então você anda em Paris à noite e toda a cidade fica iluminada.

Como Smil aponta, houve grandes avanços tecnológicos nos séculos anteriores, como durante a dinastia Han na China. Mas a descoberta tecnológica se acelerou nos séculos XVIII e XIX devido a uma matriz de novos fatores. As invenções se tornaram globais e foram descobertas, propostas, adotadas e difundidas por toda a cultura ocidental mais rapidamente do que nunca na história humana. Por quê? Pela primeira vez, a inovação generalizada foi impulsionada por projeções elaboradas em ciências, matemática e física. Com base no aprendizado e na confirmação do passado, os humanos podiam imaginar novas possibilidades físicas, mesmo antes de essas possibilidades serem autenticadas em laboratórios. Pela primeira vez, os avanços tecnológicos globais estavam enraizados em teorias científicas que podiam ser consistentemente testadas, rapidamente aprimoradas e exponencialmente repetidas. O fator mais revolucionário do século XIX foi que os humanos puderam compartilhar, experimentar e melhorar coletivamente suas descobertas baseadas na ciência.[37]

Smil oferece um exemplo:

> A lâmpada de [Thomas] Edison não era um produto (como algumas caricaturas das realizações de Edison insinuam) de ajustes intuitivos de um inventor sem instrução. As luzes elétricas incandescentes não poderiam ter sido projetadas e produzidas sem combinar profunda familiaridade com a pesquisa de ponta nesse campo, conhecimentos matemáticos e físicos, um programa de pesquisa árduo apoiado por generosos financiamentos industriais, uma propaganda de vendas determinada para potenciais usuários, rápida comercialização de técnicas patenteáveis e adoção contínua dos mais recentes avanços em pesquisa.[38]

---

[37] Václav Smil, *Creating the Twentieth Century: Technical Innovations of 1867–1914 and Their Lasting Impact*. Nova Iorque: Oxford University Press, 2005, p. 7–13.
[38] Smil, *Creating the Twentieth Century*, p. 18.

Especialmente no século XIX, a ciência e a física propuseram novas possibilidades. Os inventores trouxeram essas teorias para a realidade, e as indústrias escalonaram essas realidades e continuaram a melhorá-las. O século XIX trouxe uma difusão radical da tecnologia que nunca fora vista na história da humanidade. Em vez de bugigangas feitas à mão por funileiros ou poções misturadas à mão por alquimistas, surgiu uma nova era de engenheiros químicos e físicos atômicos, de teoria dos germes e termodinâmica, e de matemáticos e cientistas que buscavam entender melhor, capturar e manipular as possibilidades mecânicas deste mundo. A tecnologia tornou-se um projeto comunitário dinâmico, levando Smil a nomear a época entre 1867 e o início da Primeira Guerra Mundial como "o maior divisor de águas técnico da história da humanidade".[39]

Outra maneira de classificar esse período é sobrepô-lo aos princípios de Isaías 28. A sorte inesperada do século XIX na descoberta científica foi consequência de muitas pessoas que encontraram novas maneiras de traçar novos padrões na criação. Com teorias objetivas, artigos científicos e experimentos simultâneos, mentes científicas de todo o mundo colaboraram para entender melhor os desígnios de Deus em sua criação. Não foi um acidente. Esse foi o plano de Deus para a ciência o tempo todo: padrões de criação descobertos, codificados e comunicados dentro de um coro de muitos

---

39 Smil, *Creating the Twentieth Century*, p. 13.

homens e mulheres, em gerações sucessivas, todos ouvindo mais claramente a instrução do Criador.[40]

Sem nenhuma surpresa, o século XIX também marcou avanços na medicina. As práticas médicas padrão de 1800 eram totalmente diferentes das de 1899. Em 1800, pensava-se que a doença era causada por um desequilíbrio dos fluidos *dentro do corpo*. Mas a prática era tão inexata que a mesma raiz de desequilíbrio poderia se manifestar em dois pacientes diferentes como doenças completamente diferentes. Em 1899, no entanto, as doenças estavam ligadas a micróbios específicos, invasores inimigos *de fora do corpo*. Em menos de um século, as soluções para a doença passaram da etiologia do desequilíbrio (exigindo a sangria) para a etiologia da invasão (exigindo antibióticos). O século viu a ampla adoção da teoria dos germes, levando a vacinas para malária, cólera, antraz, varíola, raiva, tétano e difteria. O mesmo século viu o primeiro desenvolvimento de analgésicos (aspirina), anti-sépticos (álcool antisséptico) e anestésicos (morfina). Na esteira dessas descobertas, o alvejante à base de cloro, há muito usado para fins estéticos na indústria têxtil, tornou-se o principal desinfetante.

No século XIX, tudo mudou: vida doméstica, saúde, indústria, agricultura, comunicações, viagens e navegação. Foi o maior século de avanço tecnológico já testemunhado na história mundial. A voz do Criador nunca fora ouvida tão claramente na criação. Assim, em 1900, quando o jornalista científico Edward Byrn publicou um resumo de quinhentas páginas das inovações do século XIX, ele começou com adoração:

---

40 Abraham Kuyper, *Abraham Kuyper: A Centennial Reader* (ed. James D. Bratt). Grand Rapids, MI: Eerdmans, 1998, p. 445.

A mente filosófica está sempre acostumada a considerar todos os estágios de crescimento como procedentes de processos lentos e uniformes de evolução, mas no campo da invenção o século XIX foi único. Foi mais do que um crescimento meramente normal ou um desenvolvimento natural. Foi uma gigantesca enxurrada dos recursos da engenhosidade humana, tão estupenda em sua magnitude, tão complexa em sua diversidade, tão profunda em sua lógica, tão frutífera em sua riqueza, tão benéfica em seus resultados, que a mente fica tensa e embaraçada em seu esforço para expandir-se em uma apreciação completa da mesma. Na verdade, o período parece um grande clímax de descoberta, em vez de um incremento de crescimento. Foi uma esplêndida e brilhante campanha de inteligência e energia, alcançando a mais alta realização entre os recursos mais férteis, e conduzida pelo mais forte e melhor equipamento do pensamento moderno e da força moderna.[41]

Alguns anos depois, em 1908, o teólogo Herman Bavinck, de 54 anos, relembrou esse mesmo século de descobertas, muitas das quais ele viu se desenrolar com seus próprios olhos, e escreveu: "Ainda há muitos que estão entusiasmados com a ciência e anteveem, a partir de suas aplicações técnicas, a salvação da humanidade."[42] Sim, mas o Evangelho da Tecnologia entregou o prometido nos dias de Bavinck? Aqui está sua atualização: "No final do século XIX,

---

41 Edward W. Byrn, *The Progress of Invention in the Nineteenth Century*. Nova Iorque: Munn, 1900, p. 3.
42 Bavinck, *Philosophy of Revelation*, p. 300.

a vida intelectual das pessoas passou por uma mudança notável. Embora uma série de resultados brilhantes tenha sido alcançada nas ciências naturais, na cultura e na tecnologia, o coração humano permaneceu insatisfeito".[43]

Façanhas técnicas, casas grandes, jardins frutíferos e o acúmulo de facilidades que reduzem o trabalho de iluminar, regar, lavar e limpar; tudo isso combinado não pode satisfazer a alma humana (Ec 2.4–11). Há beleza divina a ser apreciada na criação, e há criatividade divina a ser celebrada na tecnologia. Podemos ver o poder eterno e a genialidade de Deus à medida que descobrimos avanços na ciência e desvendamos mistérios na criação. Contudo, mesmo vendo as evidências de Deus, os pecadores ficam surdos para ele como seu tesouro que tudo satisfaz. Mesmo seguindo seus padrões e descobrindo suas dádivas, eles o rejeitam e se recusam a honrá-lo como Criador (Rm 1.18–32).

É assim que o Evangelho da Tecnologia funciona. Ele diz: "Venha encontrar segurança e segurança no que não é Deus, no que fizemos e inventamos". A distorção é mais velha que carruagens, mais velha que motores a vapor e muito mais velha que redes sociais e celulares com uma maçã mordida neles (um ícone para nos lembrar das falsas promessas no Éden). Essas mesmas velhas falsas promessas, pregadas no Evangelho da Tecnologia, não podem salvar nossos corpos nem satisfazer nossas almas. A inovação humana satisfaz os confortos humanos, mas deixa os corações humanos insaciados. Os pecadores estão sempre tentando fabricar um

---

[43] Herman Bavinck, *Reformed Dogmatics: God and Creation*. Grand Rapids, MI: Baker Academic, 2004, vol. 2, p. 515.

novo substituto para Deus (Jr 2.13). E a mais nova e maior substituição de Deus nunca resolve. Se você está tentando encontrar alegria na tecnologia — e não importa se é um carro novo, uma plataforma de rede social, um videogame ou um robô sexual — o Evangelho da Tecnologia drenará sua alma como uma cisterna quebrada.

Nenhuma quantidade de inovação satisfaz o coração. Na verdade, todos os avanços tecnológicos do século XIX não puderam evitar duas grandes guerras mundiais no século XX. Eu me pergunto se Bavinck vislumbrou essas guerras à frente. A história nos mostra que a descoberta científica não traz a paz mundial; só torna nossas armas mais poderosas.

A ILUSÃO DO CONTROLE

A tecnologia promete nos dar mais controle, e mais controle promete nos dar mais felicidade. Mas o desejo de controlar nossas vidas é uma promessa ilusória. Nunca estaremos no controle. Jamais nos tornaremos deuses de nada, nem mesmo de nós mesmos. As grandes empresas de tecnologia podem nos prometer mais controle, mas em pouco tempo perderão nossos dados privados, roubarão nossos sentimentos de segurança e nos deixarão mais vulneráveis do que nunca.

Na era tecnológica, podemos acumular todas as inovações científicas que nos prometem mais poder e autonomia, mas primeiro devemos parar e considerar a pergunta de Jesus: de que adianta um homem ganhar o mundo inteiro e perder sua alma (Mt 16.26; Mc 8.36; Lc 9.25)? Essa é a preocupação, especialmente porque as inovações do mundo se multiplicam. Como diz Bavinck:

> Resumindo, a agricultura, a indústria, o comércio, a ciência, a arte, a família, a sociedade, o Estado, etc.; toda a cultura pode ser de grande valor em si mesma, mas sempre que é colocada na balança contra o reino dos céus, perde todo o seu significado. A conquista do mundo inteiro de nada serve ao homem se ele perder sua própria alma; não há nada na criação que ele possa dar em troca de sua alma.[44]

Se Deus é o centro da sua vida, a tecnologia é uma grande dádiva. Se a tecnologia é sua salvadora, você está perdido. O Evangelho da Tecnologia promete simplificar nossas vidas e nos dar mais tempo livre, relacionamentos mais fortes, mais segurança e sociedades melhores. Muitas vezes, o que nos resta? Vidas mais complexas, menos tempo livre, mais solidão, mais inseguranças e mais desigualdade social.

Seres humanos são criadores e adoradores, e muitas vezes o que criamos com nossas mãos se torna o que adoramos com nossos corações (Is 44.9–20). O homem sempre foi rápido em se curvar diante do ídolo da tecnologia e sempre se encontra insatisfeito. Cristo sabia disso. Como o Criador de todas as possibilidades humanas, ele não era cientificamente ingênuo. Ele é o autor de toda a ciência! Ele "conhecia todos os segredos da natureza, a utilidade das artes humanas para o conforto do mundo, mas nunca recomendou nenhuma delas como suficiente para a felicidade".[45] Cristo criou todo o potencial humano e, no entanto, quando veio à Terra,

---

44 Bavinck, *Philosophy of Revelation*, p. 257.
45 Stephen Charnock, *The Complete Works of Stephen Charnock*. Edimburgo: James Nichol, 1864–1866, vol. 4, p. 68.

basicamente ignorou todo o reino do avanço tecnológico para nos ensinar onde encontrar a verdadeira felicidade.

Jesus Cristo não veio como cientista, astrônomo ou inventor. Ele não encarnou para nos impressionar com novos aparelhos. Ele não veio para estabelecer a ciência; ele veio para ser adorado pelos cientistas. Ele veio para nos dar um presente maior. Ele veio para nos dar a si mesmo. Ele veio como nosso Salvador.

SEM CONTROLE SOBRE A MORTE

Os cristãos são realistas. Não controlamos a morte. Não racionalizamos a morte. Olhamos a morte nos olhos e vemos que seu reinado tirânico sobre nós é a origem de todas as nossas tristezas e ansiedades. Nosso inimigo crônico não são os mísseis intercontinentais da Coreia do Norte, nem uma pandemia global silenciosa. O último inimigo que assombra cada um de nós é a sepultura (1Co 15.26). A morte é o rival que tenta atormentar cada um de nós até o fim. A morte encerra as descobertas de um cientista (Sl 88.12). E o medo da morte nos tenta a colocar cada vez mais nossas esperanças redentoras nas mãos dos tecnólogos. Mas o Vale do Silício não vai parar o relógio da morte dentro de nós. Os médicos antienvelhecimento podem nos ajudar a retardar a morte, mas não podem adiá-la. Os transumanistas não podem evitar a morte. Somente Deus pode acabar com a morte, e ele o fez na morte e por meio da morte: na morte e ressurreição de seu Filho, Jesus Cristo.

A morte tem poder sobre nós porque nosso problema espiritual fundamental é que caímos nas suas garras por causa do nosso pecado. O pecado de Adão trouxe a morte para toda a nossa raça (Gn 2.15–17; Rm 5.12). Mas não somos inocentes. Todos os dias quebramos o primeiro e maior mandamento: nos recusamos a amar e valorizar a Deus acima de tudo neste mundo (Dt 6.5). A essência do pecado é considerar Deus, o criador de todas as coisas, monótono e chato em comparação com os prazeres prometidos pelo mundo em sua riqueza, poder, sexo, tecnologia, comida, moda e consumismo. A morte física é a consequência merecida de nossos amores ímpios (Rm 6.23).

Deus entrou na história para parar nosso vício suicida no que não é Deus. Jesus Cristo — Deus encarnado, totalmente Deus e totalmente homem — veio expor nosso problema fundamental. Recusamo-nos a ser felizes no único que pode nos fazer verdadeiramente felizes. Nós nos recusamos a valorizar Deus acima de tudo (Mt 22.37–38). Trocar a glória de Deus pela glória de aparelhos feitos pelo homem é uma insurreição cósmica (Rm 1.21–23). Como fonte de toda vida e felicidade, Deus seria cruel se não ordenasse nossa felicidade nele mesmo. E foi o que ele fez. Deus "ameaça coisas terríveis se não formos felizes".[46] Especificamente, Deus ameaça coisas terríveis se não formos felizes nele (Dt 28.47–48). Ainda assim, estamos mortos em nosso pecado. Nossos corações estão mortos para Deus.

Então Jesus entrou em sua criação para nos redimir. Ele nasceu sob a lei (Gl 4.4–5). E, por sua vida perfeita, ele se qualificou para morrer por nós. Cristo amou perfeitamente. Ele amou seu próximo perfeitamente. Cristo amou

---

46 Jeremy Taylor citado em C. S. Lewis, "Preface", em *George MacDonald: An Anthology: 365 Readings*. Nova Iorque: HarperOne, 2001, p. xxxv.

a Deus perfeitamente. Nós nunca conseguiríamos isso.[47] Por seu amor perfeito, Jesus cumpriu perfeitamente a lei e mesmo assim foi assassinado como transgressor da lei (Gl 3.10-14). Cristo se fez pecado por nós, embora nunca tenha pecado (2Co 5.21). Ele recebeu nosso julgamento para que pudéssemos ser declarados livres de culpa por nosso amor pecaminoso a este mundo em lugar de Deus.

Deus veio até nós. Cristo entrou em sua criação para viver uma vida perfeita, para morrer a morte de um pecador, para ser crucificado, sepultado e ressuscitar para uma nova vida. "Visto, pois, que os filhos têm participação comum de carne e sangue, destes também ele, igualmente, participou, para que, por sua morte, destruísse aquele que tem o poder da morte, a saber, o diabo, e livrasse todos que, pelo pavor da morte, estavam sujeitos à escravidão por toda a vida" (Hb 2.14-15). Ele era o sacrifício perfeito e imaculado, um filho primogênito, prefigurado mil anos antes (Gn 22.1-19). "Pois assim como, por uma só ofensa, veio o juízo sobre todos os homens para condenação [o pecado de Adão], assim também, por um só ato de justiça, veio a graça sobre todos os homens para a justificação que dá vida [a morte e ressurreição de Cristo]" (Rm 5.18).

Por meio de sua morte, Cristo "não só destruiu a morte, como trouxe à luz a vida e a imortalidade, mediante o evangelho" (2Tm 1.10). Cristo ressuscitou para uma nova vida por si mesmo, por Deus Espírito e por Deus Pai. A derrota da morte foi uma obra verdadeiramente trinitária (Jo 2.19; Rm 8.11; Gl 1.1).

---

47 Mark Jones, "The Greatest Commandment", *Tabletalk* (Mai/2013). Sanford, FL: Ligonier Ministries, 2013, p. 14-16.

A ressurreição de Jesus Cristo é a afirmação histórica mais ousada de qualquer religião. É a essência do evangelho. Toda a validade do cristianismo depende dela (1Co 15.12-28). Se cremos em Cristo, temos segurança diante de nossa própria morte física, uma segurança de que Deus também nos ressuscitará para uma nova vida (2Co 4.14). Deus regenera seus filhos e eleva nossas afeições espiritualmente para que agora possamos ver e valorizar a glória de Deus, e nos dá esperança enquanto aguardamos nossa ressurreição física (Cl 3.1–4). Jesus Cristo quebrou as cadeias da morte sobre nossas vidas e nos acolheu como cidadãos da nova criação. O Espírito nos enche de alegria nesta terra e lembra que agora estamos livres da tirania do pecado e da morte (2Co 5.17).

A morte não é simplesmente uma "falha técnica" à espera de uma "solução técnica".[48] A morte é nossa inimiga. Não racionalizamos a morte; dizemos à morte: "Vá para o inferno!", pois é para lá que ela deve ir (Ap 20.14). A tecnologia médica pode anestesiar a dor da morte ou adiar a inevitabilidade da morte. Mas somente Cristo derrotou a morte perfeita, completa e eternamente (1Co 15.55).

A morte é a maldição de Deus declarada sobre a criação após a queda. Como Adão se escondendo de Deus no jardim, o homem tenta se esconder de seu fim inevitável. Mas Deus sentenciou a morte como pena pelo pecado de Adão e pelo nosso. Até quando Deus deixará o homem se esconder? Por quanto tempo ele deixará a humanidade repelir a morte antes que suas tentativas de lutar contra a maldição de Deus encontrem sua resistência final? Será depois que aprendermos

---

48 Harari, *Homo Deus*, p. 23.

a viver 150 anos, 200 anos, ou uma contagem de aniversários mais próxima de Matusalém? Talvez em algum momento o antienvelhecimento empurre a morte ao ponto de enfrentar a maldição diretamente. Depois de deixar de lado "o inevitável" e estender a expectativa de vida da humanidade, talvez nos deparemos com uma cerca eletrificada, ou talvez uma espada flamejante finalmente bloqueie nosso caminho para a imortalidade (Gn 3.24). E se corpos perfeitamente saudáveis morrerem por nenhuma outra razão senão chegar ao limite posto por Deus?

A morte universal é o resultado da maldição de Deus. Mas, em Cristo, a morte física não pode vencer. Seu poder foi quebrado para sempre. Quando pecadores como você e eu nos voltamos para o Filho, a tirania da morte sobre nossas vidas se torna uma porta de entrada para a ressurreição e para uma existência eterna sem lágrimas, sem arrependimentos e sem dor. Essa é a boa notícia, a essência do cristianismo e o verdadeiro evangelho. Por meio de Cristo, nossas vidas encontram alegria, esperança e equilíbrio. Por meio do evangelho, encontramos clareza sobre todas as dádivas deste mundo; comida, sexo, dinheiro e tecnologia. Essas coisas se tornam verdadeiras dádivas, não mais deuses.

A vitória de Cristo sobre a morte no primeiro século é a chave para nossas vidas hoje. Porque mesmo que eventualmente aprendamos a sugar a nossa parte consciente desse risco biológico decadente que chamamos de corpo e a carregá-la em uma nuvem digital imortal, o que acontece se ficarmos presos lá sem saída eterna? E se uma existência gnóstica, sem corpo e encapsulada, for uma espécie de inferno em si mesma? Ou se nossas tecnologias se tornarem tão boas que ninguém morrerá de causas "naturais", mas apenas de acidentes violentos? Esse cenário nos paralisaria em bolhas de inação sem risco e nos tornaria "as pessoas mais ansiosas da história".[49]

Em vez disso, como Lewis previu, o impulso ultrazeloso de salvar a humanidade é o que destrói, porque não vem de um ideal mais elevado do que tentar prolongar a vida neste universo. Suas palavras se aplicam às nossas novas aspirações para Marte. "Nada tem mais chance de destruir uma espécie ou uma nação do que a determinação de sobreviver a qualquer custo", disse Lewis. Em vez disso, "aqueles que se preocupam com algo maior que a civilização são as únicas pessoas pelas quais a civilização provavelmente será preservada".[50] Em Cristo vencemos o medo da morte física. Nós, os conquistadores do túmulo, estamos capacitados para nos tornarmos os melhores humanitários do mundo.

PERDIDOS NO ESPAÇO

A era tecnológica continuará ignorando a ressurreição e vinculando a esperança humana aos foguetes. O espaço profundo é fascinante para os que estão presos à terra. A profundidade, a largura e a altura do universo são impossíveis de compreender — pelo menos 100 milhões de galáxias que se estendem por pelo menos noventa bilhões de anos-luz. Nenhum dos números cabe na calculadora do meu iPhone. Nenhuma das quantias faz sentido para o meu cérebro.

---

49 Harari, *Homo Deus*, p. 25.
50 C. S. Lewis, *Essay Collection and Other Short Pieces*. Nova Iorque: HarperCollins, 2000, p. 365-366.

Mas, por gerações, as pessoas olharam para o céu e afirmaram que, à medida que alcançamos essas extensões insondáveis, encontramos a ausência de Deus. São anos-luz de nada lá em cima, dizem eles, dentro dessa expansão cósmica ilimitada, que dizem existir há bilhões de anos. Então, por que a Bíblia se detém em uma bola azul ao longo de apenas alguns milhares de anos? Essa é a pergunta que muitos ateus fazem — e respondem declarando que a cosmovisão bíblica centrada na Terra e no homem não pode se sustentar na era da exploração espacial.

Esta é a conclusão do filósofo ateu Nicholas Everitt em seu livro *The Non-Existence of God* [A inexistência de Deus]. Ele afirma: "Tudo o que a ciência moderna nos diz sobre o tamanho, a escala e a natureza do universo ao nosso redor revela que ele é surpreendentemente inadequado como expressão de um conjunto de intenções divinas do tipo que o teísmo postula". Assim, "as descobertas da ciência moderna *reduzem significativamente a probabilidade* de que o teísmo seja verdadeiro, porque o universo está se tornando muito diferente do tipo de universo que esperaríamos, se o teísmo fosse verdadeiro".[51] Ele afirma que um livro centrado na Terra como a Bíblia não nos prepara para descobrir cem bilhões de galáxias. Portanto, a Bíblia torna-se irrelevante na era da exploração espacial.

Ou, como Carl Sagan disse: "Se você vivesse há dois ou três milênios, não seria vexame sustentar que o universo foi feito para nós".[52] Mas você seria um idiota se defendesse

---

51 Nicholas Everitt, *The Non-Existence of God*. Oxfordshire: Routledge, 2003, p. 218; ênfase no original.
52 Carl Sagan, *Pale Blue Dot: A Vision of the Human Future in Space*. Nova Iorque: Ballantine, 1997, p. 50.

isso agora. Por quê? Porque, à medida que nossos foguetes avançam mais fundo no espaço e descobrem mais da extensão de nosso cosmos, nossos astrônomos ateus postulam que, tendo em mente a magnitude do cosmos e o vasto número de planetas que certamente existem entre as galáxias distantes, a Terra não tem nada de especial. Vida mais inteligente certamente existe em outro lugar. Não somos únicos. E se não somos únicos, qualquer divindade focada na terra deve ser míope (na melhor das hipóteses), ou o produto mítico da imaginação fértil de algum terráqueo (na pior das hipóteses). Que especulações fortes.

Mas depois de décadas de fotografia ambiciosa e sondas espaciais profundas, o mesmo astrônomo foi levado a uma conclusão mais concreta: "em termos de conhecimento real", não há outro mundo "conhecido por abrigar um micróbio, muito menos uma civilização técnica".[53] Estude todos os milhões de fotografias do espaço profundo e você não encontrará "nenhum sinal de uma civilização técnica retrabalhando a superfície de qualquer um desses mundos", concluiu Sagan.[54] Quando o cientista ateu para de declarar suas teorias por um momento para verificar os fatos documentados (isto é, a ciência), as evidências até agora sugerem que, a cada fotografia de esferas novas, distantes e vazias no vasto além, a Terra está se tornando mais cientificamente singular, não menos. Por enquanto, não há razão científica para deixar de concluir que todo o cosmos foi feito como um teatro para os terráqueos.

---

53 Sagan, *Pale Blue Dot*, p. 68.
54 Sagan, *Pale Blue Dot*, p. 120.

215

Assim, os cientistas ateus tendem a supor que foi a reorganização orbital de Nicolau Copérnico que tirou a humanidade do centro do universo, seguida por Sputnik, Voyager e Apollo, que despertaram para nós o escopo insondável do cosmos e levaram as antigas religiões do homem à beira da crise existencial. A humanidade é apenas um acidente em um bilhão. Mas essa linha de pensamento é muito estreita, porque, se o Deus revelado nas Escrituras for verdadeiro, esperaríamos encontrar sua natureza gravada no universo visível. E é isso que encontramos. O espaço parece infinitamente expansivo para nós, não porque Deus seja um mito, mas porque Deus se fez inevitavelmente óbvio para suas criaturas (Rm 1.18–32). A vastidão infinita de Deus nos envolve por meio da metáfora do espaço.

Antes que os satélites de órbita baixa da Terra distraíssem nossa visão do cosmos maior, como mosquitos circulando em torno de sua cabeça, e antes que a poluição luminosa obscurecesse a gloriosa Via Láctea, como uma luz de lanterna em seus olhos, Davi olhou para o brilho do espaço profundo e ponderou: "Por que o Deus de *tudo isso* prestaria atenção em *mim?*" Sempre surpreendeu a humanidade que a Terra tenha sido escolhida para ser o palco central de Deus no drama do cosmos. Quando olho à noite para a escuridão e vejo a lua brilhante, os planetas distantes e as cinco mil estrelas flamejantes ainda visíveis a olho nu; quando vejo tudo o que o Senhor fez com seus próprios dedos e colocou em órbita, pergunto: "que é o homem, que dele te lembres? E o filho do homem, que o visites?" (ver Sl 8.3–4).

Deus criou bilhões de galáxias, mas o drama da história se desenrola em apenas uma rocha azul. Assim, o homem ponderou sobre o favor de Deus por nós neste planeta muito antes dos ateus modernos usarem a expansão do cosmos para suprimir Deus em incredulidade. Nosso universo tem um propósito além da nossa percepção. "O universo certamente não se esgota em seu serviço à humanidade e, portanto, deve ter algum objetivo além da utilidade para o homem".[55] O pragmatismo não pode explicar o alcance do universo conhecido. Ele existe além do que podemos descobrir atualmente; ele amplifica o poder e o valor de seu Criador.

A extensão do espaço não é um acidente subjetivo, uma obra inacabada de segunda mão ou uma cabine de fotos cósmica para satélites. O espaço é uma revelação objetiva, ordenada e inegável de Deus — "assim o seu eterno poder, como também a sua própria divindade" (Rm 1.20). Teologicamente, o espaço nunca deve ser "considerado como um 'fato da natureza' cujo significado é autoevidente sem referência à presença divina e a sua reivindicação sobre as criaturas".[56]

Portanto, se abordarmos a exploração do espaço corretamente, não encontraremos a ausência de Deus, mas seremos conduzidos à comunhão com o Criador. Muitas pessoas, tanto cristãs quanto não cristãs, têm dificuldade em sentir a presença de Deus nas enormes extensões do espaço. Mas o Criador é infinito e sua infinidade ecoa na criação, incluindo o espaço profundo. Deus fez um aglomerado de estrelas aberto e o chamou de "Plêiades"; criou uma constelação de estrelas e a chamou de "Órion" (Am 5.8, NVI). Ele determinou o número

---

55 Bavinck, *Reformed Dogmatics*, vol. 2, p. 433.
56 John Webster, *Confessing God: Essays in Christian Dogmatics II*. Londres: T&T Clark, 2005, p. 103–107.

exato de todas as estrelas combinadas no universo e deu nome a cada uma delas (Sl 147.4). Nossas últimas suposições são de que existem entre cem bilhões e dois trilhões de galáxias além do nosso alcance atual, e todas elas existem para nos ensinar teologia, para mostrar a fidelidade pactual de Deus ao seu povo e para declarar a imensidão, a glória e o amor do Criador.

EM QUEM ENTÃO CONFIAREMOS?

Dentro do universo de Deus, a tecnologia se torna relevante para os cristãos que temem a Deus e servem ao próximo. Porém, ainda vivemos em um mundo caído, com guerras, rumores de guerras e ira entre pessoas e nações (Mt 24.6; Mc 13.7). Nenhuma viagem à lua ou missão a Marte pode acabar com a agressão humana. E os cavalos e carros de guerra resultantes não são inteiramente contrários à vontade de Deus, porque Deus sancionou governos para legitimamente empunhar espadas, armas e tanques para punir e defender (Rm 13.1–7).

Precisamos de tecnologia, mas muitas vezes idolatramos a tecnologia. O povo de Deus foi condenado em Isaías porque buscou sua segurança na descoberta e na inovação humanas. Quando se trata de nos salvar, acumulamos riquezas e carros, nos apegamos a ídolos, nos escondemos dentro de nossas inovações, subimos em torres altas e nos agachamos atrás de muralhas fortificadas (Is 2.6–22). Quando se trata de salvação, a tecnologia é uma decepção inevitável. "O cavalo não garante vitória; a despeito de sua grande força, a ninguém pode livrar" (Sl 33.17). O homem não pode salvar a si mesmo. "Afastai-vos, pois, do homem cujo fôlego está no seu nariz. Pois em que é ele estimado?" (Is 2.22). Nenhum inovador e nenhuma inovação podem realmente salvar você.

A ciência materializa os anseios mais profundos de nosso coração em máquinas nas quais depositamos nossas esperanças. "Para a humanidade, a tecnologia não é simplesmente um meio de sobrevivência física; é também um meio para tudo o que concebe como realização espiritual".[57] Assim, podemos concordar com Paul Virilio, crítico da tecnologia moderna, quando diz que resistimos "não à tecnologia propriamente dita, mas à propensão de conferirmos à tecnologia uma função salvífica".[58] De fato, "seria imperdoável nos deixarmos enganar pelo tipo de utopia que insinua que a tecnologia enfim nos trará felicidade e um maior humanitarismo".[59] Não trará. A tecnologia pode fazer muitas coisas, mas nunca satisfará nossas almas. A inovação humana mal utilizada nos deixa espiritualmente entorpecidos. É por isso que o profeta Isaías usou bronze e ferro como metáforas para o endurecimento espiritual dos corações pecaminosos (Is 48.4).

No entanto, o que fazemos com latão, ferro e silício é incrível. O microprocessador é a coisa mais poderosa do mundo, e possuímos vários deles sem licença, permissão ou aprovação do governo. Os computadores, os celulares e os videogames alimentados por esses chips são incríveis. Os minúsculos fios flexíveis que podem ser inseridos no cérebro de um homem paralisado para conceder-lhe novos poderes telecinéticos

---

[57] Victor C. Ferkiss, "Technology and the Future of Man", *Review and Expositor* 69, n. 1 (1972), p. 50.

[58] Dito sobre Paul Virilio em Gil Germain, *Spirits in the Material World*. Lanham, MO: Lexington, 2009, p. 102.

[59] Paul Virilio, *Politics of the Very Worst*. Nova Iorque: Semiotext(e), 1999, p. 79.

de movimento são notáveis. O fim da poliomielite, o fim do câncer e o fim da demência, se chegarmos a ver todas essas vitórias, seriam feitos surpreendentes da tecnologia médica, e daríamos a Deus toda a glória por eles, porque ele cria mentes para responder a esses problemas e resistir à queda.

Mas todos esses avanços não podem consertar o que está realmente quebrado.

A ALMA

O cientista da computação Alan Kay uma vez brincou que a tecnologia é qualquer coisa inventada depois que você nasceu.[60] Mas a tecnologia é muito mais ampla, e inclui as dádivas do século XIX que agora consideramos comuns. Nossa vida atual, saturada de inovação, é um presente divino recebido através dos canais de muitas mentes brilhantes que estavam ocupadas inovando décadas antes de nascermos.

As mentes do século XIX aceleraram o avanço da tecnologia. Mas à medida que os avanços tecnológicos se aceleravam os pregadores da época subiram preocupados aos púlpitos. Com três quartos do século concluídos, o pastor J. C. Ryle advertiu que a inovação nos cega para assuntos mais importantes, dizendo: "Vivemos em uma era de progresso – uma era de motores a vapor e máquinas, de locomoção e invenção. Vivemos em uma época em que a multidão está cada vez mais absorta em coisas terrenas — em ferrovias, docas, minas, comércio, negócios, bancos, lojas, algodão, milho, ferro e ouro. Vivemos em uma época em que há um falso clarão sobre o temporal e uma grande névoa sobre o eterno".[61]

---

60 Kelly, *What Technology Wants*, p. 235.
61 J. C. Ryle, *Old Paths*. Londres: Charles J. Thynne, 1898, p. 41.

Nessa onda de maravilhas modernas, Charles Spurgeon foi sábio o suficiente para ver a inovação humana como o direcionamento dos padrões de Deus na criação. Contudo, mesmo ao celebrar a inovação, ele mostrou muita cautela. "Ouvimos falar de engenheiros que poderiam superar os abismos mais amplos", disse ele de púlpito. "Vimos homens que poderiam forçar o relâmpago a levar uma mensagem para eles; sabemos que os homens podem controlar os raios de sol para sua fotografia e a eletricidade para sua telegrafia; mas onde mora o homem, e até mesmo o anjo, que pode converter uma alma imortal?"[62] A tecnologia é impotente para desviar os pecadores das falsas promessas deste mundo a fim de encontrar sua satisfação em Cristo. A regeneração é o poder verdadeiramente notável em qualquer época.

Deus depositou uma riqueza de inovações e potencial tecnológico na criação, não para nos levar à tentação, mas para revelar o que mais amamos e onde depositamos nossa maior confiança. Ela pode estar em Deus; ou pode estar em carruagens, mísseis, guerra cibernética, vacinas, dataísmo, IA ou técnicas de antienvelhecimento. "Uns confiam em carros, outros, em cavalos; nós, porém, nos gloriaremos em o nome do SENHOR, nosso Deus" (Sl 20.7). Este é o dilema humano. A inovação humana é uma dádiva maravilhosa, mas um deus decepcionante. Não podemos salvar a nós mesmos. No final, nossas inovações deixam corações insatisfeitos, almas perdidas e corpos frios no túmulo.

---

62 C. H. Spurgeon, *C. H. Spurgeon's Forgotten Early Sermons: A Companion to the New Park Street Pulpit: Twenty-Eight Sermons Compiled from the Sword and the Trowel*. Leominster: Day One, 2010, p. 258–259.

QUANDO NOSSAS TECNOLOGIAS TERMINAM?

Sempre que falo do Evangelho da Tecnologia como um movimento único e coeso (como sugeri no capítulo anterior), espero discordância. Para otimistas tecnológicos como eu, isso parece muito pessimista. É razoável abordar problemas científicos em uma determinada indústria, como genética, IA ou bots autônomos. Mas reuni-los todos em um Evangelho da Tecnologia é ir longe demais. Falha em separar o bem do mal. As pessoas sempre abusarão da tecnologia, é verdade. Mas não é uma conspiração unificada. Então é exagero sugerir que a indústria de tecnologia está se unindo religiosamente e conspirando em um enorme antievangelho?

Na realidade, o homem sempre gostou de criar novas tecnorreligiões no espírito de Babel. Um bom número de historiadores sugere que as religiões antigas surgiram como formas de apaziguar os deuses para controlar a natureza. Todavia, agora que podemos controlar nossos ambientes com tecnologia, não precisamos das velhas religiões. O controle tecnológico desbanca nossos deuses. Ou, talvez mais precisamente, a tecnologia se torna a nova religião da cultura. Talvez, nas palavras do filósofo da computação Jaron Lanier, "o que estamos vendo é uma nova religião, expressa através de uma cultura de engenharia".[1] Assim, as religiões projetadas do futuro não virão da Terra Santa, escreve Yuval Noah Harari; "elas emergirão dos laboratórios de pesquisa. Assim como o socialismo conquistou o mundo prometendo salvação por meio de vapor e eletricidade, nas próximas décadas novas tecnorreligiões podem conquistar o mundo prometendo salvação por meio de algoritmos e genes". Em outras palavras, a Cidade Santa do futuro não é Jerusalém, mas uma tecnópole como o Vale do Silício. "É onde os gurus de alta tecnologia estão desenvolvendo para nós admiráveis novas religiões que têm pouco a ver com Deus e tudo a ver com tecnologia. Elas prometem todas as antigas recompensas — felicidade, paz, prosperidade e até vida eterna —, mas aqui na terra com a ajuda da tecnologia, e não após a morte com a ajuda de seres celestiais".[2] Os engenheiros de tecnologia estão surgindo

---

[1] Jaron Lanier, *Who Owns the Future?* Nova Iorque: Simon & Schuster, 2014, p. 193.
[2] Yuval Noah Harari, *Homo Deus: A Brief History of Tomorrow*. Nova Iorque: HarperCollins, 2017, p. 356.

como a classe sacerdotal de hoje, não muito diferente do antigo ferreiro das gerações anteriores.

Portanto, devemos voltar nosso foco para o futuro, não porque nossos gurus tecnológicos apontam para lá, mas porque as Escrituras apontam. A Bíblia nos revela um momento futuro em que o relacionamento de Deus com a tecnologia faz uma virada decisiva. Com o tempo, as Escrituras predizem que nossa tecnologia assumirá um papel redentor em uma civilização reunificada que busca felicidade, paz, prosperidade e vida eterna por suas próprias invenções.

Se isso soa familiar, realmente é. Esse espírito de idolatria surgiu em Babel, uma primitiva cidade torre, um altar construído para uma nova religião produzida pelo homem para celebrar o homem. Então Deus entrou na história — *desceu* na história — para julgar o homem, não com extermínio, mas com confusão. Deus frustrou o "progresso" humano multiplicando as línguas da terra e espalhando centenas de culturas únicas por todo o globo. Este ato não foi o fim da cidade, mas a gênese de mil cidades. Foi uma misericórdia temporária. Deus estava plenamente ciente de que essa dispersão de culturas acabaria por se desfazer e Babel se reagruparia e retornaria na forma da maior cidade do homem, Babilônia — ou como ela preferia ser chamada, "Babilônia, a Grande".

O SEXO E A CIDADE

Babilônia é uma Babel gigantesca, uma cidade ímpia conhecida por seu desejo de se exaltar acima de Deus. Babilônia é o ponto culminante de todas as cidades, uma imagem no final de nossas Bíblias de todas as cidades do homem plenamente realizadas. Tóquio, Délhi, Xangai, Cairo, Pequim, Nova Iorque, Istambul, Moscou; Babilônia é a cidade suprema, um composto de todas as cidades, a expressão mais elevada dos sonhos e das aspirações urbanas do homem.

Na Babilônia estão "todas as cidades condenadas".[3] Essas são as palavras contundentes de Jacques Ellul em seu livro *The Meaning of the City* [O significado da cidade], um levantamento do relacionamento tumultuoso de Deus com as cidades do homem. A história é muitas vezes feia, como vimos em Babel. Mas Ellul diz que a origem da cidade começa com boas intenções. Na cidade, "todos trabalham para que o homem viva melhor". A cidade oferece acesso a melhores moradia, comida, serviços, cultura e entretenimento para nos ocupar enquanto resistimos aos dissabores da vida. A cidade nos conecta com os outros para fugirmos da solidão. Oferece-nos redes, competências partilhadas e melhores empregos. Ela nos guarda das estações do ano, nos defende de invasões estrangeiras e nos protege com acesso próximo à mais recente medicina de emergência. As cidades nos dão "mais conforto e o que chamamos de alegrias da vida, com todas as garantias da ciência, da medicina e da farmacologia à sua porta. Busca mudar a impotência daquele que inevitavelmente vê aqueles que ama morrer, incapaz de fazer coisa alguma".[4] A tecnologia médica da cidade repele a morte. É onde muitas pessoas aplicam suas habilidades a serviço dos outros. Idealmente, a cidade é um lugar de amor.

---

3 Jacques Ellul, *The Meaning of the City*. Eugene, OR: Wipf & Stock, 2011, p. 49.
4 Ellul, *The Meaning of the City*, p. 60.

Porém, quando o amor a Deus não se firma no centro de uma sociedade, o humanitarismo resultante cai sob o guarda-chuva do que Reno chama de "tirania mortal da filantropia". A maior aspiração da cidade acaba por "reunir todas as forças à nossa disposição para servir a qualquer deus de florescimento mundano que fizemos para nós mesmos".[5] Preocupadas em ajudar a humanidade a florescer longe de Deus, as cidades impõem aparentes "bens" aos outros. Toda cidade bem-intencionada, focada nas necessidades do homem, mas indiferente à glória de Deus, acabará se tornando um lugar desumanizador, o tipo de lugar onde as falsas promessas do Evangelho da Tecnologia proliferam em nome do humanitarismo.

Essa é a história de "Babilônia, a Grande" e sua deposição. Apocalipse 18 conta a história, enquanto o apóstolo João observa os eventos finais da história se desenrolarem em eventos que levam ao retorno de Cristo à terra. Começamos com os versículos 1–3.

> [1]Depois destas coisas, vi descer do céu outro anjo, que tinha grande autoridade, e a terra se iluminou com a sua glória. [2]Então, exclamou com potente voz, dizendo: Caiu! Caiu a grande Babilônia e se tornou morada de demônios, covil de toda espécie de espírito imundo e esconderijo de todo gênero de ave imunda e detestável, [3]pois todas as nações têm bebido do vinho do furor da sua prostituição. Com ela se prostituíram os reis da terra. Também os mercadores da terra se enriqueceram à custa da sua luxúria.

---
5 R. R. Reno, *Genesis*. Grand Rapids, MI: Brazos Press, 2010, p. 133.

A Babilônia é um epicentro global de riqueza, opulência, conforto, consumo, máquinas de guerra e tecnologia. As cidades comprimem a atividade humana. As cidades são tecnologias em si mesmas, funcionando como microprocessadores, "uma maravilhosa invenção tecnológica que concentra o fluxo de energia e as mentes na densidade de um chip de computador. Em uma área relativamente pequena, uma cidade não apenas fornece alojamentos e ocupações em um mínimo de espaço, mas também gera o máximo de ideias e invenções".[6] As cidades concentram tanto a inovação humana quanto a arrogância humana, evidentes em Babel e agora na Babilônia. As cidades são capitais da autossuficiência, da "confiança dos seres humanos de que podem encontrar segurança por meio de sua própria *expertise* tecnológica".[7]

Dentro das cidades, os avanços tecnológicos conspiram para expulsar Deus. Ele se tornou irrelevante. Os babilônios ficaram tão confiantes em sua habilidade para enfrentar todos os problemas que consideram o Criador irrelevante para o drama do empreendimento humano.[8] Deus é desnecessário. Babilônia é a capital global da autossuficiência, cheia de idólatras bêbados e adúlteros opulentos, uma cidade que "abandonou a Deus e o substituiu por outros amantes".[9] Babilônia é seu próprio deus. Ela é o cume que todas as outras megacidades criadas pelo homem aspiram alcançar. Como

---

6 Kevin Kelly, *What Technology Wants*. Nova Iorque: Penguin, 2011, p. 84.
7 J. A. Motyer, *The Prophecy of Isaiah: An Introduction and Commentary*. Downers Grove, IL: InterVarsity Press, 1996, p. 176.
8 T. Desmond Alexander, *The City of God and the Goal of Creation*. Wheaton, IL: Crossway, 2018, p. 28–29.
9 Alexander, *The City of God and the Goal of Creation*, p. 145.

resultado, os centros urbanos ignoram a beleza de Deus em favor de uma vasta rede global de afetos mal direcionados. Os pecadores autoadoradores desperdiçam suas vidas em uma busca vã para encontrar satisfação na riqueza, no sexo e no poder.

Ecoando Babel, Deus volta sua atenção para Babilônia para frustrar seu espírito autossuficiente. Mas primeiro ele convoca seus fiéis para sair da cidade.

> ⁴Ouvi outra voz do céu, dizendo: Retirai-vos dela, povo meu, para não serdes cúmplices em seus pecados e para não participardes dos seus flagelos; ⁵porque os seus pecados se acumularam até ao céu, e Deus se lembrou dos atos iníquos que ela praticou. ⁶Dai-lhe em retribuição como também ela retribuiu, pagai-lhe em dobro segundo as suas obras e, no cálice em que ela misturou bebidas, misturai dobrado para ela. ⁷O quanto a si mesma se glorificou e viveu em luxúria, dai-lhe em igual medida tormento e pranto, porque diz consigo mesma: Estou sentada como rainha. Viúva, não sou. Pranto, nunca hei de ver!

Os olhos do mundo se voltarão para a cidade, mas os olhos do povo de Deus se desviarão. O povo de Deus partirá da cidade, convocado pelo êxodo divino. Mais sobre isso em instantes.

O espírito da Babilônia é o espírito do transumanismo. Tornada arrogante pela opulência e conforto, a Babilônia agora reivindica poder sobre a sepultura. "Ela ostenta seu poder, mesmo contra a morte. Ela não precisa de ninguém.

Sua base de poder não é um mero ser humano. Ela é sua própria razão de existir, em si mesma um poder suficiente, uma lei suficiente. Ela exclui Deus porque ela, a seu ver, é suficiente para sua própria espiritualidade".[10] Ela pensa que venceu a morte e a tristeza; ela pensa que destronou Deus. Babilônia seduz o mundo com promessas de alegria e segurança. A promessa de imortalidade da Babilônia é a promessa do Evangelho da Tecnologia hoje.

E, ainda nesse desejo transumano pela vitória sobre a morte e pela imortalidade autodescoberta, a cidade rebelde apenas atiça o fogo de seu julgamento vindouro, que consumirá sua arrogante rejeição a Deus com morte literal e eterna.

> [8]Por isso, em um só dia, sobrevirão os seus flagelos: morte, pranto e fome; e será consumida no fogo, porque poderoso é o Senhor Deus, que a julgou.
> [9]Ora, chorarão e se lamentarão sobre ela os reis da terra, que com ela se prostituíram e viveram em luxúria, quando virem a fumaceira do seu incêndio, [10]e, conservando-se de longe, pelo medo do seu tormento, dizem: Ai! Ai! Tu, grande cidade, Babilônia, tu, poderosa cidade! Pois, em uma só hora, chegou o teu juízo.

Babilônia queimará até o chão. Em um piscar de olhos, em um incêndio de um único dia, a poderosa cidade queimará como um espetáculo global de fumaça para os olhos de todos os reis da terra que alimentaram a opulência e a indulgência pecaminosa da cidade. A Babilônia não se vangloriará

---

10 Ellul, *The Meaning of the City*, p. 52.

de nenhuma solução final para esses incêndios e fomes. Ela colherá o julgamento de suas idolatrias, enquanto os mercadores do mundo assistem seus lucros queimarem.

> [11] E, sobre ela, choram e pranteiam os mercadores da terra, porque já ninguém compra a sua mercadoria, [12] mercadoria de ouro, de prata, de pedras preciosas, de pérolas, de linho finíssimo, de púrpura, de seda, de escarlata; e toda espécie de madeira odorífera, todo gênero de objeto de marfim, toda qualidade de móvel de madeira preciosíssima, de bronze, de ferro e de mármore; [13] e canela de cheiro, especiarias, incenso, unguento, bálsamo, vinho, azeite, flor de farinha, trigo, gado e ovelhas; e de cavalos, de carros, de escravos e até almas humanas.

Os portos da Babilônia recebiam necessidades diárias como óleo, farinha e trigo. Eles também recebiam uma abundância de animais para reprodução e alimentação. Mas a cidade era especialmente atraída por bens de luxo importados do mundo todo: joias e roupas caras, especiarias e fragrâncias exóticas e os melhores móveis domésticos que o mundo oferecia. Assim também fluía ferro para ferramentas e armas de metal, mármore para impressionantes projetos de construção e cavalos e carruagens para alimentar o desejo da cidade por entretenimento.[11]

Pessoas fecham a lista de propósito, como se fossem uma mercadoria descartável. As cidades consomem grandes

---

11 Ian Boxall, *The Revelation of Saint John* (Black's New Testament Commentary). Londres: Continuum, 2006, 260–261.

quantidades de energia e, antes da eletricidade, as cidades funcionavam à base de humanos importados. "A escravidão era para o mundo antigo, mais ou menos, o que vapor, petróleo, gás, eletricidade e energia nuclear são para o mundo moderno. A escravidão era como as coisas funcionavam".[12] A riqueza e a opulência da Babilônia foram construídas nas costas de corpos que são almas eternas, seres adoradores, usados simplesmente por seu bruto poder. Babilônia desumanizou os portadores da imagem de Deus como se fossem animais, mercadorias funcionais compradas e vendidas como gado, ovelhas e cavalos.

Em seus navios, os mercadores testemunham a destruição e são levados às lágrimas. Babilônia é o coração de um império econômico global, e sua destruição significa o fim de um mercado global idólatra.

> [14]O fruto sazonado, que a tua alma tanto apeteceu, se apartou de ti, e para ti se extinguiu tudo o que é delicado e esplêndido, e nunca jamais serão achados. [15]Os mercadores destas coisas, que, por meio dela, se enriqueceram, conservar-se-ão de longe, pelo medo do seu tormento, chorando e pranteando, [16]dizendo: Ai! Ai da grande cidade, que estava vestida de linho finíssimo, de púrpura, e de escarlata, adornada de ouro, e de pedras preciosas, e de pérolas, [17]porque, em uma só hora, ficou devastada tamanha riqueza! E todo piloto, e todo aquele que navega livremente, e marinheiros, e quantos labutam no mar conservaram-se de longe. [18]Então,

---

12 N. T. Wright, *Revelation for Everyone*. Louisville, KY: Westminster John Knox, 2011, p. 164.

vendo a fumaceira do seu incêndio, gritavam: Que cidade se compara à grande cidade? ¹⁹Lançaram pó sobre a cabeça e, chorando e pranteando, gritavam: Ai! Ai da grande cidade, na qual se enriqueceram todos os que possuíam navios no mar, à custa da sua opulência, porque, em uma só hora, foi devastada! ²⁰Exultai sobre ela, ó céus, e vós, santos, apóstolos e profetas, porque Deus contra ela julgou a vossa causa.

Então vem um momento de subterfúgio teatral. Babilônia, com toda sua opulência, poder, inovação e opressão, será como uma pedra de moinho lançada no oceano.

²¹Então, um anjo forte levantou uma pedra como grande pedra de moinho e arrojou-a para dentro do mar, dizendo: Assim, com ímpeto, será arrojada Babilônia, a grande cidade, e nunca jamais será achada.

Paradoxalmente, os moinhos da Babilônia, ícones de seu antigo poder industrial e uma técnica ensinada ao homem por Deus para a produção abundante de farinha, deixarão de moer. A idolatria é interrompida por uma pedra do tamanho de uma mó de duas toneladas. A ruína da grande cidade é compatível com sua força industrial. Seu julgamento emerge da criação para derrubar as ferramentas que ela fez a partir da criação. O som alto desse sistema industrial e tecnológico, construído em desafio a Deus, será silenciado e abafado. A Babilônia é lançada no fundo do oceano. Sua economia afunda, sua indústria para, sua música cessa e seus inovadores não constroem mais.

> ²²E voz de harpistas, de músicos, de tocadores de flautas e de clarins jamais em ti se ouvirá, nem artífice algum de qualquer arte jamais em ti se achará, e nunca jamais em ti se ouvirá o ruído de pedra de moinho.

A Babilônia é onde as inovações de Jabal, Jubal e Tubal-caim encontraram sua maior expressão, mas essas inovações agora se foram. A bigorna do ferreiro enferruja. O transporte global, o comércio, as importações e exportações cessam. A música para e "sem música, a vida cívica é interrompida".¹³ À medida que a trilha sonora social é silenciada, o mesmo acontece com as reverberações da manufatura. As pesadas mós, outrora o som alto da máquina econômica do comércio, são silenciadas. Não há música. Não há indústria. Não há importações. Não há fabricação de ferramentas. Não há mais grãos para alimentar o homem ou o gado. O fim da Babilônia em Apocalipse 18.22 é o complemento de Gênesis 4.19–22. A linhagem de Caim é finalmente desfeita. Todos os ímpios manejadores de tecnologia, que se tornaram ricos em suas indústrias, chegam ao fim.

Deus deu música, fabricação de ferramentas e criação de gado ao homem, mas não para que o homem as usasse para quaisquer propósitos egoístas envolvendo riqueza, poder e opulência. Assim, diante dos olhos do mundo, o sistema econômico-industrial global da riqueza humana se transforma em cinzas — um fim ardente para os legados dos filhos de Caim e para a herança de Caim como construtor de cidades.

---

13 Peter J. Leithart, *Revelation* (International Theological Commentary on the Holy Scripture of the Old and New Testament). Londres: T&T Clark, 2018, vol. 2, p. 245.

A cidade humana mais brilhante, a maior metrópole da história, fica escura. Ela não produz mais cultura.

> ²³Também jamais em ti brilhará luz de candeia; nem voz de noivo ou de noiva jamais em ti se ouvirá, pois os teus mercadores foram os grandes da terra, porque todas as nações foram seduzidas pela tua feitiçaria. ²⁴E nela se achou sangue de profetas, de santos e de todos os que foram mortos sobre a terra.

A Babilônia perseguiu ativamente os cristãos a ponto de derramar sangue. Uma vez que os cristãos rejeitaram os ídolos da cidade, eles não eram bem-vindos no mercado. "O sistema econômico da Babilônia perseguiu as comunidades cristãs ao excluir das várias guildas comerciais aqueles que não se conformavam com a adoração de suas divindades patronais. Isso geralmente resultava em perda de posição econômica e pobreza para os ostracizados. Em um sentido real, isso significou a remoção dos artesãos cristãos do mercado e a remoção dos prazeres comuns da vida desfrutados em tempos econômicos normais".[14] Ao se recusarem a participar da idolatria sexual da cidade ou a adorar sua opulência, os cristãos eram excluídos pelo mercado.

Qualquer sociedade que adore o Evangelho da Tecnologia discriminará o evangelho de Jesus Cristo. Nossas prioridades antigas parecem tolas para a cultura tecnológica ao nosso redor. Ainda hoje, as estruturas corporativas

---

14 G. K. Beale, *The Book of Revelation: A Commentary on the Greek Text* (New International Greek Testament Commentary). Grand Rapids, MI: Eerdmans, 1999, p. 919.

podem fazer os cristãos sentirem que estão fora do lugar, que sua fé não é bem-vinda e que estão mais seguros se guardarem suas convicções para si mesmos. Os cristãos podem ser silenciados e eventualmente excluídos das principais plataformas de comunicação e da rede social da cultura por falarem a verdade. Isso não é pós-moderno. Isso é babilônico. E, como na Babilônia, em casos extremos, os mártires morrem. Mas tal tragédia urbana é também uma forma de resistência urbana. Para os cristãos dentro de cidades impulsionadas por inovação como a Babilônia, o martírio mostra "o poder da fraqueza no reino de Deus, em vez do poder do conhecimento nos reinos terrenos".[15]

No final, a Babilônia diz que o propósito da humanidade é glorificar a si mesma e desfrutar de opulência e da idolatria autossuficientes para sempre. Mas o verdadeiro propósito da humanidade é glorificar a Deus desfrutando dele para sempre. "Focar na humanidade como o centro de tudo e esquecer Deus é o maior pecado".[16] A autoglorificação provoca a justiça de Deus. Esse foi o pecado de Babel e o pecado da Babilônia. Esse é o pecado do Evangelho da Tecnologia.

CONCLUSÕES

Levados ou não ao ponto de derramamento de sangue, centros urbanos tecnologicamente avançados pressionam os cristãos a se distanciarem da esperança em Cristo. As cida-

---

15 Kevin J. Vanhoozer, *Pictures at a Theological Exhibition: Scenes of the Church's Worship, Witness and Wisdom*. Downers Grove, IL: IVP Academic, 2016, p. 280 [Em português: *Quadros de uma exposição teológica: Cenas de adoração, testemunho e sabedoria da igreja*. Brasília: Monergismo, 2017].
16 Beale, *The Book of Revelation*, p. 921–922.

des podem tentar silenciar o cristianismo, mas Deus tem a última palavra. O fim fumegante da maior cidade humana nos deixa algumas conclusões de que os cidadãos urbanos atuais precisam.

1. A cidade é o motor da inovação.

Deus criou três inovadores heróicos para preservar a linhagem de Caim: Jabal, Jubal e Tubalcaim. Desde então, a inovação humana está intimamente ligada à cidade. E, enquanto o planejamento urbano do homem só podia operar dentro de motivações de idolatria, orgulho e ganância, a cidade permaneceu um presente misericordioso. Construímos uma diversidade de cidades enquanto somos guiados por nossos impulsos culturais e somos ensinados pelo Criador a seguir seus padrões de criação. É uma grande misericórdia de Deus encontrarmos o caminho para a segurança de uma cidade (Sl 107.1-9).

Jacques Ellul, por outro lado, localiza a gênese de toda construção de cidades na tentativa fundamentalmente rebelde do homem de inventar um falso Éden. O homem ergue uma fortaleza de segurança atrás de aço e concreto, uma obra de contracriação, uma falsificação diabólica, um habitat de artifício, uma rejeição fraudulenta da criação de Deus para substituí-la pela criação do homem. Deus não interrompe essa rebelião, mas a adota em seu próprio plano para a Velha Jerusalém e a Nova Jerusalém.[17] Isso é um exagero. Ellul não aprecia o plano de Deus para preservar Caim e sua linhagem, os antepassados da cidade.

---
17 Ellul, *The Meaning of the City*, p. 77, 102-103.

Pelo contrário, podemos apreciar as cidades pelo que são — presentes temporários de Deus para bons propósitos, principalmente para servir como epicentros de inovação. Só Deus presenteia uma cidade com riqueza e bem-estar, e dessas dádivas surgem novas possibilidades de ciência e tecnologia.[18] Sem riqueza e saúde, as cidades não podem inovar. Mas, sem tirar essas bênçãos do lugar (e elas só são postas ali pela mão de Deus), as engrenagens do desenvolvimento tecnológico giram e as redes se formam. "A cidade conta com vida pública e mercados, resultando em mais interações pessoais e trocas em um dia do que é possível em outros lugares", escreve Tim Keller, sugerindo novamente que a cidade é algo como um microprocessador. "Quanto mais os profissionais da mesma área se reúnem, mais novas ideias são geradas e mais rapidamente elas se difundem. Quanto maior o estoque de talentos, maior será a produtividade desse talento, e maior, a demanda por ele".[19] A era tecnológica floresce por causa das cidades. Isso é bom e ruim. Isso significa que o Evangelho da Tecnologia será concebido e nutrido dentro do ventre da cidade. Mas também significa que, dentro dos limites da cidade de Caim, novas inovações benéficas surgirão e servirão à vida de cada um de nós com saúde, ferramentas e cultura.

2. Os cristãos integram-se às cidades.

Então, se o *technium* eventualmente se voltar contra os crentes, os cristãos deveriam se excluir do *technium* da

---

18 Herman Bavinck, "Common Grace", *Calvin Theological Journal*, n. 24 (1988), p. 60.
19 Timothy Keller, *Igreja centrada: desenvolvendo em sua cidade um ministério equilibrado e centrado no evangelho*. São Paulo: Vida Nova, 2014, p. 165.

Babilônia? Esse é um dos profundos desafios da vida na era tecnológica. É o enigma da cidade, porque Babilônia não é apenas uma cidade — ela é cada cidade.

Mas ela também é uma cidade antiga. A futura Babilônia deve nos lembrar da Babilônia original, uma antiga cidade liderada por seu infame governante Nabucodonosor. A antiga Babilônia era tão avançada culturalmente que agora fornece "a base sobre a qual nossa cultura está construída".[20] Essa mesma cidade antiga era uma ameaça terrível para o povo de Deus em Jerusalém. E quando Nabucodonosor "destecnizou" a cidade santa ao exilar seus técnicos de guerra e metalúrgicos Jerusalém tornou-se indefesa diante da conquista babilônica (Jr 29.2).

No exílio sob Nabucodonosor, o que o povo de Deus foi chamado a fazer? Eles foram chamados a se revoltar contra a maldade dessa cidade pagã e escapar, como no êxodo do Egito? Não. Deus tinha um plano diferente dessa vez. Ele não chamou seu povo para fugir e escapar. Ele não decretou um segundo êxodo para eles, pelo menos não imediatamente. E ele não lhes disse para se tornarem um câncer para destruir a Babilônia por dentro. Ele os chamou para a resposta exatamente oposta. O profeta Jeremias comunicou os mandamentos surpreendentes de Deus:

> [4]Assim diz o Senhor dos Exércitos, o Deus de Israel, a todos os exilados que eu deportei de Jerusalém para a Babilônia: [5]Edificai casas e habitai nelas; plantai pomares e comei o seu fruto. [6]Tomai esposas e gerai filhos e filhas, tomai es-

---

[20] Herman Bavinck, *As maravilhas de Deus*. São Paulo: Pilgrim; Rio de Janeiro: Thomas Nelson, 2021, p. 87.

posas para vossos filhos e dai vossas filhas a maridos, para que tenham filhos e filhas; multiplicai-vos aí e não vos diminuais. ⁷Procurai a paz da cidade para onde vos desterrei e orai por ela ao Senhor; porque na sua paz vós tereis paz. [...] ¹⁰Assim diz o Senhor: Logo que se cumprirem para a Babilônia setenta anos, atentarei para vós outros e cumprirei para convosco a minha boa palavra, tornando a trazer-vos para este lugar. ¹¹Eu é que sei que pensamentos tenho a vosso respeito, diz o Senhor; pensamentos de paz e não de mal, para vos dar o fim que desejais. (Jr 29.4–7, 10–11)

O povo de Deus foi chamado para buscar o bem-estar da avançada cidade pagã. De dentro. Este princípio é imediatamente relevante para todos os cristãos habitantes de cidades hoje. Incrivelmente, "nosso trabalho é conduzir a vida dos outros habitantes da cidade", escreve Ellul. "Devemos construir casas, casar-nos, ter filhos. Que feliz base para conciliação, pois é exatamente isso que a cidade nos pede!" E assim somos chamados a "continuar de geração em geração" contribuindo para "a própria estabilidade e profundidade que os homens buscavam quando construíram as cidades". O povo de Deus não faz cidades; somos habitantes da cidade. Não somos chamados a fazer cidades, mas a tornar melhores as cidades em que vivemos. Evitamos as falsas promessas espirituais que animam nossas cidades, mas ao mesmo tempo somos "claramente instruídos a participar materialmente da vida da cidade e promover seu bem-estar". Somos chamados a "compartilhar a prosperidade da cidade, trabalhar e empreender nela e aumentar sua população", até mesmo "defendê-la porque nossa solidariedade está com ela".[21]

Os filhos de Deus na antiga Babilônia "são convocados a ser os melhores residentes dessa cidade do homem particularmente. Deus manda que os exilados judeus não ataquem, desprezem nem fujam da cidade — mas busquem sua paz, que amem a cidade enquanto crescem em número".[22] Mesmo dentro de uma cidade perversa, o povo de Deus procura florescer em suas vocações.

3. Os cristãos fermentam a cidade antes de fugir da cidade.

Desde Sodoma, as cidades têm sido sinônimo de pecado sexual. E, no caso de Sodoma, Deus decidiu destruí-la com fogo. Mas antes disso ele nos ensinou uma lição. Abraão, aquele que evitava as cidades, implorou em nome de Deus para poupar o povo da cidade. Se cinquenta crentes justos vivessem na cidade, Deus a preservaria? Sim, Deus disse. Por cinquenta crentes justos a cidade não seria destruída. Abraão persistiu. Que tal quarenta e cinco, ou trinta, ou vinte, ou dez? A mesma resposta. Deus não destruiria uma cidade perversa por causa de dez crentes dentro dela (Gn 18.22–33).

O que podemos aprender aqui? No final dos tempos, Deus separará os ímpios e os justos, mas não será na cidade que ele os separará. Até lá, os cristãos fermentam suas cidades. Ellul escreve: "Toda a cidade é poupada quando há um bolsão de justiça, ainda que fraco, escondido no meio dela. E isso abre

---

21 Ellul, *The Meaning of the City*, p. 74.
22 Keller, *Igreja centrada*, p. 171.

a possibilidade de que os habitantes salvem sua cidade. Não para salvá-la do juízo final, não da condenação unívoca pronunciada contra a cidade, mas de sua execução aqui e agora, em sua cidade particular, sobre seus habitantes, dessa execução que serve como notificação do julgamento final".[23]

Enquanto aguardamos o acerto de contas final, cada igreja metropolitana exigirá uma dieta singularmente equilibrada de severas advertências espirituais e radiantes promessas eternas (Ap 2.1–3.22). Mas essa é a questão. Apesar dos perigos, os cristãos permanecerão nas cidades para criar famílias, cumprir suas vocações e desfrutar dos benefícios da cidade, enquanto também aprendem a resistir às atitudes ímpias da cidade. Assim como toda tecnologia tem seu próprio viés inerente — o Twitter celebra o sarcasmo, o Facebook celebra o pensamento dado a extremismos e o Instagram celebra os corpos — toda cidade também tem seus próprios vieses. Cada uma das sete igrejas do Apocalipse lutou contra seus próprios ídolos espirituais. Cada cidade hoje tem suas próprias tendências idólatras. Esses vieses não expulsam os cristãos das cidades; leva os cristãos a ter discernimento dentro delas.

Dessa maneira, uma teologia bíblica da tecnologia é simplesmente uma teologia bíblica da cidade. O enredo bíblico da cidade se move do primeiro projeto urbano de Caim, depois para a torre de Babel, depois para a opulência da Babilônia e termina com a cidade que desce da parte de Deus. Dos primeiros capítulos de Gênesis aos capítulos finais de Apocalipse, a história da inovação humana está entrelaçada à história da construção de cidades. Os desafios de abraçar a

---

[23] Ellul, *The Meaning of the City*, p. 64.

vida urbana são os desafios de abraçar a cultura tecnológica. Então, se sua consciência aprova viver dentro de uma cidade — entre todas as suas pressões culturais e tendências idólatras — você está simultaneamente pré-aprovado para adotar novas tecnologias, até mesmo para trabalhar dentro da indústria da tecnologia.

Mas chegará um tempo em que os cristãos serão chamados para fora da Babilônia. Ellul aponta para o início do nosso texto em Apocalipse 18 e mostra como um anjo declara que Babilônia caiu antes que outro anjo chegue para convocar os filhos de Deus a se retirarem da cidade (Ap 18.2-4). "Assim, a ordem de sair da cidade, separar-se dela, é dada quando a cidade já está caída, destruída, quando não há mais nada a ser feito para preservá-la e salvá-la", escreve Ellul. "Quando seu julgamento foi executado e quando, portanto, o papel do cristão em seu meio não tem mais significado. É essa ordem de Deus que devemos esperar". Aguardamos o chamado para deixar a cidade enquanto continuamos a viver produtivamente dentro dela. "Como seria mais fácil rejeitar a cidade agora, negá-la nossa presença agora. Mas isso não pode acontecer antes da decisão final de Deus. E assim estamos envolvidos em sua vida até o último minuto, e não está em nosso poder nos afastar".[24]

Imagine toda uma geração de cristãos em êxodo, chamada a desligar seus telefones, fechar seus computadores, ignorar o carro na garagem, sair pela porta da frente de uma casa cheia de confortos e ferramentas e evacuar suas cidades a pé, sem olhar para trás. Talvez seja a nossa geração, ou a

---

24 Ellul, *The Meaning of the City*, p. 78-79.

próxima, ou a geração depois dela. Em algum momento, os cristãos seguirão o decreto angelical para deixar a cidade do homem com toda a sua riqueza, poder, dons e bênçãos. O Doador nos chamará para longe das dádivas maravilhosas e temporárias que usufruímos todos os dias dentro da cidade. Seja esse o nosso destino ou não, o futuro da Babilônia deve nos mudar agora. Vivemos dentro de nossas cidades e desfrutamos de suas dádivas tecnológicas, mas vivemos como homens e mulheres aguardando nosso êxodo para uma cidade melhor. Nos apegamos pouco a nossas cidades — e a nossos aparelhos.

Um desligamento total da tecnologia está chegando, mas não agora.

Deus destrói cidades (como Sodoma); e revive cidades (como Nínive). Quaisquer que sejam seus planos para qualquer cidade, vivemos dentro delas como fermento. Seremos chamados para fora da cidade um dia. Mas até lá prosperamos dentro da cidade, mesmo resistindo ao espírito da cidade em nossa esperança e por nossa adoração.

4. Os cristãos resistem ao espírito da cidade em sua esperança.

O cristão nunca está à vontade, nem realmente em casa, dentro das cidades do homem. A tecnologia da cidade nunca se tornará uma utopia. Vivemos na cidade hoje, mas esperamos a cidade vindoura. Essa esperança nos deixa inquietos em cidades feitas pelo homem — assim como nossos patriarcas se incomodavam e se afastavam das cidades. Pela fé Abraão, Isaque e Jacó viviam em tendas porque podiam ver as falsas promessas das cidades do homem e aguardavam "a cidade que tem fundamentos, da qual Deus é o arquiteto e edificador" (Hb 11.9–10). Mesmo que sua casa agora seja rural, sua esperança é a mesma: a promessa da reunião na cidade santa de Deus (Jr 29.14).

Nossa esperança fiel contrasta com a cidade desesperada. A cidade feita pelo homem cativa corações e mentes e imagina uma vida feita pelo homem, separada de Deus. O Evangelho da Tecnologia floresce nas cidades. As cidades tornam-se um substituto utópico para o céu, sem Deus, algo como Babel. No entanto, oramos para que Deus poupe nossas cidades um pouco mais. Oramos para que o Espírito trabalhe em nossas cidades. Oramos por avivamento. Mas mesmo amando nossas cidades "seremos vistos como adversários do bem-estar público ou como inimigos da raça humana e nossos esforços pelo bem da cidade serão interpretados como uma vontade de destruí-la".[25] Esse não é nosso objetivo, mas pode se tornar nossa acusação. Nossa espera é subversiva, mas não contra a cidade; queremos que outros pecadores também esperem pela cidade melhor. Nos apegamos à esperança de uma cidade há muito prometida, uma nova cidade feita pelo próprio Deus, e nossa esperança é uma afronta direta a transumanistas e pós-humanistas, e a todos os que buscam uma utopia feita pelo homem. "Nossa atitude de espera, se for constante e verdadeira, se parte de nossos corações, é a própria ruína do poder espiritual da cidade".[26]

---

25 Ellul, *The Meaning of the City*, p. 76.
26 Ellul, *The Meaning of the City*, p. 78.

5. Os cristãos resistem ao espírito da cidade por sua adoração.

Os contornos exatos da futura Babilônia são maleáveis. Mas essa futura cidade sempre coincidirá com a antiga cidade da Babilônia. Os jardins suspensos da antiga Babilônia eram uma das maravilhas da inovação no mundo antigo "e representavam o melhor da engenhosidade humana. Hoje a Babilônia é uma sociedade ocidental anti-Deus com seu glamour, brilho, tecnologia e entretenimento, que prometem muito prazer".[27] "Babilônia é a alegoria da idolatria que qualquer nação comete quando eleva abundância material, proeza militar, sofisticação tecnológica, grandeza imperial, orgulho racial e qualquer outra glorificação da criatura acima do Criador".[28] Quando lemos uma antiga profecia, escrita antes da eletricidade, não é exagero sobrepor avanços tecnológicos a esta rica e arrogante cidade vindoura. O espírito da Babilônia apocalíptica é o clima em que o Evangelho da Tecnologia incubará, crescerá e governará mentes e corações.

A primeira tentativa de autonomia do homem caído contra Deus na engenharia de Babel será retomada nas tecnologias e nas inovações superiores da Babilônia. Elas estão vindo. Mas, ao esperarmos a destruição da Babilônia por Deus e enquanto esperamos nosso grande afastamento, como resistir agora a todo o complexo de poder econômico industrial-tecnológico, mostrado em Apocalipse 18? Seguimos o exemplo de Apocalipse 19, adorando o único Deus verdadeiro. Diante

---

27 Anthony R. Petterson, *Haggai, Zechariah, and Malachi*. Downers Grove, IL: IVP Academic, 2015, p. 172.

28 Bruce Manning Metzger, *Breaking the Code: Understanding the Book of Apocalipse*. Nashville, TN: Abingdon, 1999, p. 88.

de qualquer superpoder vindouro, ou de quaisquer novas descobertas feitas em um laboratório, nosso chamado nunca se afasta da adoração. "O Deus da Bíblia é também o Deus do genoma. Ele pode ser adorado na catedral ou no laboratório".[29] Nossa adoração "não tem nada a ver com o afastamento pietista do mundo público. É a fonte de resistência às idolatrias do mundo público".[30] A adoração cristã é resistência pública. Na era dos ídolos tecnologicamente derivados, não somos chamados a prevenir todo mau uso da tecnologia.

Não somos chamados a compreender todas as tecnologias e seus usos. Tampouco devemos nos retirar da cultura tecnológica. Nós vivemos dentro dela. E somos chamados a viver de tal maneira que lembremos ao mundo o que eles nunca querem ouvir. Somos chamados a apontar a outros pecadores a única causa de todas as possibilidades humanas, a mente que modelou toda a criação, o próprio criador de cada inovador, que procura satisfazer nossos corações consigo mesmo. Mais do que nossa crítica direta, nossa adoração é uma sirene para o mundo se afastar da adoração da inovação e de sua autonomia idólatra contra o Criador. Pela nossa adoração, esvaziamos a arrogância do tecnólogo e mostramos a ele que toda inovação é possibilitada por um Criador gracioso e infinito. Todo o nosso fazer é derivado. Só Deus poderia tornar possível a cidade, com todo seu ouro, sua riqueza e sua inovação. Deus faz os fazedores de cidades. Nenhum inovador pode escapar do domínio de seu Criador, pois ele os criou

---

29 Francis S. Collins, *The Language of God: A Scientist Presents Evidence for Belief*. Nova Iorque: Free Press, 2007, p. 211.

30 Richard Bauckham, *The Theology of the Book of Apocalipse*. Nova Iorque: Cambridge University Press, 1993, p. 161.

(*bara*) para criar, fazendo pessoas tanto para usos honrosos quanto para usos desonrosos (Rm 9.21).

Nossa adoração não pode parar a Babilônia, mas a ameaçará a ponto de derramar sangue. A Babilônia matará nossos profetas e assassinará nossos santos, mas nunca interromperá nossa adoração (Ap 18.24). Nossa adoração lembrará perpetuamente aos tecnólogos da Babilônia que o Deus vivo do universo é irrefutavelmente soberano e graciosamente misericordioso. Ao nos aproximarmos do final deste capítulo e nos voltarmos para a ética da vida na era tecnológica, esse ponto é crucial. Na era da inovação, a igreja permanece firme, adorando o único Deus verdadeiro, expondo o falso Evangelho da Tecnologia e exultando na alegre esperança da eternidade.

A CONCLUSÃO (OU NOVO COMEÇO)

A inovação humana, a indústria, a medicina, a música, a genética, o comércio e a astronáutica encontram seu fim na Babilônia. Nenhum desses campos de inovação atinge todo o seu potencial — nenhum deles se torna um meio de adorar o Criador de todas as possibilidades. Eles acabam fazendo o oposto. A ciência se apaixona pelo poder, o comércio se devora pela ganância e a música se obceca pelo mundanismo. São todos acometidos por uma autoconfiança como a de Babel e uma fixação semelhante à da Babilônia em poder e opulência. Neste mundo caído, cientistas e tecnólogos realizam feitos incríveis possibilitados na criação, mas se recusam a adorar o Criador. No final, todo o complexo urbano deve ser inundado e enterrado para dar lugar a algo melhor.

Babel deve ser arrasada para ser substituída por uma cidade rival. De fato, o fim de Caim e a desolação da Babilônia foram necessários para abrir o caminho para Deus entrar e habitar na nova criação. A adoração a Deus, feita por algumas almas dentro de uma metrópole tecnologicamente autônoma, foi uma concessão temporária. A adoração a Deus foi sempre projetada para irradiar do centro da cidade. E um dia assim será. Babilônia será lançada ao mar para dar lugar à Nova Jerusalém. Entrará na história uma nova cidade, não construída pelo homem, mas por Deus. Essa cidade irradia a vida, a santidade e a presença de Cristo, uma cidade sem templo, "porque o seu santuário é o Senhor, o Deus Todo-Poderoso, e o Cordeiro". A nova criação não precisará de painéis solares, nem de lâmpadas LED, nem de lanternas de celulares. Não precisará nem mesmo do sol ou da lua no céu, pois o esplendor da luz inexprimível de Deus fornecerá toda a sua iluminação (Ap 21.22–23).

Como a Babilônia, a cidade eterna de Deus será o cerne de uma rede global. Todas as nações andarão pela luz de Cristo e por sua luz todos os reis da terra trarão a glória e a honra das nações à cidade. Nada impuro, egoísta ou autoglorificador entrará na cidade de Deus (Ap 21.9–27). Quando a Babilônia for destruída, também serão frustradas todas as tentativas urbanas de frustrar Deus. Não haverá base para desconfiar das cidades, como o pessimismo de nossos patriarcas Abraão, Isaque e Jacó. Essa cidade não será construída pelo projeto e engenhosidade de homens como Jabal, Jubal e Tubalcaim. Superando todas as cidades conhecidas na história, a Nova Jerusalém chegará como a primeira cidade já projetada, preparada e construída pelo próprio Deus.

EXCURSO: VELHA TECNOLOGIA NA NOVA CRIAÇÃO?

No final da narrativa bíblica encontramos a destruição da grande cidade do homem e a chegada da cidade de Deus. E se essas realidades futuras são verdadeiras, nos deparamos com outra questão tecnológica: nossas inovações, como as conhecemos nesta vida, serão transferidas para a nova criação? Como respondemos a essa pergunta e como entendemos a tecnologia na Nova Jerusalém depende de como interpretamos dois textos bíblicos.

A primeira passagem diz respeito à glória da Nova Jerusalém. Lemos que "a glória e a honra das nações" (Ap 21.26) fluirão, sem fim, à cidade de Deus. Sião será o epicentro global da adoração. Mas essa glória incluirá a riqueza, as descobertas e as inovações das nações? Ou será limitada à adoração e o louvor humanos?

A segunda passagem nos leva a escolher uma interpretação literal ou metafórica da declaração de Jesus aos seus discípulos. Ele lhes disse: "se tiverdes fé como um grão de mostarda, direis a este monte: Passa daqui para acolá, e ele passará. Nada vos será impossível" (Mt 17.20; 21.21–22; Mc 11.22–23). Devemos adotar uma interpretação literal ou não literal aqui?

Veja como as opções se dividem, simplificadas em duas respostas.

Posição 1 (Espiritual/Literal): A tecnologia termina na Nova Jerusalém

Nesta visão, "a glória e a honra das nações" se limitam à adoração e ao louvor espirituais. Tem pouco a ver com riqueza financeira ou inovação. A eternidade é sem tecnologia porque é sem riqueza. Não há compra e venda na eternidade, nem economia de mercado como a conhecemos hoje, nem necessidade de desenvolvimento tecnológico. Em vez disso, tudo volta a ser como no jardim. Os alimentos silvestres crescerão em abundância e, se cultivarmos, será com facilidade.

A agricultura e todo nosso trabalho se tornarão sem esforço. Se fizermos uma leitura literal das palavras de Jesus a seus discípulos, os filhos de Deus se espalharão pelo mundo para governar a nova criação pela força do pensamento, sem as ferramentas de mediação que precisamos hoje sob a maldição. Em vez disso, na ressurreição, recuperaremos um poder, ao estilo Jedi, de fazer com que a criação se dobre, se mova e responda de acordo com nossa vontade somente. Na eternidade, falaremos e a nova criação nos atenderá, como faz para com Deus. O trabalho e o descanso de Deus são essencialmente a mesma experiência porque nada pode resistir à sua vontade soberana. Mas para nós nesta vida, especialmente após a queda, muitas forças conspiram para resistir ao nosso trabalho. Para nós, *trabalho* e *descanso* são opostos — um lutando contra a resistência e o outro sucumbindo a ela.

Talvez em uma criação não amaldiçoada, livre do desafio de cardos, abrolhos, pó, dor e suor, nós também trabalharemos sem resistência, algo mais próximo do que agora chamamos de descanso. A tecnologia dará lugar à força volitiva do pensamento. Com essa interpretação literal, muitos cristãos concluem que nossas tecnologias servem a um propósito temporário nesta era, para nos ajudar a lutar contra a resistência da criação, causada pela maldição (Gn 3.17-19).

Posição 2 (Material/Metafórica): A tecnologia continua na Nova Jerusalém

Nesta segunda posição, "a glória e a honra das nações" inclui a adoração global, mas não se limita a ela. Interpretada através da profecia de Isaías 60, a glória deve incluir um fruto mais metálico nas *"riquezas* das nações" (Is 60.5). Baús de moedas de ouro e prata representam uma economia de mercado global em crescimento e as economias globais em crescimento significam novas inovações e tecnologias.

Isso pode soar antiespiritual, mas a condução da riqueza global e da adoração global pela mesma porta para a Nova Jerusalém não ameaça ou desqualifica a autenticidade da adoração. Vimos o texto de Isaías parcialmente cumprido na famosa história que contamos todo Natal, de magos oferecendo a Cristo sua adoração e suas riquezas (Mt 2.1-12). Quaisquer tenham sido as interpretações preditivas e espirituais extraídas por esses homens de sua pesquisa dos céus, os magos eram exatamente isso: pesquisadores, "cientistas devotos do Oriente"[31] especializados em "observação astronômica sofisticada".[32] Como "observadores de estrelas e homens

---

31 H. D. M. Spence-Jones (ed.), *St. Matthew*, vol. 1 (Pulpit Commentary). Nova Iorque: Funk & Wagnalls, 1909, p. 54.
32 Richard T. France, "Matthew", em *New Bible Commentary: 21st Century Edition* (ed. D. A. Carson et al.). Downers Grove, IL: InterVarsity Press, 1994, p. 908.

sábios", esperava-se que "observassem e entendessem fenômenos estranhos nos céus".[33] Seu trabalho representava "a mais alta sabedoria do mundo gentio".[34] A disciplina intelectual dos magos lembra que a adoração a Cristo é o real objetivo de todo esforço científico humano.[35] Os magos são verdadeiros cientistas, representantes que perseguiram descobertas profundas e buscaram andar pela sabedoria divina e depositaram uma pilha considerável de riqueza aos pés de Cristo.[36] Esses magos ricos são exemplo da ciência em sua melhor versão. Se a história da inovação humana se desenvolve para sempre na nova criação, todos os seus inovadores e descobridores ecoarão a fé e a adoração desses antepassados, verdadeiros cientistas cheios de fé.

Embora seja uma interpretação mais literal da Nova Jerusalém, essa segunda posição assume uma interpretação metafórica das palavras de Jesus. Não governaremos a nova criação por meio da força do pensamento, mas por meio de ferramentas que passamos a usar neste mundo, ferramentas que aprimoraremos para sempre. Na nova criação, as armas de guerra serão recicladas como ferramentas agrícolas (Is 2.4).

---

33 Craig A. Evans, *The Bible Knowledge Background Commentary: Matthew–Luke*, (ed. Craig A. Evans e Craig A. Bubeck). Colorado Springs, CO: David C. Cook, 2003, p. 57.
34 W. D. Davies e Dale C. Allison Jr., *A Critical and Exegetical Commentary on the Gospel according to Saint Matthew, vol. 1* (International Critical Commentary). Nova Iorque: T&T Clark International, 2004, p. 228.
35 Erasmo Leiva-Merikakis, *Fire of Mercy, Heart of the Word: Meditations on the Gospel according to Saint Matthew, Chapters 1–25*. São Francisco: Ignatius Press, 1996–2012, vol. 1, p. 75.
36 Leiva-Merikakis, *Fire of Mercy, Heart of the Word*, vol. 1, p. 105–106.

Tecnologia glorificada

Enfim, ambas as posições têm pontos fortes. Será que a vida na eternidade trará consigo os avanços tecnológicos deste mundo? Ou será radicalmente diferente e mais simples? Muitas das especulações que tenho em minha mente só serão resolvidas na eternidade. Mas eu tendo à segunda posição. O mesmo Jesus que multiplicou peixes comestíveis durante seu ministério terreno para alimentar uma multidão usou uma grelha de carvão após sua ressurreição para cozinhar alguns peixes (Mc 6.30–44; Lc 9.10–17; Jo 21.4–14).

Sabemos que o plano final de Deus é "seu beneplácito que propusera em Cristo, de fazer convergir nele, na dispensação da plenitude dos tempos, todas as coisas, tanto as do céu como as da terra" (Ef 1.9–10). Cristo é "o grande recapitulador", diz Jacques Ellul. Ele tomará nossas débeis tentativas de construção de cidades na terra, as unirá à sua cidade celestial e fará uma verdadeira cidade. Assim como Noé conduziu a tecnologia da primeira criação ao reinício da humanidade, também Cristo fará a ponte da tecnologia das cidades do homem para a cidade de Deus. Assim, mesmo Ellul, um pessimista tecnológico, se inclina à continuidade tecnológica na nova criação quando admite que "o plano de Deus também inclui coisas inventadas pelo homem, que ele laboriosamente montou peça por peça, aprendendo com a experiência e o fracasso. Tanto suas falhas técnicas quanto as maravilhas de sua esperteza. Tudo isso é 'recapitulado' em Cristo, resumido nele, assumido por ele. Em uma brilhante transfiguração, toda a obra do homem é reunida em Cristo".[37]

---

37 Jacques Ellul, *The Meaning of the City*. Eugene, OR: Wipf & Stock, 2011, p. 176.

Sabemos que a Nova Jerusalém será gloriosamente material, uma mistura de céu e terra. E essa existência material exigirá (penso eu) o uso contínuo de ferramentas. Mas também imagino que cada realidade material que pensamos entender nesta vida será superada em muito nas realidades materiais superiores na cidade vindoura de Deus (Is 60.17). Quão tecnológicas elas serão, porém, é difícil dizer. Tenho certeza de que trabalharemos, pois Deus diz: "os meus eleitos desfrutarão de todo as obras das suas próprias mãos" (Is 65.22). Nos novos céus e na nova terra, desfrutaremos a felicidade de tudo colaborando em produção e amor mútuo. Não haverá desperdício, nem excesso, nem perigo, nem morte.

Na nova criação terei uma vocação. Trabalharei, não mais sob a dor da maldição, mas com uma alegria e um prazer que esta vida não pode oferecer. A grande resistência contra a qual resistimos com nossas ferramentas nesta vida desaparecerá e trabalharemos em pura liberdade e prazer. Construiremos casas e cultivaremos plantações (Is 65.21). Também viajaremos pelo mundo em jatos? Exploraremos a vastidão do espaço em foguetes? Não vejo por que não. Porém, mesmo com esperanças de continuidade, aguardamos realidades maiores que não podemos imaginar agora; talvez novos poderes que Deus codificará na nova criação, que farão com que todos os avanços de nossas tecnologias pareçam tão básicos e primitivos quanto uma torre infantil de peças de LEGO.}

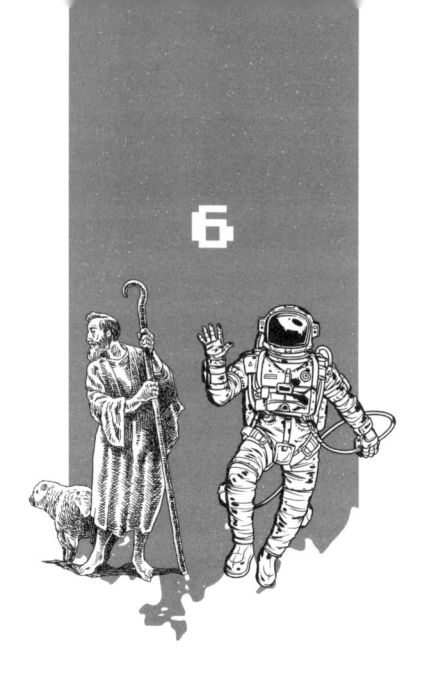

COMO DEVEMOS USAR A TECNOLOGIA HOJE?

Até agora no livro descobrimos a origem dos inventores no plano de Deus e a origem das inovações na criação de Deus. Vimos aonde a inovação humana está indo, isto é, para outro confronto com Deus. Finalmente, nos voltamos agora para os complexos dilemas éticos de viver nossas vidas cristãs dentro da era tecnológica.

O livro de Provérbios nos convoca a encontrar a sabedoria. E essa sabedoria é algo que nossa era tecnológica não pode nos dar. Nossas tecnologias podem amplificar nossos poderes, mas não podem nos dar sabedoria com tais poderes. Como o pastor Ray Ortlund diz: "Se tivermos tecnologia, mas não sabedoria, usaremos as melhores comunicações já inventadas para transmitir estupidez".[1] Esta é a nossa realidade. O último iPhone lançado não atualiza nossa sabedoria. Nenhuma tecnologia ou ciência fará isso. A sabedoria tem a ver com valor, e "a ciência não lida com questões de valor".[2]

Então, onde encontramos a sabedoria?

BUSCANDO A SABEDORIA

Envie alguns humanos em uma arca foguete para Marte, monte uma colônia com geradores nucleares e estufas, reinicie nossa espécie em um novo planeta; ainda assim, nunca responderíamos à pergunta do porquê — por que existimos, antes de mais nada. A ciência realiza coisas incríveis, mas não pode oferecer significado ou propósito. Para entender por que é assim, vamos para o nosso nono e último texto bíblico.

Em Jó 28.1–28, nos juntamos à busca de Jó por sabedoria. A vida de Jó foi devastada e ele precisa de respostas para seu sofrimento. Seus amigos ofereceram muitas palavras, mas que eram basicamente vento e vaidade. A sabedoria não se encontra em quantidade de palavras. Mas depois de muitas palavras, no final do livro, Jó responde a seus amigos com um vibrante solilóquio sobre técnicas de mineração. Por que mineração? Neste ponto da história humana, a mineração era considerada uma tecnologia dominante. Quando o homem mergulhava sob a superfície da terra para extrair minerais, prata, ouro e joias, ele exercia seu domínio sobre a criação.

---

[1] Raymond C. Ortlund Jr., *Proverbs: Wisdom That Works*. Wheaton, IL: Crossway, 2012, p. 17.
[2] Yuval Noah Harari, *Homo Deus: A Brief History of Tomorrow*. Nova Iorque: HarperCollins, 2017, p. 283.

Mesmo no mundo antigo, a agricultura e a pecuária eram artes modestas, práticas e previsíveis. Levando em conta algumas variáveis e supondo que não houvesse seca ou desastre, os resultados anuais eram bastante previsíveis. Com fontes estabilizadas de grãos e gado, a humanidade poderia então investir em algo que exigisse "esforço aleatório: irregular na rotina e incerto no resultado"; a prática da mineração.[3] A mineração é uma aposta vocacional. A promessa de extrair tesouros atrai os egocêntricos, os especuladores e os ambiciosos com cifrões nos olhos, dispostos a arriscar a vida e a saúde para perfurar qualquer profundidade que prometa uma chance de riqueza. Desenterrar riquezas é a startup de maior risco e maior recompensa. É uma forma de exploração espacial, não nos céus acima, mas no vasto espaço invisível sob a superfície da Terra. É por isso que as ambiciosas façanhas dos mineiros provocaram a admiração de sua época, assim como o primeiro pouso na Lua conquistou a admiração do público em 1964.[4]

Esses mineiros ancestrais ambiciosos ilustram a busca desesperada de Jó por sabedoria. Mas Jó descobre que a sabedoria não pode ser encontrada em técnicas de mineração ambiciosas. Isso está nos versículos 1-11.

> [1]Na verdade, a prata tem suas minas,
> e o ouro, que se refina, o seu lugar.

---

3 Lewis Mumford, *Technics and Civilization*. Chicago: University of Chicago Press, 2010 (1934), p. 66-67.

4 Bill Cotton, *Job: Will You Torment a Windblown Leaf?* Fearn, Ross-shire: Christian Focus, 2001, p. 118.

²O ferro tira-se da terra,
  e da pedra se funde o cobre.
³Os homens põem termo à escuridão
  e até aos últimos confins procuram as pedras
  ocultas nas trevas e na densa escuridade.
⁴Abrem entrada para minas longe da habitação dos
  homens,
  esquecidos dos transeuntes;
  e, assim, longe deles, dependurados, oscilam de um
  lado para outro.
⁵Da terra procede o pão,
  mas embaixo é revolvida como por fogo.
⁶Nas suas pedras se encontra safira, e há pó que contém
  ouro.

A humanidade é ambiciosa *a esse ponto*. Aprecie por um momento a imagem de um mineiro empoeirado descendo lentamente por um poço escuro em uma corda, balançando para frente e para trás, apertando os olhos, segurando uma tocha com uma mão enquanto passa a outra mão pela parede para explorar a face escura da rocha pela primeira vez. Os agricultores cultivam os solos na superfície, e dessa superfície vem o pão. Mas os mineiros exploram cavernas profundas latentes de possibilidades, veios marmoreados e desenhados dentro da rocha da criação.

O texto aqui sugere que os mineiros podem ter usado água e fogo para resfriar, aquecer e quebrar pedregulhos. Seja como for, os humanos são infinitamente agressivos para descobrir o que nunca foi visto antes. Inovações e descobertas acontecem na privacidade de túneis de minas e laboratórios de fundo de quintal, em startups caseiras e oficinas de garagem, e então são trazidas ao mundo.

O mineiro de Jó é um "tecnólogo destemido", um arquétipo da engenhosidade e da ambição humanas.[5] Em comparação com o mundo animal, o homem se diferencia pelos desejos de sua mente. Os animais não garimpam ouro nem cobiçam joias brilhantes. A mineração distingue a humanidade de todas as outras criaturas da terra. Assim, o mineiro de olhos aguçados mergulha em reinos de escuridão que os animais não descobriram e não têm interesse em descobrir.

> [7]Essa vereda, a ave de rapina a ignora,
> e jamais a viram os olhos do falcão.
> [8]Nunca a pisaram feras majestosas,
> nem o leãozinho passou por ela.
> [9]Estende o homem a mão contra o rochedo
> e revolve os montes desde as suas raízes.
> [10]Abre canais nas pedras,
> e os seus olhos veem tudo o que há de mais precioso.
> [11]Tapa os veios de água, e nem uma gota sai deles,
> e traz à luz o que estava escondido.

A mineração é inorgânica, o primeiro ambiente vocacional inteiramente feito pelo homem, escreve Lewis Mumford. "O dia foi abolido e o ritmo da natureza, quebrado: a produção contínua dia e noite surgiu aqui. O mineiro deve trabalhar

---

5 Elmer B. Smick, "Job" em *The Expositor's Bible Commentary*. Grand Rapids, MI: Zondervan, 1988, vol. 4, p. 976.

com luz artificial mesmo que o sol esteja brilhando lá fora".[6] Mumford considera a mineração a vocação moderna original, desvinculada da natureza, distante da vida animal, escondida do sol e desvinculada do ritmo circadiano. A mina é o primeiro local de trabalho sem distrações, a primeira fábrica sem janelas, um lugar isolado para o trabalho e apenas para o trabalho — uma vocação historicamente desumana.[7]

A crítica ultrazelosa de Mumford ignora a celebração de Jó das antigas expedições de mineração em poços profundos como uma das grandes inovações humanas no mundo antigo. A mineração é ambiciosa devido a seus riscos. Poucos cenários são mais assustadores do que estar em uma caverna profunda quando as águas começam a subir. Contudo, com sua ambição, o mineiro põe seu medo de lado. Os mineiros bloqueiam rios e secam cavernas para abrir túneis rio abaixo e explorar e trazer à luz do sol gemas e riquezas anteriormente submersas. Nenhum outro animal tem essa ambição. Somente os humanos inovam escavando profundamente a terra para descobrir novos poderes, riquezas e possibilidades tecnológicas.

Humanos são programados para descobrir. Seja minerando pedras preciosas ou colonizando Marte, são empreendimentos perigosos que tiram humanos da cama todas as manhãs. A ambição é fundamental para a nossa natureza. Nós transcendemos; nós exploramos; nós inventamos. Penetramos nas possibilidades da natureza. O mineiro ancestral,

---

6 Mumford, *Technics and Civilization*, p. 69–70.
7 Veja George Orwell, *O caminho para Wigan Pier*. São Paulo: Companhia das Letras, 2010.

"pelo engenho conquistador e pela capacidade científica supera a maioria das dificuldades no caminho de seu objetivo".[8] Não a fé, e sim a ambição humana seria tudo o que precisamos para abrir montanhas pela raiz. Destemidos, assaltamos a criação — quebrando rochas, abrindo montanhas, redirecionando rios. Nada fica em nosso caminho.

Na era da mineração a céu aberto, esse impulso ambicioso pode precisar ser controlado. Mas o mineiro ancestral é uma boa metáfora para todas as aspirações tecnológicas humanas. A mineração é a primeira startup. O mineiro é o antepassado do inovador ambicioso de hoje, e ambos estão unidos pelo desejo de trazer à luz o que nunca foi revelado – até agora.

Apesar dessa ambição, a busca por inovação e descoberta ainda não traz sabedoria. Conforme Jó continua, vemos que a sabedoria não pode ser descoberta *dentro* da própria criação.

> [12]Mas onde se achará a sabedoria?
> E onde está o lugar do entendimento?
> [13]O homem não conhece o valor dela,
> nem se acha ela na terra dos viventes.
> [14]O abismo diz: Ela não está em mim;
> e o mar diz: Não está comigo.

O homem exerce poderes tecnológicos quase divinos sobre a criação. Nós "forçamos a natureza a se revelar" para que possamos "descobrir seus segredos".[9] Os segredos da natureza

---

[8] A. R. Fausset, *A Commentary, Critical, Experimental, and Practical, on the Old and New Testaments*. Londres: William Collins, Sons, s.d., vol. 3, p. 68.

[9] Herman Bavinck, *The Wonderful Works of God*. Glenside, PA: Westminster Seminary Press, 2019, p. 16.

incluem novas descobertas científicas, novas riquezas materiais e novos poderes que possibilitam novas tecnologias. Podemos derrubar uma montanha e espiar por baixo, mas não encontraremos a sabedoria divina. Podemos cavar poços profundos na terra, e podemos encontrar ouro, prata, bronze, ferro ou joias preciosas, mas não encontraremos o propósito da vida. Mesmo que nos tornemos bilionários pelo ouro e pelas joias que desenterramos, a sabedoria não está à venda.

> [15]Não se dá por ela ouro fino,
>   nem se pesa prata em câmbio dela.
> [16]O seu valor não se pode avaliar pelo ouro de Ofir,
>   em pelo precioso ônix, nem pela safira.
> [17]O ouro não se iguala a ela, nem o cristal;
>   ela não se trocará por joia de ouro fino;
> [18]ela faz esquecer o coral e o cristal;
>   a aquisição da sabedoria é melhor que a das pérolas.
> [19]Não se lhe igualará o topázio da Etiópia,
>   nem se pode avaliar por ouro puro.

Todo o universo material é feito do nada. Isso significa que você pode revirar todas as montanhas, cavar a terra e desenterrar a riqueza correspondente a bilhões de dólares para si mesmo, mas nunca encontrará o verdadeiro valor da criação. Feita do nada, a própria criação contingente não pode responder por seu próprio propósito, significado ou razão de existência. Nossos cientistas podem estudar a atividade de minúsculas partículas, medir o vasto espaço do cosmos ou descobrir novas fontes de energia, mas enfrentarão exatamente o mesmo enigma que o mineiro antigo. As novas descobertas do Grande Colisor de Hádrons, as imagens mais recentes do Telescópio Espacial Hubble e os artefatos coletados do antigo minerador nos dizem muito sobre o mundo material. Mas nenhum deles pode explicar o significado ou a razão de ser da criação. Tampouco barras de ouro, moedas de prata e bolsas de joias podem comprar essas respostas.

Então, se a sabedoria não pode ser comprada com riqueza ou localizada com um detector de metais, onde podemos descobri-la? Essa é a próxima pergunta.

> [20]Donde, pois, vem a sabedoria,
>> e onde está o lugar do entendimento?
>
> [21]Está encoberta aos olhos de todo vivente
>> e oculta às aves do céu.
>
> [22]O abismo e a morte dizem:
>> Ouvimos com os nossos ouvidos a sua fama.
>
> [23]Deus lhe entende o caminho,
>> e ele é quem sabe o seu lugar.
>
> [24]Porque ele perscruta até as extremidades da terra,
>> vê tudo o que há debaixo dos céus.
>
> [25]Quando regulou o peso do vento
>> e fixou a medida das águas;
>
> [26]quando determinou leis para a chuva
>> e caminho para o relâmpago dos trovões,
>
> [27]então, viu ele a sabedoria e a manifestou;
>> estabeleceu-a e também a esquadrinhou.

A sabedoria é encontrada em Deus porque ele é o Criador soberano. Ele modelou a criação segundo si mesmo. Ele fez todas as coisas do nada. A sabedoria antecede montanhas, oceanos, terras agrícolas e todo o universo material (Pv 8.22–31). A sabedoria está eternamente presente no eterno deleite de Deus em si mesmo. Como o antigo mineiro, em nossa busca pela sabedoria, logo descobrimos que o significado da criação não se encontra na criação. O significado da criação é encontrado no Criador (Rm 1.18–23).

Este texto de Jó é outro lembrete de que estamos testemunhando a genialidade criativa de Deus quando notamos como ele projetou ventos, oceanos, relâmpagos, trovões e chuvas. Ele desenha os limites de oceanos, mares e lagos (Gn 1.9–10; Pv 8.29). É claro que uma onda de um furacão pode empurrar a água quilômetros para dentro do continente. Deus permite sobressaltos ocasionais. Mas em um dia normal você sabe onde encontrar a praia. Para essas praias Deus ordenou os *ventos predominantes* e os *ventos alísios* e, por implicação, instalou a primeira causa da navegação intercontinental. Para acompanhar esses vendavais Deus, ordenou o *relâmpago* e, por implicação, instalou a primeira causa de nossas cidades eletrificadas.

UMA DIGRESSÃO

Se for possível uma breve digressão, esses mesmos padrões do *vento* e do *relâmpago* estendem nossa imitação inventiva além da lista de Jó. Eles se conectam às nossas inovações em energia solar, turbinas eólicas, usinas hidrelétricas e células de combustível de hidrogênio. Já vimos vários, mas aqui estão alguns exemplos de como os padrões de Deus moldam nossas inovações.

Primeiro, pense na *navegação*. Por milênios os navegadores conduziram os navios por pontos fixos nos céus. Imitamos esse padrão por meio de satélites GPS nos céus que enviam sinais para guiar os aplicativos de navegação em nossos telefones.

Agora pense em *raciocínio*. O cérebro humano estala eletronicamente com oitenta bilhões de ligações neurológicas que formam nossa consciência (e subconsciência). Esse mesmo padrão se reflete na energia elétrica que passa pelo cérebro de seu celular e seu chip de computador. E nosso processamento cerebral inspirou uma nova linha de chips neuromórficos, processadores futuristas que se assemelharão mais aos neurônios e sinapses de nossos cérebros.

E agora pense na *produção de eletricidade*. Deus modelou as forças *nucleares* que usamos hoje. Eu moro na cidade de Phoenix, movida a energia nuclear, uma cidade que Ellul chamaria de uma das cidades atômicas da América, erguida artificialmente no deserto.[10] Artificial ou não, o urânio foi escavado e enriquecido, e agora os átomos estão se dividindo e meu computador funciona. Este processo pode parecer extravagante, mas é a versão primária do que é possível.

Meu computador usa eletricidade gerada pela *fissão nuclear*, a divisão de átomos. Mas uma possibilidade mais potente pode surgir no futuro: *fusão nuclear*, a junção de átomos. A fusão produz mais energia e deixa menos resíduos. Mas seu desenvolvimento é lento porque as forças em jogo são

---

10 Jacques Ellul, *The Meaning of the City*. Eugene, OR: Wipf & Stock, 2011, p. 155.

mais difíceis de controlar e os materiais de que precisamos são mais escassos. Então, de onde veio essa ideia extremamente ambiciosa de fusão nuclear? Do sol. A fusão nuclear é como Deus mantém acesos o sol e todas as estrelas maiores nas galáxias conhecidas. Deus disse "haja fusão nuclear" e houve fusão nuclear, um poder tão antigo quanto a luz. Estamos aprendendo com seu padrão. A energia nuclear não é um artifício inventado pelo homem.

Graças ao padrão do sol, a fusão nuclear pode alimentar nossas cidades no futuro, se conseguirmos escavar bastante hélio-3, um elemento raro na Terra, mas abundante na superfície da lua. A mineração lunar pode ser o segredo da nossa energia no futuro. O sol nos inspirou e talvez robôs automatizados controlados da terra possam escavar minerais na superfície da lua para abastecer nossas cidades de forma mais limpa nos próximos séculos. Se conseguirmos tudo isso, quem recebe a glória? Não aquele que descobriu a fusão nuclear, mas aquele que modelou e fez existir sua realidade. A glória irá para aquele que fez o sol, o vento, os relâmpagos e os mares, para aquele que fez todas as coisas.

Mas não fique muito esperançoso com toda essa conversa sobre eletricidade, porque nossas ferramentas elétricas, que parecem tão modernas hoje, um dia parecerão tão primitivas para nós quanto as máquinas a vapor. Pense no *armazenamento de dados*. Sabemos que Deus, com infinito cuidado, teceu cada um de nós no ventre de nossa mãe (Sl 139.13). Essa metáfora de tecelagem faz sentido para as culturas primitivas que teciam tapetes, mas não para a tecnópole que constrói robôs usando robôs. Mas hoje podemos dizer que Deus estava nos programando no ventre de nossa mãe, codificando 1,5 gigabytes de informação em praticamente cada uma das células do nosso corpo. Todos esses dados de DNA combinados somam cerca de 150 zettabytes de armazenamento no ser humano médio.[11] Isso significa que a capacidade de armazenamento de dados dentro apenas de minhas células poderia conter todos os dados digitais feitos pelo homem no universo: cada filme, vídeo, foto, banco de dados, livro, revista, página da web e cada 1 e 0 de código digital. Usamos o armazenamento eletrônico computadorizado para dados há décadas. Mas o armazenamento biológico de DNA em células de bactérias pode ser o futuro do armazenamento de dados em massa.[12] E quem inventou o armazenamento biológico de dados?

Deus é o significado do universo. Devemos vê-lo e perceber seus padrões. Devemos treinar nossos olhos para ver padrões criacionais como esses, porque a forma como nos relacionamos com o mundo natural revela como nos relacionamos com o Criador. Nossas cosmovisões se dividem em duas grandes categorias de fé e incredulidade: a *mimética* e a *poiética*. A cosmovisão *mimética* vê um mundo de significado inerente e padrões preexistentes de realidade que devem ser reconhecidos, respeitados e seguidos pelo homem. Imitamos e nos conformamos a padrões significativos, fora de nós. Por outro lado, a cosmovisão *poiética* vê o mundo como matéria-prima para que cada um faça de si o que quiser. Neste segundo caso, fabricamos significado para nós mesmos e

---

11 De acordo com as reflexões do biólogo Yevgeniy Grigoryev, "How Much Information Is Stored in the Human Genome?", bitesizebio.com (16/3/2012).
12 Sang Yup Lee, "DNA Data Storage Is Closer Than You Think", scientificamerican.com (1/7/2019).

vivemos a partir de uma visão de mundo egocêntrica em que "o propósito transcendente se desfaz no imanente, e em que um propósito determinado se desfaz em qualquer propósito que eu escolho criar ou decidir para mim mesmo". O significado do ser humano é reduzido a apenas "algo que indivíduos ou sociedades inventam para si mesmos".[13]

Duas trajetórias tecnológicas muito diferentes são representadas nessas cosmovisões. O *Übermensch* é deliberadamente cego para Deus nos padrões criados. Mas o cristão tem olhos para ver os padrões do Criador, para reconhecer que o significado último da criação material é Deus e para saber que nossa criação deve sempre se submeter às realidades do Criador. A vida sábia na era tecnológica nos chama a ver e apreciar os padrões de Deus em sua criação ao tentarmos imitá-lo.

DE VOLTA A JÓ

Deus cria e governa sua criação em sabedoria e riqueza, e novas possibilidades tecnológicas podem ser obtidas por seres humanos a partir da criação. Mas a sabedoria que precisamos para prosperar não é obtida por seres humanos a partir da criação. Podemos fazer uso de muitos dos incríveis poderes da criação através de nosso conhecimento, e podemos viajar para dentro da terra e até à lua. Mas a descoberta da sabedoria exige que realizemos algo muito além do domínio técnico. Este é o principal dilema de Jó 28 e o principal dilema de nossa era tecnológica. A sabedoria de que precisamos está além do alcance de nossas picaretas e nossas brocas com ponta de diamante.

---

13 Carl Trueman, *The Rise and Triumph of the Modern Self*. Wheaton, IL: Crossway, 2020, p. 39–42.

Longe de Deus e sem sabedoria, você pode ser um tolo expert em tecnologia. Até os tolos podem conseguir lucros inesperados e vender startups por milhões de dólares. Mas ambição, riqueza e domínio técnico nunca devem ser confundidos com sabedoria. Você pode se propor hoje a superar a genialidade, a riqueza e o poder de Elon Musk, e pode continuar sendo um tolo sem sabedoria, uma alma perdida que não consegue entender o sentido da vida. Por quê? Porque você tentou , encontrar o significado do universo e o propósito de sua vida na inovação, e possivelmente na riqueza e no poder; e não encontrou. Você pensou que o poder de desenterrar diamantes daria uma resposta sobre o sentido da vida; mas não dará.

Então, onde podemos encontrar essa sabedoria?

[28]E disse ao homem:
    Eis que o temor do Senhor é a sabedoria,
    e o apartar-se do mal é o entendimento.

Se colocarmos o mineiro (de Jó 28) ao lado do agricultor (de Isaías 28), descobrimos algo essencial. O processo de extrair riquezas ou uma colheita da terra foi codificado na criação pela sabedoria de Deus. Mas tornar-se um especialista em mineração ou agricultura não torna ninguém sábio. A sabedoria é encontrada no Criador, não em pilhar sua criação. Devemos contemplar o Criador por trás de todos os nossos empreendimentos inovadores. Podemos usar os padrões criados por Deus e convertê-los em poder e riqueza. Mas a sabedoria é encontrada em Deus.

No final de sua busca, eis o que Jó descobriu. O segredo para encontrar a sabedoria está na realidade de Deus, em seu peso e sua glória. Quando tememos a Deus, ele se torna a realidade dominante em nossas vidas, o centro orbital de quem somos e para quem vivemos.

Quando Deus se torna a massa gravitacional no centro da órbita de sua vida, você descobre o lugar certo para os planetas da ciência e da tecnologia. *Ele* é o fim de todos os dons criados que recebemos. O oposto de temer a Deus é substituir Deus. Como descobrimos anteriormente em Jeremias 2.13, Deus diz que "dois males cometeu o meu povo: a mim me deixaram, o manancial de águas vivas, e cavaram cisternas, cisternas rotas, que não retêm as águas". O maior pecado do universo é dar as costas a Deus e ignorá-lo por alguma vaidade projetada pela mente do homem. Em contraste, o temor de Deus é sabedoria. Nele, nossa busca termina.

DUAS REVELAÇÕES

Meu livro anterior sobre o uso excessivo de celulares serviu como um aviso, mas também como uma visão otimista sobre o valor da mídia digital a longo prazo. A ênfase foi intencional, e não se trata apenas de celulares. Oferecendo uma explicação mais completa, todos os nossos avanços tecnológicos incluem três estágios: (1) *descoberta*, (2) *produção* e (3) *adoção* desses novos poderes em nossas vidas para ampliar nossas capacidades naturais. Tal definição de tecnologia é relativamente comum. Falta a quarta etapa, que deve ser acrescentada: (4) *adaptação* desses novos poderes ao florescimento humano. Em um mundo caído, nossa adaptação sempre ficará atrás da descoberta, da produção e da adoção. O celular ilustra isso de forma vibrante. Estamos vivendo o estágio quatro agora, aprendendo a otimizar o iPhone em nossas vidas; ou seja, restringindo o perímetro de seus usos à sua verdadeira utilidade, uma lição lenta que ainda estamos descobrindo. Eventualmente conseguiremos; mas não sem luta. Esse é o paradigma que enfrentamos a cada inovação.

Mas, sem sabedoria, estamos às cegas para saber se nossas invenções estão realmente ajudando ou prejudicando o florescimento humano. Tentamos inventar, mas não inventar demais. Tentamos desenvolver, mas sem criar muitos monstros Frankenstein ao longo do caminho. Queremos ouvir a voz do Criador e nos corrigir quando exageramos, porque se formos além de sua voz acabaremos poluindo o mundo, mutilando o próximo e nos matando acidentalmente. Algum dano humano é inevitável na inovação. Portanto, devemos ficar atentos às consequências de toda tecnologia, tanto física quanto espiritualmente, tanto por meio da revelação geral quanto da revelação especial.

Deus modelou o universo material e continua a criar inovadores. O Criador conecta a ordem natural e a inovação. Com o Criador no lugar, nossas inovações são controladas pelo diálogo com a criação. Assim, uma abordagem cristã da tecnologia inclui um diálogo próximo com a própria criação. Ao ouvir a criação, podemos descobrir novas possibilidades, ao mesmo tempo em que temos em mente o cuidado com ela. Devemos ouvir a criação em busca de dicas das possibilidades e dos limites do que devemos ou não fazer. Quando descobrimos que um produto químico útil causa câncer de pele, nós o substituímos. Quando o nitrogênio penetra nas águas subterrâneas e mata a vida marinha, nós repensamos seu uso. Quando se descobre que o amianto causa câncer de pulmão, nós o removemos. E quando o fréon causa buracos no ozônio, nós o banimos. Mas todas essas correções operam no nível da revelação geral. Não é preciso conhecer a sabedoria de Deus ou o sentido da vida para fazer esses ajustes.

Os cristãos trazem outra revelação para a história do avanço tecnológico. Nós trazemos sabedoria. Os crentes ouvem a revelação geral (na terra e nos céus), *e também* a revelação especial (nas Escrituras). Assim que o holofote da revelação divina para de brilhar sobre qualquer indústria, seja agricultura comercial ou programação de videogames, essa indústria se deteriora e opera sob padrões morais frouxos. Essa indústria ou corporação será governada pela ganância, e desumanizará almas eternas.

Há um milhão de maneiras de usar as inovações, mas a tecnologia é mais bem usada quando seguimos a orientação da criação e restauramos o que está quebrado. O mundo não é produto do acaso evolutivo; é produto do projeto intencional do Criador. Podemos honrar esse sistema quando as tecnologias são usadas para consertar o que parece estar quebrado dentro da ordem criada. Seria necessário um livro inteiro de aplicações para descrever essa ética em genética, reprodução, doenças crônicas e lesões anteriormente "irreversíveis". A tecnologia coloca em nossas mãos novos poderes para quebrar padrões criacionais e realizar o que não é natural. Mas também nos concede novos poderes para restaurar os padrões criacionais normais que descobrimos pela revelação geral.

Descobrimos novas possibilidades quando ouvimos o Criador falar por meio da criação. Temer o Criador e ouvi-lo na vida de seu Filho e na revelação de sua Palavra é a forma de refinarmos nossas práticas para servir ao florescimento da humanidade *e* da criação. Ambas as vozes, da criação e do Criador, devem ser ouvidas. Devemos ouvir em estéreo, com os dois fones de ouvido, novas possibilidades e limites, não como um exercício espiritual isolado, mas como um ato de amor para proteger a saúde de toda a civilização. A revelação geral (a voz de Deus por meio da criação) e a revelação especial (a voz de Deus em sua Palavra e em seu Filho) trabalham em conjunto para preservar a raça humana, "a primeira ao sustentá-la e a segunda ao redimi-la", e juntas, servindo ao fim último de glorificar a Deus em toda a sua beleza revelada.[14]

ÉTICA, TECNOLOGIA E SABEDORIA

Com ou sem sabedoria, a aspiração do homem por novas tecnologias é insaciável. No século passado, a humanidade encontrou novas maneiras de praticamente acabar com a fome, a doença e a guerra. Então, o que vem a seguir na pauta da aspiração humana? Nas palavras de Yuval Noah Harari:

> O sucesso gera ambição, e nossas conquistas recentes estão agora levando a humanidade a estabelecer metas ainda mais ousadas. Tendo assegurado níveis sem precedentes de prosperidade, saúde e harmonia, e dado nosso histórico passado e nossos valores atuais, os próximos alvos da humanidade provavelmente serão a imortalidade, a felicidade

---

14 Bavinck, *As maravilhas de Deus*, p. 68.

e a divindade. Tendo reduzido a mortalidade por fome, doenças e violência, agora buscaremos superar a velhice e até a própria morte. Tendo salvado as pessoas da miséria abjeta, agora buscaremos torná-las positivamente felizes. E tendo elevado a humanidade acima do nível bestial das lutas por sobrevivência, agora buscaremos transformar os humanos em deuses e transformar o *Homo sapiens* em *Homo deus*.[15]

Tendo praticamente acabado com a fome, as doenças e a guerra global, voltaremos nossa atenção para o antienvelhecimento, as terapias de felicidade induzidas quimicamente e o aumento do cérebro e do corpo até não sermos mais *seres humanos*, mas *deuses humanos*. Não como o Deus onisciente, mas como deuses gregos, seres sobre-humanos. Conforme isso acontece, conforme o homem evolui e cria a si mesmo, e conforme os dilemas morais se tornam mais complexos, a Bíblia finalmente se tornará irrelevante, diz Harari.

> O que acontecerá com o mercado de trabalho quando a inteligência artificial superar os humanos na maioria das tarefas cognitivas? Qual será o impacto político de uma nova classe enorme de pessoas economicamente inúteis? O que acontecerá com relacionamentos, famílias e fundos previdenciários quando a nanotecnologia e a medicina regenerativa transformarem os oitenta nos novos cinquenta? O que acontecerá com a sociedade humana quando a biotecnologia nos permitir ter bebês projetados e abrir abismos sem precedentes entre ricos e pobres? Você não en-

---
15 Harari, *Homo Deus*, p. 21.

contrará as respostas para nenhuma dessas perguntas no Alcorão ou na lei da sharia, nem na Bíblia ou nos *Analectos de Confúcio*, porque ninguém no Oriente Médio medieval ou na China antiga sabia muito sobre computadores, genética ou nanotecnologia.[16]

Antes de mergulhar em categorias éticas muito específicas, devemos nos apropriar de três princípios importantes.

Primeiro, Harari tem razão em dizer que devemos nos preparar para alguns dilemas éticos desafiadores. O Deus que garante que o assolador tenha uma espada também modelou uma criação que pode produzir muito além do que os cristãos podem endossar moralmente.

A realidade é que nossa ética nunca estará em dia com nossas tecnopossibilidades. Deus viu esse problema desde o início. Adão e Eva entraram no mundo nus e sem vergonha (Gn 2.25). Eles eram como crianças. Então, quando Deus proibiu o primeiro casal de comer da árvore do conhecimento do bem e do mal, ele não estava limitando para sempre a descoberta científica do homem (como diz Sagan), mas retendo temporariamente a descoberta científica da criação até que o homem amadurecesse em uma idade adulta capaz de gerenciar todas as suas grandes possibilidades. A árvore foi feita para alimentar, mas não imediatamente. O homem em sua infância ainda não estava preparado para a ciência, a tecnologia e todos os dilemas éticos que eles trariam ao mundo. Este despertar viria mais tarde, com o amadurecimento do homem. Por enquanto, o casal estaria feliz em sua

---

16 Harari, *Homo Deus*, p. 271.

obediência pueril a Deus no jardim. Mas, como uma criança que desobedece ao pai, Adão e Eva buscaram um conhecimento do mundo maior do que estavam preparados para lidar eticamente.[17] Assim, desde o primeiro pecado, nossa ética tecnológica nunca acompanhou nossas novas possibilidades tecnológicas; e nunca acompanhará, uma tragédia assombrosa para os pecadores que vivem em um mundo tão potente. Sentimos especialmente a pressão agora porque "os poderes transformadores do mundo que a tecnologia entregou em nossas mãos agora exigem um grau de consideração e previsão que nunca antes nos foi solicitado".[18] A vida em um mundo caído significa que nossa ética nunca alcançará as últimas possibilidades da tecnologia.[19]

Segundo, as novas tecnologias não geram novas questões sobre essas tecnologias. Aliás, essa é uma das grandes preocupações com a tecnologia. No momento, posso comprar on-line um kit CRISPR de engenharia genética do tipo "faça você mesmo" por menos de 200 dólares e recebê-lo em casa. Posso aprender a manipular o DNA humano. E o kit não exige respostas éticas. Os limites éticos não são embalados junto das novas tecnologias. O "progresso" tecnológico raramente desacelera por questões éticas não respondidas.

O eticista cristão Oliver O'Donovan explica essa dinâmica quando escreve: " Se uma questão moral surge sobre uma nova técnica, ela surge não por causa de questões que

---

17 Umberto Cassuto, *A Commentary on the Book of Genesis (Part 1): From Adam to Noah*. Jerusalém: Magnes Press, 1998, p. 112–14.
18 Carl Sagan, *Pale Blue Dot: A Vision of the Human Future in Space*. Nova Iorque: Ballantine, 1997, p. 317.
19 Sou grato a Alastair Roberts por ter provocado a escrita deste parágrafo.

a técnica nos impôs, mas por questões que nós impusemos à técnica".[20] Em outras palavras, a sociedade muitas vezes adota inovações trajando vendas éticas, marchando em frente sem perguntar antes de tudo a que caminho a tecnologia pode estar levando. Os tecnólogos apressam as invenções cada vez mais, mas os cristãos param para examinar os riscos. Criticamos a tecnologia porque a tecnologia não possui autocrítica.

Terceiro, e mais importante, a rejeição da Bíblia por Harari é terrivelmente prematura. Como O'Donovan aponta, as inovações na verdade não levantam novas questões; elas demandam uma nova clareza sobre velhas prioridades. Essa é uma diferença crítica. O mundo é baseado em verdades antigas, preciosas e fundamentais da vida encontradas na palavra de Deus, que permanece para sempre (Is 40.8).

Assim, podemos imaginar um Velho Oeste de alta tecnologia, onde qualquer cliente pode se entregar à fantasia de estuprar ou matar robôs realistas. Essa terra de fantasia diz algo sobre o avanço da robótica. Mas diz muito mais sobre a violência maligna dentro do coração humano. Um *sexbot* de 40kg com genitais e seios personalizáveis, desenhado com a silhueta, sons e comportamentos baseados em uma estrela pornô cirurgicamente alterada não provoca simplesmente questões sobre se a relação sexual com uma máquina é sagrada ou não. Provoca questões sobre para que serve o sexo, onde ele floresce e como seu mau uso prejudica as almas.

Harari erroneamente assume que a antiga Bíblia é eticamente relevante para a era digital apenas na medida em

---

20 Oliver O'Donovan, *Resurrection and Moral Order: An Outline for Evangelical Ethics*. Grand Rapids, MI: Eerdmans, 1999, p. 93.

que fala a linguagem da era tecnológica. Antes, a essência dos "novos dilemas" de nossas inovações nos força a encontrar uma nova clareza sobre o que significa ser um ser humano encarnado. Não é difícil fazer uma lista de outras questões relevantes.

- Onde encontramos a felicidade?
- Qual o valor do corpo material, mesmo quando danificado?
- Como nossa alma pode florescer em uma cultura centrada no material?
- Como cuidar da saúde do nosso corpo?
- Como amar os pobres e não os explorar?
- Que papel o propósito vocacional desempenha no florescimento humano?
- O que significa ser casado?
- O que significa ser pai?
- O que significa amar o próximo?
- O que significa dizer que um feto é uma pessoa desde a concepção?
- O que significa ser mulher e não homem?
- O que significa matar um inimigo em uma guerra?
- Por que preservamos a privacidade pessoal?
- Por que preservamos a liberdade religiosa?
- Como buscar a justiça para nosso próximo?

Estas são apenas algumas questões que serão levantadas repetidamente pela tecnologia. Novos produtos químicos, poderes atômicos, IA, drones armados e robôs automatizados

— a nova tecnologia simplesmente traz verdades antigas sobre o desenvolvimento humano de volta ao primeiro plano de nossa ética nesta era tecnológica. À medida que buscamos sabedoria, sentido e propósito, a relevância eterna da sabedoria de Deus nas Escrituras brilhará na era tecnológica.

COMO ENTÃO VIVEREMOS?

Nossos cada vez mais acelerados poderes tecnológicos para modificar a criação (e até a nós mesmos) exigem várias convicções éticas. Com Bíblias abertas, aqui estão quatorze delas para considerarmos.

1. Nós respeitamos os dons da ciência e os inovadores não cristãos.

Muitos cientistas são hostis ao cristianismo, mas nem todos.

O Projeto Genoma Humano foi um empreendimento de quinze anos que mapeou e sequenciou completamente três bilhões de pares de bases de DNA. Ele se destaca como um dos projetos científicos e médicos mais importantes de nossa geração. Estamos apenas começando a entender a codificação genética humana e o que podemos detectar, alterar e consertar. O projeto, concluído em 2003, foi liderado por Francis Collins. Ele e sua equipe mapearam todos os três bilhões de letras do genoma humano com um sequenciamento que "será visto daqui a mil anos como uma das maiores conquistas da humanidade".²¹ Collins chamou isso de "uma conquista científica impressionante e uma oportunidade de adoração".²²

Collins é cristão. A ciência pode atrair os ímpios, mas também levou Collins do ateísmo para os braços de Deus. A ciência nunca poderia responder às suas perguntas fundamentais sobre o universo. A ciência lhe deu conhecimento sem sabedoria. Collins, um agnóstico, depois ateu, depois cristão, passou a ver a fé em Deus como "mais racional do que a incredulidade".²³ Ele é agora um dos geneticistas e neurocientistas mais célebres do mundo. "As pessoas diziam que minha cabeça ia explodir", disse ele, relembrando sua conversão, "que não seria possível estudar genética e ler a Bíblia. Nunca encontrei nenhum problema nisso, apesar da maneira como alguns cientistas traçavam uma caricatura da fé para fazê-la parecer incompatível". Muito antes do Iluminismo, a tensão hostil entre a fé e a ciência já fervilhava. Os cientistas muitas vezes negaram a fé, e a igreja muitas vezes rejeitou a descoberta científica. Então, como proceder hoje na era da inovação? "Não quero ver um futuro em que esse conflito entre ciência e fé leve a um vencedor e a um perdedor", disse Collins em entrevista. "Se a ciência vence e a fé perde, ficamos com uma sociedade puramente tecnológica que perdeu suas amarras e fundamentos para a moralidade. Eu acho que poderia ser um resultado muito duro e potencialmente violento. Mas tampouco quero ver uma sociedade em que vença o argumento de que a ciência não é confiável porque não concorda com

---

21 Francis S. Collins, *The Language of God: A Scientist Presents Evidence for Belief*. Nova Iorque: Free Press, 2007, p. 122.
22 Collins, *The Language of God*, p. 3.
23 Collins, *The Language of God*, p. 30.

uma certa interpretação de um versículo da Bíblia. Isso nos força de volta a uma circunstância em que muitas das dádivas que Deus nos deu por meio da curiosidade intelectual e das ferramentas da ciência precisam ser descartadas".[24]

Quando a Bíblia e a ciência encontram um impasse, geralmente nos dizem que a ciência deve ser declarada a vencedora. Esta conclusão soa muito semelhante ao que ouço dos ateus.[25] Em vez disso, penso que devemos criticar as ciências aplicadas com Bíblias abertas. Mas Collins está certo; visamos o respeito mútuo. O cristão honra as descobertas do cientista. O cientista honra as preocupações éticas do cristão.

Em toda ciência e inovação podemos discernir o que é bom, porque no que é bom podemos sentir uma dádiva do Espírito, vinda a nós através de homens e mulheres que talvez nos lembrem espiritualmente de Caim e seus herdeiros.

2. Nós esperamos que a inovação humana sirva a um ecossistema.

Como mostra o Salmo 104, Deus criou e agora sustenta todo um ecossistema. Ele modelou tudo. Ele fez a lua e as trevas, o sol e a luz do dia e as estações. Ele alimenta os animais e leva a humanidade a trabalhar desde a manhã até a noite (Sl 104.19–23). Ele criou as matérias-primas para o homem fazer vinho, azeite e pão (104.14–15). Toda a obra do homem é obra de Deus (Sl 104.23). Deus nos deu navios para navegar sobre o mar assim como criou o Leviatã para brincar

---

24 Jebediah Reed, "A Long Talk with Anthony Fauci's Boss about the Pandemic, Vaccines, and Faith", nymag.com (1/7/2020).
25 Veja por exemplo Carl Sagan, *The Demon-Haunted World: Science as a Candle in the Dark*. Nova Iorque: Ballantine, 1997, p. 277–279.

no mar, e ambos têm seu lugar (Sl 104.26). Dê um passo para trás, observe todo esse sistema e louve a Deus! O trabalho, a ciência e a inovação da humanidade devem sempre se encaixar em um ecossistema maior.

A tecnologia se origina na ordem criada. Mas as regras e os reguladores da tecnologia não estão nas tecnologias; elas residem dentro da ordem criada. Nossas inovações devem existir dentro de um diálogo ecológico com Deus, enquanto cuidamos e cultivamos adequadamente a criação (Gn 1.28–31).

Em sua melhor faceta, as tecnologias mais revolucionárias exibem a glória de Deus. Então, quando Kevin Kelly sugeriu que "podemos ver mais de Deus em um telefone celular do que em um sapo", ele estava certo em algum sentido.[26] O celular certamente reflete a glória do Criador. Mas reflete Deus em um sentido mais básico do que o sapo. O sapo foi criado por Deus e se adapta aos padrões biológicos do Criador na criação, e o faz em um sentido muito refinado. Um sapo vive inteiramente dentro da ordem criada e se conforma consistentemente a ela. O sapo vive em obediência à voz do Criador. Mas, como os usuários de celular descobriram, o iPhone introduz uma série de problemas fisiológicos, como privação de sono, aumento da ansiedade, depressão crescente, alienação pessoal, cansaço visual, respiração superficial e má postura (e o iPhone está nos mudando em uma dúzia de maneiras espirituais também).[27] Eventualmente, resolveremos todo esse mau uso do celular e avançaremos para os

---

26 Kevin Kelly, *What Technology Wants*. Nova Iorque: Penguin, 2011, p. 358.
27 Veja Tony Reinke, *12 maneiras como seu celular está transformando você*. Niterói: Concílio, 2020.

comportamentos socialmente saudáveis de um sapo. Mas, por enquanto, o smartphone, e nosso uso excessivo dele, muitas vezes ficará aquém de se adequar ao nosso florescimento biológico. Ficará carente da glória de Deus.

Na raiz, o pecado humano é a destruição da ordem natural (Rm 1.18–32). E a graça vem para restaurar a natureza.[28] Há uma conexão inequívoca entre a rebelião humana e a resistência à ordem criada — em favor de tendências que são autodestrutivas para nossa vida biológica. A regeneração começa por restaurar o que há dentro de nós e nos ensina a sintonizar nossos corações com a voz do Criador fora de nós. O desenvolvimento humano demanda oposição ao pecado, oposição ao que destrói as estruturas naturais do florescimento biológico. Os cristãos recebem esse papel na sociedade porque nosso inimigo não é a natureza, mas a distorção da natureza pelo pecado. A graça restaura a natureza confrontando o pecado humano que distorce a natureza. Conforme a graça de Deus nos ensina e seu Espírito nos convence, resistimos às inovações que não honram os padrões da criação. Mas nosso discernimento sempre estará um passo atrás dos sapos.

3. Nós esperamos testemunhar o excesso tecnológico e nos comprometermos a corrigi-lo conforme avançamos.

Perto do final da disputada eleição presidencial americana de 2020, o teólogo Wayne Grudem foi convidado a instruir uma igreja a participar do processo de votação, defendendo a reeleição de Donald Trump. Lá ele perguntou

---

28   Esse é o principal tema teológico de Herman Bavinck.

retoricamente ao público sobre os combustíveis fósseis, um tema-chave na eleição. "Você acha que Deus colocou essas fontes de energia incríveis e acessíveis — carvão, petróleo e gás natural — na terra para as usarmos, mas que ele colocou armadilhas nelas para que destruíssem a terra?" A multidão riu e aplaudiu concordando com sua premissa. "Acho que não".[29] Bem, a primeira metade da declaração é gloriosamente verdadeira. Os combustíveis fósseis foram intencionalmente dados por Deus, são incríveis e acessíveis e mudaram nossas vidas de inúmeras maneiras (você já parou para adorar a Deus pela dádiva dos combustíveis fósseis?).

Mas a segunda metade da questão é um pouco mais problemática, e você pode entender a razão simplesmente substituindo "carvão, petróleo e gás natural" por "urânio". Mude as categorias e a resposta muda. Em vários cenários, a humanidade poderia se extinguir com uma guerra termonuclear global e suas consequências. Portanto, a resposta à pergunta retórica não é tão simples quanto parece, porque acessibilidade natural não equivale à segurança infalível. Nossas descobertas mais potentes exigem autolimitação.

Pensando no antigo agricultor de Isaías 28, as lições de Deus foram "expressas em todas as leis da natureza, no caráter do ar e do solo, do tempo e do lugar, do grão e do milho". Mas à medida que o agricultor aprendia essas lições ele ainda era "suscetível ao engano e erro".[30] E quando o agricultor cometia erros ele poderia ferir sua colheita e prejudicar a vida

---

[29] Jack Hibbs, "Answering a Friend's Objections to Voting for Trump, Dr. Wayne Grudem", *Real Life with Jack Hibbs*, youtube.com (18/10/2020).

[30] Bavinck, *As maravilhas de Deus*, p. 101.

daqueles ao seu redor pela fome. Mas o impacto dos erros e enganos hoje é multiplicado pelo tamanho do complexo industrial. Nossos erros tecnológicos hoje ferem, mutilam e matam em grande escala. Os riscos de de interpretar mal o Criador são maiores do que nunca. Portanto, a consciência ecológica deve estar no radar da igreja.

O teólogo J. I. Packer chamou diretamente o mundo ocidental de "monstro tecnológico, estuprando o planeta por lucro financeiro e gerando horrendas perspectivas ecológicas para nossos netos".[31] Pode-se abusar do poder e sobrecarregar a criação. O Criador ensina o agricultor a arar uma vez, não o tempo todo. Sobrecarregue o solo e você pode gerar para si uma catastrófica terra arrasada. A boa agricultura tem a ver com intuição. A agricultura é uma dança dinâmica em sintonia com os fluxos e os ritmos sazonais da criação. Mesmo com toda a tecnologia brilhante, a boa agricultura depende do instinto. A tecnologia requer discernimento ecológico.

Como toda atividade humana altera o equilíbrio da criação, cometeremos exageros em nossas inovações e precisamos de correção. Mas nunca ultrapassaremos a providência de Deus. Packer adverte que "se, por exemplo, continuarmos na vida industrial de uma maneira que realmente produza um grande aquecimento global como estamos sendo alertados, isso pode significar certamente mais tempestades, mais desastres naturais, mais violência na ordem natural. E chegará um momento em que teremos que sussurrar para nós mesmos: 'Nós mesmos o causamos'. E nesse sentido, devemos aceitar a responsabilidade por isso. Mas ainda estamos sob

---

31 J. I. Packer, "Our Lifeline", *Christianity Today*, 28/10/1996, p. 23.

a soberania de Deus".[32] De fato; nenhum pardal cai do céu senão pela vontade e no tempo de Deus (Mt 10.29). Mas se encontrarmos uma pilha de pardais debaixo de uma turbina eólica devemos iniciar um inquérito ambiental.

À medida que as inovações nos afastam da terra, nossos ouvidos devem estar ainda mais atentos à voz do Criador em sua criação. Inovações futuras tornarão isso possível de maneiras difíceis de imaginar agora. A agricultura em larga escala foi automatizada de várias maneiras, com colheitadeiras conduzidas por GPS e plantadores guiados com precisão. Nós tendemos a pensar na agricultura em termos macro, grandes tratores fazendo coisas maiores mais rápido, fertilizando e colhendo em massa. Mas os robôs de IA podem eventualmente administrar a terra melhor do que nós. As máquinas futuras farão a agricultura ser mais meticulosa. No horizonte estão robôs com habilidades mais táteis, como robôs de colheita inteligentes, cérebros de IA com olhos, braços e discernimento digital para distinguir uma fruta madura a ser colhida hoje de uma fruta verde a ser colhida mais tarde. Robôs pequenos e automatizados podiam avançar lentamente pelos campos, arrancando ervas daninhas uma a uma. Isso reduziria o uso de pesticidas. Talvez o mesmo robô também pudesse nomear cada planta, administrando cada uma delas, documentando em um banco de dados o crescimento, a saúde e as necessidades específicas da planta. O cuidado com as plantações nesse nível granular impressionaria Tom Bombadil — e essa tecnologia também poderia ser facilmente adotada por agricultores orgânicos. Imagine a conservação

---

[32] "John Piper Interviews J. I. Packer", desiringGod.org (28/7/2020).

de água, fertilizantes e produtos químicos que a automação robótica por IA pode trazer.³³

A natureza merece tal cuidado. A criação é mais do que matéria-prima para nossa manipulação. A natureza é um organismo vivo que não entendemos completamente, e muito de sua cronobiologia avançada permanece um mistério. Os mundos de plantas, animais e insetos da Terra são redes biológicas de vida e comunicação que apenas começamos a apreciar. Talvez contemos com um enxame de nano-satélites em órbita terrestre baixa para nos ajudar a monitorar a "higiene planetária" da Terra em tempo real.³⁴ Talvez possamos inventar novas maneiras de ouvir o Criador, pois ele continua a nos falar através do catecismo da criação. À medida que perturbamos o equilíbrio da criação, precisaremos de um capitalismo consciente e de formas criativas para simultaneamente "salvar a economia do congelamento e a ecologia da ebulição".³⁵ Em outras palavras, aprenderemos a nos corrigir conforme avançamos.

4. Nós esperamos que o progresso tecnológico honre o projeto de Deus para o corpo.

Os Jetsons alugavam uma empregada doméstica robô. Seu nome era Rosie, uma robô faz-tudo azul, desgastado, programado para cozinhar, limpar e ser babá quando necessário. Ela era uma visão em desenho animado de 1962 do que 2062 poderia ser. Mas robôs faz-tudo como Rosie provavelmente

---

33 Kevin Kelly, "The Future of Agriculture", youtube.com (26/8/2020).
34 Sagan, *Pale Blue Dot*, p. 71.
35 Harari, *Homo Deus*, p. 214.

não lavarão nossas roupas, nossos pratos e nossa cozinha tão cedo. "Há alguma fantasia de que podemos fazer um robô de IA que seja superior aos humanos em todas as dimensões. Isso é tecnicamente impossível", diz Kelly. "Não podemos fazer uma máquina que supere os humanos em todas as dimensões. Você pode fazer uma máquina que consiga correr mais rápido que um humano. Você pode fazer uma máquina que possa saltar mais alto. Você poderia fazer uma máquina que rastejasse mais baixo. Mas você não pode fazer uma máquina que faça todas essas coisas ao mesmo tempo porque há uma complexidade na engenharia. Além de sermos bastante poderosos, somos incrivelmente flexíveis".[36]

Após três anos de experimentos na superfície de Marte com o robô Curiosity, um de seus engenheiros estimou que a mesma carga de trabalho poderia ter sido realizada por um humano em cerca de uma semana.[37] Comparado aos robôs, o corpo humano é poderoso, flexível e eficiente. Ele pode funcionar por dezesseis horas todos os dias, otimizando sua energia de apenas 1/4 de cavalo-vapor, governado por um cérebro que requer menos energia do que uma lâmpada. Somos tremendamente eficientes, adaptáveis e poderosos. Robôs não são. "Não sabemos como fazer uma máquina flexível e poderosa", diz Kelly. "Essas duas coisas normalmente não são o que otimizamos. Não há razão para tentar fazer uma máquina totalmente como nós — flexível, forte, rápida, de longa duração, baixa potência — porque podemos fazer mais de nós com muita facilidade. A maioria

---

36 Kevin Kelly, "The Future of Robots", youtube.com (8/7/2020).
37 Bobak Ferdowsi, em *The Mars Generation*, na Netflix, dir. Michael Barnett (2017).

dos robôs será diferente de nós de muitas maneiras. Eles serão melhores do que nós em certas áreas limitadas".[38] Mas permanecerão diferentes de nós.

O corpo humano é um design notável. E certamente teremos mais poder para otimizar este corpo. A era dos esteroides anabolizantes pode dar lugar a uma era de super-humanos geneticamente modificados. Enquanto aprendemos como biohackear o corpo humano e otimizá-lo em força e velocidade, a ciência está começando a interferir no atletismo, um local em que a competição humana há muito assume neutralidade biológica e química. O que acontece com os esportes quando as modificações cinéticas são rearranjadas geneticamente? O que acontece quando força e velocidade podem ser adquiridas rapidamente por meio de mudanças genéticas?[39] As modificações genéticas eventualmente levarão o esporte gradualmente ao fim? Ou eles, como a era dos esteroides no beisebol,[40] tornarão os esportes mais populares e emocionantes? Os atletas se tornarão a primeira classe de superseres geneticamente aprimorados?

Em resposta a desafios debilitantes, os implantes neurológicos podem ajudar a remediar AVCs, convulsões cerebrais, cegueira, surdez e até paralisia. Eles podem até ajudar a aliviar a depressão, a ansiedade e os vícios. Mas a ética fica mais precária quando falamos sobre o uso desses

---

38 Kelly, "The Future of Robots".
39 Veja a descoberta da miostatina, por Se-Jin Lee.
40 Período entre as décadas de 1990 e 2000, em que muitos atletas quebraram recordes de performance no beisebol profissional americano, graças ao uso de anabolizantes, e atraíram público e audiência para o esporte. Depois de investigações, alguns jogadores foram suspensos e as substâncias foram banidas [N.T.].

implantes para aprimorar pessoas saudáveis. O aprimoramento não parece incomodar inventores como Elon Musk, que procura acelerar a comunicação humana. É preciso muito trabalho para compactar ideias com precisão para outras pessoas por meio de palavras concretas, e o processo de expressão opera com uma taxa de dados muito baixa. Então, qual é a correção proposta por Musk? Um implante cerebral para permitir que impressões, conceitos e pensamentos não compactados passem de um cérebro para outro por meio de "telepatia consensual não linguística".[41]

A telepatia consensual através de interface cérebro-máquina é um aprimoramento "inebriante" de ficção científica plagiado das páginas do Dr. Filostrato. Mas essa é a trajetória da tecnologia: tornar nossos poderes inatos sobre-humanos. "A medicina do século XX visava curar os doentes. A medicina do século XXI está cada vez mais visando atualizar o saudável".[42] Esses aprimoramentos biológicos não são naturais, diz Kevin Vanhoozer. "Curar é intervir terapeuticamente visando corrigir um defeito biológico ou bioquímico. Em contraste, aprimorar é melhorar a função normal, ir além do natural".[43] Há um delicado equilíbrio a ser mantido na preservação e restauração das funções naturais — e graves consequências em aprimorar o natural a ponto de ser sobrenatural. Aprimoramentos sobrenaturais

---

41 "WATCH: Elon Musk's Neuralink Presentation", *CNET Highlights*, youtube.com (28/8/2020), a partir de 1:04:03. Devo notar que o Espírito se comunica por meio de alguma intercessão inexprimível "profunda demais para palavras" — um canal sem palavras (ἀλάλητος) que não compreendemos (Rm 8.26).
42 Harari, *Homo Deus*, p. 353.
43 Kevin J. Vanhoozer, *Pictures at a Theological Exhibition: Scenes of the Church's Worship, Witness and Wisdom*. Downers Grove, IL: IVP Academic, 2016, p. 256.

trazem consequências sobrenaturais. Pois o "aprimoramento do corpo é o desencantamento da alma".⁴⁴

Podemos eventualmente modificar nossos corpos de maneiras úteis e necessárias. Mas nunca chegaremos a um ponto em que o corpo humano seja uma máquina descartável. A eugenia nazista provou ser perversa em suas tentativas de isolar uma raça superior, mas esse espírito nocivo pode ressurgir na era tecnológica. Hoje, a triagem pré-natal é usada em bebês ainda no ventre para identificar possíveis defeitos genéticos, usando uma lógica baseada na ciência que leva ao massacre de inúmeras crianças que são diagnosticadas com síndrome de Down, pessoas preciosas que são notoriamente a população mais feliz do mundo.⁴⁵ O massacre genocida se esconde atrás do véu da objetividade científica. Todo corpo, por mais defeituoso que seja neste mundo caído, é um ser humano totalmente valioso, refletindo seu Criador. Tecnologias que desvalorizam o corpo humano nunca honrarão o Criador.

5. Nós nos comprometemos com as principais vocações de amor.

Há muito tempo, Herman Bavinck apresentou sua própria lista de perguntas perenes que os humanos sempre precisarão responder, particularmente estas seis:

- Qual é a relação entre *pensar* e *ser*?
- Qual é a relação entre *ser* e *tornar-se*?
- Qual é a relação entre *tornar-se* e *agir*?

---

44 Vanhoozer, *Pictures at a Theological Exhibition*, p. 260.
45 John Knight, "The Happiest People in the World", desiringGod.org (20/3/2015).

- Quem sou eu?
- O que é o mundo?
- Qual é o meu lugar e a minha tarefa neste mundo?[46]

Voltamos a essas mesmas perguntas na era da inovação, porque as inovações nunca respondem a essas perguntas. Mas as respostas a essas perguntas também exigem a sabedoria que determina o propósito de nossas vidas. E essa sabedoria é crucial quando não podemos mais recorrer ao mercado para identificar nossas habilidades comercializáveis, nas quais tantas vezes buscamos nossa identidade e propósito.

Quando se trata de entender nosso lugar no mundo, uma grande mudança está se formando para todos nós. A IA está mudando mais do que o reconhecimento facial e as estratégias de defesa nacional; está mudando tudo. Os computadores estão à beira do autotreinamento e do autoaperfeiçoamento. A IA aprende nos estudando. Ela o estuda sempre que você fala com um assistente pessoal como Alexa ou Siri. Ela observa e aprende seus comportamentos e preferências quando você digita pesquisas simples no Google. A IA observa seus hábitos na Netflix para reunir seus interesses pessoais, alimentar um banco de dados e adivinhar qual mídia você gostaria que fosse exibida em seguida. A IA da Amazon procura vender coisas novas com base em quem ela pensa que você é. A IA também o protege, detectando spam para evitar que ele encha sua caixa de entrada. Os computadores de IA dominaram o xadrez

---

46 Herman Bavinck, citado em John Bolt, *Bavinck on the Christian Life: Following Jesus in Faithful Service* (Theologians on the Christian Life). Wheaton, IL: Crossway, 2015, p. 122–123; formatação alterada.

e passaram a dominar os videogames, aprendendo a vencer por meio de novas táticas para superar as dos jogadores humanos. Mas a IA não é só diversão, jogos e consumíveis.

À medida que a tecnologia vestível (*wearables*) se torna onipresente, tudo o que fazemos, tocamos e possuímos está conectado a uma neurologia digital, um fluxo de dados em funil. Todos os nossos comportamentos estão sendo digitalizados. Você, seus *wearables*, seus comportamentos, suas decisões de vida — tudo isso alimenta novos fluxos de dados. Nosso fluxo coletivo de dados é sincronizado com um banco de dados de todos os outros comportamentos humanos. Um banco de dados coletivo de conduta humana está tornando o marketing segmentado quase onisciente.

Nossos celulares estão cheios de aplicativos de obtenção de dados, assistindo e ouvindo tudo o que fazemos online. Esses sinalizadores que carregamos a todos os lugares transmitem *pings* e assinaturas digitais o tempo todo. Empresas e agências nacionais de inteligência sabem que a mineração de dados é a chave para ganhar poder, mas apenas se encontrarem novos poderes de computação em IA. "Assim como, de acordo com o cristianismo, nós seres humanos não podemos entender Deus e seu plano", diz Harari, "também o dataísmo declara que o cérebro humano não pode perscrutar os novos algoritmos mestres".[47] Os supercomputadores inventarão novas maneiras de ver e saber que nossos cérebros insignificantes não podem conceber agora. A era da fé termina quando o Big Data proclama à humanidade: "Pois assim como a supernuvem de dados é superior ao conhecimento humano, meus

---

47 Harari, *Homo Deus*, p. 398.

algoritmos predizem todos os seus caminhos e meus insights são superiores a todos os seus pensamentos".[48]

Sendo mais otimista, nossos diagnósticos médicos serão processados por IA, por um médico digital onisciente que pode simultaneamente recuperar todo o seu histórico médico, examinar seu genoma completo, visualizar seus exames, raios-X e sinais vitais através de uma grade de todo o histórico registrado da medicina, e procurar problemas a fim de gerar uma lista de tratamentos curativos, paliativos e preventivos. A IA agora pode decifrar com precisão as várias estruturas 3D de proteínas encontradas no corpo humano, detectar mutações e atingir doenças com remédios nunca antes imaginados. Talvez, no devido tempo, minúsculos nanobots circulem em nosso sangue para fornecer atualizações em tempo real e monitoramento médico 24 horas por dia, 7 dias por semana. O médico do futuro não será alguém que visitamos uma vez por ano para um check-up, mas alguém que vigia nosso painel de dados em tempo real para nos ligar quando algo der errado. A IA conhecerá nosso corpo tão bem que poderemos nos humanizar a um nível de detalhe que nunca imaginamos. As vantagens da IA são extensas.

Mas as mentes digitais de autoaprendizagem interferirão nas economias e nos mercados de trabalho. Quase todo mundo que assiste à ascensão da IA concorda nisso. Algumas previsões dizem que a IA e sua fusão com a robótica autônoma apagarão cerca de metade de nossos empregos e tornarão uma grande proporção da humanidade sem importância para a economia (de acordo com Kai-Fu Lee). Outros alertam que

---

48 Uma paráfrase futurista de Is 55.9.

os únicos humanos a reter valor na era da IA serão aqueles com a vantagem de conectar uma interface digital em seus cérebros (de acordo com Elon Musk). Outros dizem que a IA inicialmente interromperá muitos empregos, mas depois levará a mais e melhores empregos para seres humanos (de acordo com Kevin Kelly). A IA dizimará nossas chances de encontrar trabalho? Isso é duvidoso. É mais provável que aprendamos a trabalhar com IA como aprendemos a trabalhar na frente dos computadores hoje. Os empregos do futuro exigirão fluência em IA, não muito diferente da fluência já necessária para trabalhar bem com colegas de trabalho.[49]

Contudo, consideremos por um momento a previsão mais sombria. Imagine que as atualizações dos robôs de IA continuem até que os humanos se tornem irrelevantes. Imagine que dentro de trinta anos metade da humanidade tenha sido informada de que o valor de mercado de suas habilidades é zero. Operadores de telemarketing, representantes de atendimento ao cliente, contadores, caixas, radiologistas, farmacêuticos, tradutores, revisores, registradores de dados, estoquistas, caminhoneiros de longa distância, agricultores, colhedores de frutas, mensageiros, motoristas de Uber, cozinheiros, garçons, bancários, agentes de viagens, corretores da bolsa de valores, árbitros esportivos e praticamente todos os trabalhadores de fast-food — todos se foram, substituídos por computadores avançados e robôs automatizados. A tomada dos empregos pela IA marcaria a mudança econômica e tecnológica mais disruptiva da história da humanidade. As desvantagens parecem gritantes: desemprego em massa, evaporação da classe

---

49 Kevin Kelly, "The Future of Employment with AI", youtube.com (27/5/2020).

média e uma disparidade de riqueza jamais vista antes em um país desenvolvido. O que acontece quando nossa experiência comercializável não tem valor? O que acontece quando meu vizinho não precisa de nenhuma das minhas habilidades? O que acontece quando os empregos desaparecem e ficamos, não com lazer, mas com desespero sem propósito?

É difícil imaginar as perturbações generalizadas resultantes. Um homem que não tem nada a oferecer à esposa e à família em termos de trabalho fica profundamente restringido em sua capacidade de cuidar deles. Os homens acharão mais difícil se casar e constituir família de forma significativa. Quando as crianças podem ser gestadas em úteros artificiais, e quando bots sexuais e profissionais do sexo virtuais atendem ao apetite sexual de um homem, a capacidade de amar de uma mulher também será profundamente reduzida. Conforme a humanidade se separa entre uma "pequena elite de super-humanos aprimorados" e uma maioria não aprimorada, veremos o surgimento da "classe inútil": uma massa de pessoas "desprovidas de qualquer valor econômico, político ou mesmo artístico, que em nada contribuem para a prosperidade, o poder e a glória da sociedade", e que vivem isolados, alimentando-se de choques químicos ou eletro-ondas de alguma felicidade artificial em uma vida passada dentro da alucinação telepática da realidade virtual.[50] Em tal cenário, a santidade da vida, agora mencionada para proteger os nascituros contra o aborto e os idosos contra a eutanásia, será convocada a aplicar-se a um espectro demográfico muito mais amplo: os que serão evitados por um mercado que não os deseja.

---

50 Harari, *Homo Deus*, p. 330, 355.

As previsões são terríveis para os que não se adaptarem às mudanças. "Sim, as máquinas inteligentes serão cada vez mais capazes de fazer nosso trabalho e atender às nossas necessidades materiais, quebrando indústrias e desalojando trabalhadores no processo", diz o profeta da IA Kai-Fu Lee sobre o que ele prevê ser uma grande disrupção a caminho. "Mas resta uma coisa que apenas os seres humanos são capazes de criar e compartilhar uns com os outros: o amor".[51] Quando o mercado desvaloriza suas habilidades e você não tem habilidades para oferecer aos outros, você ainda tem sua própria presença para dar.

A IA trará bots de terapia, bots de babá e bots de estimação. Os sistemas de IA oferecerão a aparência virtual de presença, mas permanecerão impessoais. Em vez disso, na era da IA, parece que poderemos estar na condição de amar menos por meio de habilidades e amar mais proporcionalmente em presença. De acordo com Lee, amar o próximo será a chave para encontrar um propósito pessoal e prosperar em uma época em que a IA tirou seu emprego. Há certa verdade nisso. Mas precisamos ir além.

De certa forma, Cristo nos preparou para encontrar nosso chamado na era da IA — e em qualquer era. Veja como Jesus define o que significa realmente prosperar no mundo, em Lucas 10.25–28.

> [25]E eis que certo homem, intérprete da Lei, se levantou com o intuito de pôr Jesus à prova e disse-lhe: Mestre, que

---

51 Kai-Fu Lee, *AI Superpowers: China, Silicon Valley, and the New World Order*. Boston: Houghton Mifflin Harcourt, 2018, p. 198.

farei para herdar a vida eterna? ²⁶Então, Jesus lhe perguntou: Que está escrito na Lei? Como interpretas? ²⁷A isto ele respondeu: Amarás o Senhor, teu Deus, de todo o teu coração, de toda a tua alma, de todas as tuas forças e de todo o teu entendimento; e: Amarás o teu próximo como a ti mesmo. ²⁸Então, Jesus lhe disse: Respondeste corretamente; faze isto e viverás.

Essa é a constante universal, a fórmula para uma vida vibrante — para estar plena e verdadeiramente vivo nesta era e na era da IA. Estes são os dois "mandamentos de amor". Em relatos paralelos nos Evangelhos, o próprio Jesus faz o resumo (Mt 22.37–40; Mc 12.28–31). Aqui em Lucas, o intérprete da lei o faz. Infelizmente, o jurista cheio de qualificações não entenderá, pois procura uma autojustificação, e isso não é possível. A justificação é encontrada somente na expiação substitutiva de Cristo, em seu supremo ato de amor para conosco (2Co 5.21; 1Jo 4.10, 19). No entanto, o intérprete da lei não é estúpido. Ele resume toda a vontade moral de Deus em duas categorias: ame a Deus com tudo o que você é e ame os outros como a si mesmo. Então Jesus elogia o resumo. O jovem está certo. Isto é o que significa estar totalmente vivo.

Observe o mandamento principal do amor: valorize Deus com tudo o que você é. Aqui está a vocação humana primária que cada um de nós foi criado para experimentar. Mais do que tentar encontrar um lugar na economia de mercado, cada um de nós foi criado para expressar diariamente que recebemos Deus de coração, alma, força e entendimento.[52] Esse é o sentido de estar vivo. O amor é uma resposta ao vermos a glória e a bondade de Deus e, à luz de sua beleza, não desejarmos nada na terra mais do que ele, estimando-o acima até mesmo do pai, mãe, filho ou filha mais amados. A fé atua para entregar com alegria todos os nossos bens terrenos, tudo o que o mercado valoriza, a fim de comprar um campo que contém o inestimável tesouro de Cristo. Não importa se a era da IA nos dará ou nos tomará; a fé viva considera tudo nesta vida como perda em comparação com o valor supremo de conhecer a Cristo (Sl 34.8; 73.25–26; Mt 10.37; 13.44; Lc 10.27; 14.33; Jo 6.35; Fp 3.8). Amamos a Deus com todo o nosso coração, alma, força e mente — expressões holísticas de como o valorizamos e encontramos nele tudo o que desejamos. Uma vida dada para amar a Deus dessa forma renovará o propósito da "classe inútil" quando nada mais for suficiente. Essa é a vocação pessoal em cada uma de nossas vidas. E nada, nem mesmo as previsões de IA mais terríveis, irão pará-la.

Do mandamento de amor primário flui o segundo mandamento de amor: ame o próximo como a si mesmo. As demonstrações de amor mudarão na era da IA. O amor pede criatividade. Mas a lição permanece verdadeira para nós hoje. Neste momento, somos ricos em tecnologia. Porém somos ordenados a não deixar que essas riquezas nos tornem vaidosos e complacentes. Em vez disso, encontrando nossa segurança

---

52 Ou, nas palavras de Piper: "Quando ordena que amemos a Deus de todo o coração, alma, entendimento e força, Jesus está dizendo que toda a aptidão inata e toda a capacidade de nosso ser devem expressar a plenitude de nossa afeição por Deus, a plenitude de todas as formas pelas quais o estimamos como um verdadeiro tesouro". John Piper, *O que Jesus espera de seus seguidores*. São Paulo: Vida, 2008, p. 87.

somente em Deus — e nunca nas promessas da tecnologia que logo decepcionarão — vemos em nossas inovações o Doador generoso que nos dá ricamente todo novo poder e conforto para desfrutarmos. Ele nos chama para desfrutar e usar suas dádivas para o bem, servindo às necessidades dos outros. Usar altruisticamente nossa tecnologia para atender às necessidades dos outros é a forma de armazenarmos tesouros no céu (1Tm 6.17-19).

Jesus nos prepara para a era da IA lembrando que o sentido de estar totalmente vivo é doar nossas vidas. O tecnocontrole e o pseudoconforto que a era da inovação promete nunca tornarão ninguém mais vivo. A verdadeira vida é para aqueles que estão vivos para a beleza de Deus. Essa realidade era verdade no primeiro século, era verdade na Revolução Industrial e será verdade para qualquer mudança que a IA trouxer para nossas vidas. Assim como a era tecnológica promete fazer de você o centro de seu próprio universo, nossos mandamentos de amor proíbem isso. Nosso propósito maior molda as prioridades de nossas vidas fora de nós, não de dentro do *technium*. A vida, o significado e o propósito do cristão sempre serão moldados pela grandeza de Deus e pela nossa presença que oferecemos aos outros.

6. Nós abrimos espaço para inovações desnecessárias.

Devemos olhar com ceticismo para qualquer inovação que não sirva ao florescimento da humanidade. No entanto, ainda é preciso complementar essa afirmação, porque também não penso que a utilidade responda por todos os impulsos santos em ação na inovação e na exploração humana. Quando contemplo os materiais atraentes desta terra (ouro, prata e diamantes), ou a matéria expansiva no cosmos (mais de 99,99% da qual parece existir sem consequências para qualquer uma de nossas vidas), não fico com a impressão de que a criação foi feita simplesmente por utilidade. A diversidade selvagem de criaturas no reino animal afirma esse mesmo ponto (Jó 38.1–41.34). Assim, quando vejo os três irmãos de Gênesis 4, vejo uma cultura ancestral se esforçando para se alimentar liderando inovações na genética (graças a Jabal) e se proteger fazendo ferramentas de metal (graças a Tubalcaim). Mas dificilmente parece o momento apropriado para a invenção da música. A música parece inútil em comparação a gado e espadas. Mas, por mais desnecessário que pareça à primeira vista, o próprio Criador ensinou Jubal a fazer instrumentos de cordas e sopro.

Fico admirado por viver em um mundo tão ricamente infundido com minerais, leis naturais, música e potencialidades latentes que podem animar nossas ambições. Não posso deixar de ficar maravilhado com a criatividade, a generosidade e a genialidade do Criador. E, dentro do próprio ato de criação, a sabedoria é personificada tanto como uma criança brincalhona quanto como um mestre artesão.[53] A criação resultante é um parque de diversões para criaturas (Jó 40.20; Sl 104.25–26). Portanto, penso que seria uma leitura errada da criação supor que apenas as descobertas funcionais tenham algum valor. Creio que a criação contém

---

53 Pv 8.22–31. Veja Leland Ryken et al., *Dictionary of Biblical Imagery*. Downers Grove, IL: InterVarsity Press, 2000, p. 128.

um amplo leque de possibilidades para fazer e descobrir coisas novas que não são inteiramente pragmáticas em sua causa primeira ou finalidade última.

Toda inovação humana está enraizada na possibilidade imaginativa, vinda de um Criador espontâneo que ostenta sua própria imaginação na beleza e na extensão de sua criação, que ele abasteceu com bens que tanto excedem as necessidades da nossa sobrevivência. A inovação humana nunca se limita a resolver problemas. É a expressão da espontaneidade lúdica, da descoberta alegre que se desdobra em uma conversa com um Criador que infundiu a criação com glórias necessárias e desnecessárias.

A totalidade de nossas inovações sempre excederá nossa necessidade. Estude a história das inovações, e muitas aplicações sérias encontram sua origem em descobertas destinadas a propósitos vãos (como o Botox, como veremos em breve). Os seres humanos sempre serão motivados por pura aspiração e simples curiosidade a coisas como exploração espacial. Talvez Marte se torne o nosso novo lar para nos salvar deste planeta falido; talvez não. Talvez em Marte simplesmente descobriremos mais sobre o padrão de criação de nosso Deus — e isso não seria desperdício de esforço. Ou talvez em algum outro planeta descobriremos um novo metal mais impressionante que o ouro, algo que escavaremos, levaremos de volta à Terra, admiraremos e experimentaremos. Talvez torne nossos computadores mais rápidos; talvez torne nossos corpos mais saudáveis; talvez não.

Quando olhamos para a inovação humana apenas sob seus aspectos pragmáticos, ignoramos algo importante sobre a vida humana na expansiva caixa de areia das maravilhas criadas. Porque a criação é de fato uma caixa de areia. No fim das contas, estamos apenas brincando com as possibilidades que nos são dadas, até a manipulação de sons e frequências que ressoam para nós como música. E se esta criação for intencionalmente projetada para ser maior do que todas as nossas necessidades combinadas? E se, à medida que exploramos o supérfluo, o Criador também tiver o prazer de nos instruir no que só pode ser maravilhosamente desnecessário? Qual seria a diferença em nosso pensamento sobre inovação tecnológica se primeiro ponderássemos que a música foi ideia de Deus?

Deus nos livre de nossas inovações tomarem um rumo muito sério, de nos tornarmos tão mesquinhos a ponto de buscar apenas riqueza material, investidores felizes ou mercados em alta, e no processo perdermos a diversão essencial de nossa criatividade.

7. Nós temos paciência com venenos.

O mundo está repleto de venenos. E fazemos ou descobrimos novos venenos o tempo todo. A tecnologia faz a bebida e faz o bêbado. A tecnologia faz as drogas e faz o viciado. A tecnologia cultiva potencialidades latentes na criação que são medicinalmente úteis e recreativamente prejudiciais, como maconha e opioides. A tecnologia leva à montanha de nitrato de amônio necessária todos os anos para enriquecer o solo do agricultor. E essa mesma montanha explode e arrasa uma cidade inteira.[54]

---

54 Veja a explosão no porto de Beirute (4/8/2020).

Quando descobrimos os limites da criação, encontramos mistério. A criação está carregada de venenos perigosos que nos deixam perplexos. Mas aqui está a realidade impressionante afirmada na história da igreja. O pecado, Satanás e a queda não podem adicionar nenhum material à criação. Então, como podemos entender vírus e bactérias mortais que aparentemente estavam presentes na criação desde o início?

Agostinho intervém para nos ajudar a considerar os venenos que ocorrem naturalmente dentro da ordem criada. Em *A Cidade de Deus*, ele primeiro defende a bondade essencial da criação, mesmo das partes perigosas que nos deixam confusos. Cada parte da criação é boa e digna de estudo e pesquisa. Considere o veneno, diz ele. "É mortal quando usado de forma inadequada, mas, quando aplicado corretamente, acaba sendo um remédio saudável".

Quando descobertas pela primeira vez, as bactérias eram consideradas um veneno, eram inimigas da vida humana. Mas essa visão mudou ao longo do tempo. A neurotoxina botulínica, mortal em alimentos estragados, agora é usada em injeções de Botox para suavizar sinais de envelhecimento e rugas. E, quando os pacientes de Botox relataram menos dores de cabeça, os cientistas descobriram que as injeções de bactérias curavam enxaquecas crônicas.

Mas a lista de venenos de Agostinho também se estende aos vírus assassinos (*virus* é a palavra latina para *veneno*). Os vírus também parecem servir ao bem maior, pois iniciam importantes adaptações microevolutivas por meio de um processo chamado transferência horizontal de genes. Os vírus são hackers de genes, muitas vezes para o bem. Nas palavras de um geneticista: "Quando as bactérias foram descobertas, poucos imaginavam que elas desempenhavam um papel tão crítico e positivo, como agora sabemos que desempenham na ecologia — e que o mesmo também é evidentemente verdade no caso dos vírus".[55]

Dentro da criação, encontraremos *venenos* mortais e — talvez possamos chegar ao ponto de dizer — *patógenos* mortais. Podemos querer descartar essas descobertas como apenas destrutivas (estou pensando especificamente no antraz e no ebola, mas agora também no coronavírus). E há colapsos virais que são incrivelmente perigosos. Mas o mundo está repleto de bactérias e vírus que tornam a vida possível. Em um mundo caído, os seres humanos serão atormentados por vírus descontrolados. Isso faz parte do que significa viver dentro de um planeta sob uma maldição, uma vaidade, um "cativeiro da corrupção" que Paulo apresenta em Romanos 8.18–25. No entanto, não devemos descartar nem mesmo os vírus mais perigosos, pois eles podem estar introduzindo mudanças importantes, reprogramando nosso DNA para nos adaptarmos a este mundo em constante mudança. Os "venenos" são mistérios e devemos adiar seu julgamento, pois estudos mais aprofundados podem revelar sua importância.

Além disso, diz Agostinho, existem outras grandes potências na criação que conhecemos há algum tempo, mas ainda estamos tentando lidar com sabedoria. Posso pensar em cafeína, tabaco, álcool, maconha, psicodélicos, alucinógenos, narcóticos, opiáceos, veneno de cobra, urânio e combustíveis fósseis. Todos devem ser manuseados com

---

[55] Jerry Bergman, "Did God Make Pathogenic Viruses?" answersingenesis.org (1/4/1999).

cuidado. Mesmo as coisas boas se tornam venenos com o uso excessivo, diz ele. Muita comida, bebida ou luz solar podem prejudicar o corpo. Isso não significa que comida, bebida e luz do sol sejam más; significa que ainda estamos aprendendo com a providência divina "a sermos diligentes em descobrir sua utilidade ou, se nossa mente e vontade nos frustrarem nessa busca, então em crer que há algum uso oculto ainda a ser descoberto, como em muitos outros casos, apenas com grande dificuldade". Dos venenos à luz do sol, estamos sempre descobrindo, a partir do Criador, como usar melhor essa dádiva da criação.[56]

No fim das contas, Deus governa surtos virais segundo seus sábios propósitos.[57] E ele nos instrui a mitigar sua propagação e parar sua destruição com vacinas. Deus envia os cardos no campo, e nos instrui sobre práticas agrícolas e pesticidas para matar os cardos. A Bíblia nos ajuda a reconciliar a soberania de Deus em ambos os aspectos. Ele tem uso para cardos, vírus e venenos. Podemos atribuir a culpa de um vírus a um vazamento acidental de laboratório ou a uma mutação zoonótica aleatória, mas toda infecção é um alerta permitido *por* Deus, e toda cura científica é um presente gracioso *de* Deus. Contudo, adverte Agostinho, devemos esperar com paciência, porque um dia poderemos descobrir um uso positivo para cada veneno na criação. Seja paciente com os venenos.

---

56 Agostinho de Hipona, *The City of God, Books 8–16* (The Fathers of the Church, vol. 14). Washington, DC: Catholic University of America Press, 1952, p. 220–221.
57 Alguns exemplos de doenças virais que Deus enviou direta ou indiretamente incluem Lv 26.14–16; Dt 28.59–61; 2Sm 12.15; 2Cr 21.11–20; Jó 2.7. Outros textos importantes para lidar com esta questão incluem Am 3.1–6; Is 45.1–7; Lm 3.37–39; Mq 1.12).

8. Nós ficamos confortáveis com o minimalismo tecnológico.

Em um mundo caído, o homem muitas vezes se sente desamparado e dependente. A tecnologia é sua resposta, "uma revolta coletiva contra as limitações da condição humana", uma revolta contra a insubmissão da natureza e uma revolta "contra a realidade de nossa dependência de forças externas a nós mesmos".[58] Somos suscetíveis a forças exteriores a nós; portanto, buscamos a tecnologia como uma camada de proteção. Usamos mal a tecnologia quando a empregamos na esperança de autossuficiência e proteção autônoma da natureza. Nossa maior cautela deve ser com tecnologias que nos isolam do mundo natural, que abafam o ruído natural em nossas vidas abastecidas por eletricidade.

Nos últimos sessenta anos, os cristãos têm denunciado o mundanismo nas categorias de sexo, drogas e rock & roll. Mas, na era tecnológica, o mundanismo entra pela porta dos fundos, envolto em pragmatismo e desejo de controle. Desejar a soberania sobre a vida, por meio da tecnologia, é uma manifestação predominante do mundanismo em nossa época.[59] O "progresso" tecnológico é muitas vezes impulsionado pela cobiça humana pelo poder.[60] O homem busca "controle científico-tecnológico absolutizado".[61] Dito de outra forma, "o tecnicismo é a pretensão dos humanos, como senhores e

---

[58] Christopher Lasch, *The Culture of Narcissism: American Life in an Age of Diminishing Expectations*. Nova Iorque: Norton, 1991, p. 243–245.
[59] Sobre essa relação, veja Craig M. Gay, *The Way of the (Modern) World: Or, Why It's Tempting to Live as If God Doesn't Exist*. Grand Rapids, MI: Eerdmans, 1998.
[60] Egbert Schuurman, *Faith and Hope in Technology*. Carlisle: Piquant, 2003, p. 21.
[61] Egbert Schuurman, "A Confrontation with Technicism as the Spiritual Climate of the West", *Westminster Theological Journal* 58, n. 1 (1996), p. 74.

mestres autodeclarados usando o método técnico-científico de controle, de dobrar toda a realidade à sua vontade, a fim de resolver todos os problemas, antigos e novos, e garantir prosperidade material e progresso".[62] Quando empregamos a tecnologia em incredulidade, expressamos o desejo humano de soberania como a de Babel.

Em contraste, ser humano é ser um *ser* humano, uma criatura ordenada ao próprio Deus. Encontramos nossa forma de ser orientados para ele e para a sua vontade. A autonomia das criaturas é uma fantasia. A providência de Deus sobre o mundo, sua igreja e nossas vidas é real. Nas palavras de John Webster, a providência de Deus é "a obra de amor divino pelas criaturas temporais pela qual Deus ordena e executa sua realização em comunhão consigo mesmo". Por seu amor, Deus ordena nossas vidas em direção à sua gloriosa presença para desfrutarmos dela para sempre.[63] Mas esta preciosa promessa se perde muito rapidamente na era da inovação. "Não pensamos assim hoje", adverte Webster, "porque geralmente assumimos uma imagem tecnológica de nós mesmos. Somos essencialmente o que manipulamos, o que fazemos de nós mesmos através dos objetos que fazemos, das escolhas que fazemos e dos padrões que fazemos ao nosso redor".[64] Como cristãos, queremos mais para nossas vidas e para as vidas de nossos filhos do que tecnomanipulação. O Espírito deve nos

---

62 Schuurman, *Faith and Hope in Technology*, p. 69.
63 John Webster, *God without Measure: Working Papers in Christian Theology*, vol. 1, *God and the Works of God*. Londres, T&T Clark, 2015, p. 127. Para o melhor tratamento do tema disponível, veja John Piper, *Providence*. Wheaton, IL: Crossway, 2021.
64 John Webster, "Discipleship and Calling (Part 1)", palestra na Scottish Evangelical Theology Conference (2005).

orientar para Deus como nosso bem maior, para não apenas crermos, mas vivermos com a convicção de que ele realmente é nosso tesouro supremo, agora e para sempre.

Mas outra sedução fácil nos atrai, uma tentação perpétua de ganhar controle sobre nossos corpos. Sem dúvida, o futuro da saúde incluirá mais *wearables* ao tentarmos quantificar e obter dados de tudo, incluindo nossos batimentos cardíacos, níveis de glicose, contagem de passos, flutuações de humor, padrões de sono e qualquer tipo de leitura analítica direcionada à produtividade pessoal. Qualquer coisa que quantificarmos em dados, tentaremos otimizar. Boa parte disso será bom. E veremos novos avanços médicos prometendo acabar com o envelhecimento. Mas talvez a cultura ocidental se torne tão apaixonada pela saúde que nos tornemos doentes. Essa é a sugestão de Packer. "Deslumbrado com as maravilhas da medicina moderna, o mundo ocidental sonha em abolir completamente a doença, aqui e agora", disse ele. "Nós nos tornamos atentos à saúde de uma maneira que é bastante doentia e certamente não tem precedentes, nem mesmo na antiga Esparta. Por que fazemos dieta, corremos e fazemos todas as outras coisas que promovem e sustentam a saúde com tanta paixão? Por que estamos tão absortos em perseguir a saúde do corpo? Estamos perseguindo um sonho, o sonho de nunca ter que ficar doente. Estamos começando a considerar uma existência sem dor e sem deficiência como um dos direitos naturais do homem".[65] Esse "direito natural" é fruto danificado da cultura do controle tecnológico.

---

65 James I. Packer, "Poor Health May Be the Best Remedy". *Christianity Today*, 21/5/1982, p. 14.

Packer adverte que, em nossas tentativas de parar o envelhecimento e otimizar a saúde por meio de todo tipo de rastreamento quantificado e *hacks* corporais, podemos perder o propósito e o plano maior de Deus para nossas vidas. "Deus usa a dor crônica e a fraqueza, juntamente com outros tipos de aflição, como seu cinzel para esculpir nossas almas", escreveu ele. "Sentir fraqueza aprofunda a dependência de Cristo para obter força a cada dia. Quanto mais fracos nos sentimos, mais nos inclinamos. E quanto mais nos inclinamos, mais força espiritual cresce em nós, mesmo enquanto nossos corpos definham".[66]

Obviamente, podemos escapar da providência de Deus tanto quanto um peixe pode escapar da água para viver no espaço sideral. Mas resistimos a Deus buscando irrefletidamente por mais controle da vida. Isso é idolatria. Preferimos ter um deus que possamos entender prontamente, apaziguar facilmente e comandar instantaneamente (Hb 2.18–20). A idolatria tem tudo a ver com controle. E a tecnologia, nesta era de ídolos portáteis, coloca em nossas mãos ferramentas e aparelhos que nos dão um simulacro de controle. É uma miragem. Qualquer confiança que tenhamos sobre o que vamos fazer mais tarde, esta noite ou amanhã é uma arrogância idólatra se pensarmos que, em última análise, somos nós que decidimos. Não decidimos. Nossas vidas são uma neblina no deserto que evapora antes de atingir o solo (Tg 4.13–17). Somos vapores. Não controlamos nossas vidas porque não controlamos o Deus vivo. Ele é totalmente diferente de nós. Somos criaturas de barro. Nosso controle tecnológico sobre

---

66 Packer, "Poor Health May Be the Best Remedy", p. 16.

as variáveis deste mundo é uma ilusão idólatra. Em vez disso, afirmamos com o salmista que Deus governou meu destino até agora, ele é a fonte de tudo o que preciso hoje e ele mantém meu futuro seguro (Sl 16.5).

Nenhuma dessas tensões é nova para a comunidade Amish. Contrários a esta era de controle tecnológico que governa grande parte da vida urbana, os Amish se retiraram para o campo como uma "correção de escala" intencional e autolimitada, uma capacidade de gerenciamento que restringe o tamanho de suas fazendas e garante sua proximidade da comunidade, "uma economia dependente de limites estritamente compreendidos e observados".[67] Eles limitam sua dependência de "energia desenvolvida por máquinas" e, com isso, diz Wendell Berry, "tornam-se os únicos verdadeiros mestres da tecnologia".[68] O domínio da tecnologia requer autolimitação.

Os Amish se separam do mundo em pequenas comunidades, em grande parte isoladas tecnologicamente, adotando apenas um número limitado de ferramentas que beneficiam (e não prejudicam) a comunidade local. Kevin Kelly passou muito tempo com os Amish, estudando seus hábitos e convicções. Ele os chama de "hackers e funileiros engenhosos, os melhores criadores e improvisadores".[69] Os Amish conhecem iPhones e computadores. Mas eles são minimalistas na adoção de tecnologia por convicções claras, particularmente estas quatro, nas palavras de Kelly:

---

67 Wendell Berry, *Essays 1993–2017*. Nova Iorque: Library of America, 2019, p. 645–647.
68 Wendell Berry, *Essays 1969–1990*. Nova Iorque: Library of America, 2019, p. 327
69 Kevin Kelly, *What Technology Wants*, p. 217.

1. Eles são seletivos. Eles sabem dizer não e não têm medo de recusar coisas novas. Eles ignoram mais do que adotam.
2. Eles avaliam inovações pela experiência em vez de pela teoria. Eles deixam os primeiros adeptos se divertirem em seu pioneirismo nas inovações sob seus olhares atentos.
3. Eles têm critérios para suas decisões. As tecnologias devem melhorar a família e a comunidade e distanciá-los do mundo exterior.
4. As escolhas não são individuais, mas comunitárias. A comunidade molda e reforça a direção tecnológica.[70]

Podemos aprender algo com essas quatro lições, mas algo ainda mais fundamental está em ação nesta comunidade. A abordagem Amish da vida e da tecnologia inclui a inação intencional (*gelassenheit*); uma submissão, uma serenidade, um deixar-se levar, um relaxamento das promessas de controle tecnológico sobre toda a vida, a fim de submeter-se à vontade de Deus sobre o que está por vir.[71] Eles procuram preservar um dos fatos fundamentais da humanidade: somos criaturas sob a providência de Deus.

Da mesma forma, os cristãos ajudarão a restringir a adoção de certas tecnologias baseadas em perigos para a criação, a natureza e a saúde física (percebidos pela revelação geral) e, mais importante, os cristãos resistirão

---

70 Kelly, *What Technology Wants*, p. 225–226, formatação original. Veja também Jacques Ellul, "76 Reasonable Questions to Ask About Any Technology", thewords.com.
71 Adam Graber, "Amish Technology", theseconeclectic.blogspot.com (Mai/2011).

à adoção de tecnologias baseadas em fatores espirituais (aprendidos com a revelação especial). A prudência permitirá nos beneficiarmos dos melhores avanços, limitando o uso indevido que muitas vezes acompanha as falsas promessas de controle tecnológico.

Aqui está o desafio. O dilema da era tecnológica é como viver de forma minimalista sem inovar de forma minimalista. "Para maximizar nosso próprio contentamento, buscamos o mínimo de tecnologia em nossas vidas", escreve Kelly, que aprendeu essa lição enquanto vivia em uma comunidade Amish. "Ainda assim", diz ele, "para maximizar o contentamento dos outros, devemos maximizar a quantidade de tecnologia no mundo. De fato, só podemos encontrar nossas próprias ferramentas mínimas se outras pessoas tiverem criado um conjunto máximo amplo o suficiente de opções que podemos escolher. O dilema permanece em como podemos minimizar pessoalmente as coisas próximas a nós enquanto tentamos expandi-las globalmente".[72] Isto é o que os Amish descobriram: como permanecer atentos à proliferação de inovações ao seu redor enquanto adotam tecnologia minimamente e com base na saúde da comunidade.

Os Amish conseguiram o minimalismo tecnológico coordenado. Nós não conseguiremos. Meu minimalismo não será igual ao seu. Isso significa que temos razões para inovar mais amplamente do que qualquer uma de nossas decisões pessoais de adoção. Não somos chamados a sufocar todas as novas tecnologias, mas a viver com confiança

---

72 Kelly, *What Technology Wants*, p. 238.

suficiente no controle providencial de Deus para celebrar a riqueza tecnológica oferecida a nós, ao mesmo tempo em que demonstramos o contentamento teocêntrico necessário para uma vida de minimalismo tecnológico.

9. Nós esperamos que Deus guie, destrua e intervenha na tecnologia humana o quanto quiser.

O aparecimento da *big tech* como potência autônoma é uma miragem. A tecnologia não pode nos proteger de Deus. Ele empunha a tecnologia como ele quer. Ele a hackeia para seus próprios propósitos. E seu reinado sobre os terríveis males da tecnologia se mostra mais claramente na cruz romana. Um poste vertical de madeira com viga transversal, a cruz era uma vitrine. O criminoso era pregado por três pregos de ferro, a cruz era plantada no chão e o espetáculo era exposto para todos verem. A cruz foi projetada para matar criminosos, rebeldes e escravos desobedientes, de forma lenta por meio de exaustão e asfixia. A morte lenta era tortura pública, um outdoor de intimidação para dizer à cultura: "Contemple o destino de qualquer tolo que desafiar o domínio romano e ameaçar a estabilidade social".

Mas essa terrível ferramenta de tortura também serviu como a dobradiça sobre a qual girava todo o plano redentor de Deus. Deus criou a metalurgia para servir à ambiciosa fabricação de ferramentas do homem, e o homem criou cravos de metal para matar o homem. Deus modelou árvores para servir às edificações ambiciosas do homem, e o homem usou a madeira para inventar cruzes para destruir o homem. Neste momento mais maligno da história humana, todo o plano de Deus deu um passo decisivo. Através da exploração da tecnologia, o homem matou o autor da vida. Mas Deus governou todo o episódio. Por um paradoxo cósmico que nunca será superado, na vergonha da nudez, o Cristo torturado expôs todas as forças do mal em sua derrota (Cl 2.13-15).

Uma história semelhante se desenrolou em Babel. A grande cidade destinada a unificar a humanidade foi hackeada. A humanidade se dispersou pelo globo. O próprio fim que a humanidade procurou evitar com sua tecnologia foi o que lhes sobreveio. A presente economia global é a prova de que Deus pode hackear soberanamente qualquer uma de nossas intenções tecnológicas.

Na cruz ou em Babel, mesmo nas mãos das mais vis intenções do homem, a tecnologia nunca está fora da providência subversiva de Deus. Isso continua sendo verdade hoje, enquanto observamos o progresso tecnológico construído a partir dos padrões e possibilidades de criação. Como a tecnologia não pode operar à parte das intervenções governantes de Deus, os cristãos estão livres da ansiedade esmagadora de temer tecnólogos rebeldes. Um geneticista na China clonando humanos ou um engenheiro na Califórnia projetando uma nova espécie sobre-humana — cada um opera apenas dentro dos limites estabelecidos por um Deus soberano que governa todas as coisas o tempo todo e que subversivamente limita e hackeia — quando e como quiser — a inovação para seus propósitos redentores.

10. Nós nos comprometemos a utilizar as inovações com fé.

A primeira tentação do homem veio na oferta de inteligência artificial, uma nova capacidade sobre-humana de tomar decisões por si mesmo (Gn 3.1-7). A atualização para a onisciência o libertaria para autogovernar sua ética de forma autônoma e silenciaria a voz de Deus. A IA era uma promessa de semelhança com Deus. Caindo na tentação, Adão e Eva não desbloquearam a superinteligência, mas sua escolha abriu nossos olhos para o certo e o errado e nos legou o fardo de tomar decisões éticas (levando a livros longos e com muitas aplicações, como este).

Essa mesma promessa chamativa de superinteligência continua viva. Comparados aos supercomputadores, nossos poderes naturais de entrada e saída (I/O, *input/output*) — ouvidos, olhos, nariz, boca, dedos, I/O humana conectados a um cérebro — representam um fluxo de informações na velocidade de uma lesma. Nós nos comunicaremos mais rapidamente e aproveitaremos todo o conhecimento acumulado em nossos cérebros apenas se pudermos estar conectados a um computador. À medida que a trajetória da tecnologia se move nessa direção, a IA promete poderes divinos e fará com que a confiança em Deus pareça totalmente pré-histórica e ridícula — que pareça, então.

Mas sabemos que a questão da adoção de tecnologia ("devo usar?") deve ser seguida por outra pergunta: "Essa nova inovação busca me preencher de maneiras que somente Cristo pode fazer?" Somos portadores da imagem de outro ser. Nosso mais alto potencial nunca será autodefinido; somos plástico poroso. Ou, mais biblicamente, somos barro — barro para ser moldado por outro, barro para ser moldado à semelhança do oleiro. Estamos sempre nos tornando alguma coisa, girando neste globo como barro na roda do oleiro, nunca permanecendo as mesmas pessoas que éramos há um ano.

Proporcionalmente, porém, somos mais frequentemente moldados pela cultura tecnológica do que pelo Espírito de Deus. A tecnologia é a nossa autofabricação. Mesmo em Babel, novas possibilidades tecnológicas nos ofereciam novas formas de ser. E isso é especialmente verdade hoje. Na formação da identidade, a tecnologia é "a mais poderosa força desencadeada neste planeta e, em tal grau, que acho que se tornou quem somos", diz Kelly. "Na verdade, nossa humanidade e tudo o que pensamos sobre nós mesmos é algo que inventamos. Nós nos inventamos".[73] Difícil discordar.

Os tijolos de Babel levaram a uma torre. Nossos aparelhos nos fazem viver de acordo com o que são comportamentos tecnologicamente possíveis hoje. Inovações moldam quem somos e como nos expressamos. As possibilidades tecnológicas são absorvidas por nós e tornam-se novas funções do nosso ser ciborgue, novas possibilidades que, mesmo não sendo uma parte física, constituem uma parte intuitiva de nós. À medida que nossas tecnologias se integram em nossas vidas, elas definem nossa autoprojeção. Nossas tecnologias prometem nos dar controle sobre nossas incertezas, imperfeições e autoexpressões. Nossas tecnologias moldam nosso conforto, nossa autoimagem, nosso sucesso vocacional e até nossa espiritualidade. Nossas tecnologias expressam nossas

---

73 Kevin Kelly, "Technology's Epic Story", ted.com (nov/2009).

esperanças e aspirações internas. Os poderes tecnológicos tornam-se parte de nós. A fluência com nossas ferramentas é ótima. Mas elas se deturpam quando tecnologias provocam em nós a busca de controle sobre nossas vidas ou quando as usamos para ignorar o chamado de Deus para nossas vidas. Dessa forma, caímos no espírito de Babel, a "aposta pela segurança autoconquistada com base no progresso tecnológico".[74]

Contrariando nossas alucinações de segurança tecnológica, Eclesiastes fala muitas vezes de "correr atrás do vento", ou traduzindo melhor, "pastorear o vento" (Ec 1.14, 17; 2.11, 17, 26; 4.4, 6, 16; 6.9). Nossas tentativas de controlar este mundo são como pastorear uma rajada de vento, a própria definição de vaidade. Quando percebemos que não podemos controlar o mundo, finalmente temos uma base para nossa alegria, em vez de um esgoto a drenar nossa felicidade. Por quê? Porque, embora não possamos controlar tudo, Deus controla.[75] Nós nunca pastorearemos o vento. Mas servimos ao Deus que controla o vento e o monta como um cavalo domesticado (Sl 18.10; 104.3). Encontramos nossa segurança somente em Deus.

11. Nós nos abrimos à admiração teocêntrica pelas dádivas da tecnologia.

As inovações tecnológicas sempre atraíram a admiração humana porque revelam a vanguarda da imaginação humana e das possibilidades físicas. As sete maravilhas originais

---

74 Gordon J. Wenham, "Genesis", em *New Bible Commentary: 21st Century Edition*, p. 69.
75 Peter J. Leithart, *Solomon among the Postmoderns*. Grand Rapids, MI: Brazos Press, 2008, p. 168.

do mundo eram todas proezas da engenharia: pirâmides, estátuas, torres e templos. Nossas inovações são ainda mais cativantes porque podemos ver a rápida mudança que suscitaram, mesmo no decorrer de uma geração. Se você houvesse nascido em 17 de dezembro de 1903, data do primeiro voo bem-sucedido dos irmãos Wright, poderia ter testemunhado o primeiro voo de caça aos 37 anos, comprado uma passagem para um avião comercial aos 48 anos, visto o primeiro lançamento de foguete ao espaço aos 53 anos, assistido ao pouso na Lua na TV aos 65 anos e observado o primeiro voo de um ônibus espacial aos 77 anos.

As mudanças tecnológicas são especialmente óbvias nos Estados Unidos. A América foi a primeira a voar, a primeira a andar na lua, a primeira a dividir o átomo e a primeira a lançar a bomba. As maravilhas da tecnologia sempre impressionaram o mundo.[76] E a corrida global por carros autônomos, robôs domésticos, fabricação em impressão 3D, criptomoeda sem papel e computação quântica está bem encaminhada. Quem nos surpreenderá em seguida?

"Estou disposto a apostar que, em um futuro não muito distante, a magnificência de certas partes do *technium* rivalizará com o esplendor do mundo natural", escreve Kelly. "Faremos rapsódias sobre os encantos desta ou daquela tecnologia e nos maravilharemos com sua sutileza. Viajaremos até ela com nossos filhos a tiracolo para nos sentarmos em silêncio sob suas torres."[77] É uma aposta segura. Mas apenas

---

76 See David E. Nye, *American Technological Sublime*. Cambridge, MA: MIT Press, 1996.
77 Kelly, *What Technology Wants*, p. 325.

os pais míopes louvarão a glória da tecnologia, a glória dos robôs ou a glória do homem.

No outono de 1888, Charles Spurgeon ouviu música gravada pela primeira vez. É difícil para nós imaginar isso; música gravada *sempre fez parte* de nossas vidas. Mas a inovação era totalmente nova para Spurgeon. Em 1888, a árvore tecnológica de Jubal progrediu a saltos. "Sentei-me ontem com dois tubos nos ouvidos para ouvir sons que vinham de cilindros de cera giratórios", disse Spurgeon. "Ouvi música, embora soubesse que nenhum instrumento estava por perto. Era música que havia sido captada meses antes e agora soava tão clara e distintamente em meus ouvidos quanto poderia ter soado se eu estivesse presente ao seu primeiro som. Eu sentei e escutei", disse Spurgeon, "e me senti perdido no mistério".

Mas então Spurgeon se perguntou em voz alta: por que não nos perdemos no mistério do evangelho? Por que as inovações brilhantes capturam nossa admiração mais facilmente? Por que, quando as luzes elétricas começaram a iluminar as igrejas de Londres, a glória de Cristo começou a se apagar no ceticismo intelectual da época? A glória do evangelho é mais maravilhosa do que a eletricidade e o brilho da iluminação artificial. Spurgeon disse: "No evangelho do Senhor Jesus, Deus ressoa mais música no ouvido de seu filho do que todas as harpas do céu podem produzir. Rogo-lhe que não o despreze. Não seja um gado tão estúpido e manipulado que, quando Deus colocar diante de você o que] anjos anelam prescrutar, você feche os olhos para tais glórias e preste atenção às ninharias miseráveis do tempo e dos sentidos".[78]

Anjos não se curvam em reverência ao Vale do Silício. Anjos se ajoelham maravilhados para estudar as glórias e as agonias de Jesus Cristo.[79] Nós também deveríamos. Apenas um animal tolo idealizaria o progresso tecnológico e o Evangelho da Tecnologia. Em vez disso, quando estamos orientados adequadamente para o Criador que satisfaz a alma, a tecnologia não é mais idealizada como um deus. Só então nossas tecnologias podem se tornar tão misteriosas e maravilhosas quanto a primeira música gravada.

Poucos celebraram melhor a bondade de Deus na inovação humana do que G. K. Chesterton. Certa vez ele escreveu:

> Era a glória dos grandes pagãos, nos melhores dias do paganismo, que as coisas naturais tivessem uma espécie de auréola projetada pelo sobrenatural. E aquele que derramava vinho sobre o altar, ou espalhava pó sobre a sepultura, nunca duvidava que ele lidava de alguma forma com algo divino; por mais vago, fantasioso ou mesmo cético que pudesse ser sobre os nomes e a natureza das divindades. O vinho era mais do que vinho; era um deus. O milho era mais do que milho; era uma deusa. [...] Eles não estavam satisfeitos com o realismo, porque nunca perderam a noção de algo mais real do que o realismo. Eles não se contentavam em chamar uma pá de pá, porque quase sempre

---

78 C. H. Spurgeon, *The Metropolitan Tabernacle Pulpit Sermons*, vol. 34. Londres: Passmore & Alabaster, 1888, p. 531–532.

79 Veja 1Pe 1.10–12. Ponto inspirado por Stephen Charnock, *The Complete Works of Stephen Charnock*. Edimburgo: James Nichol, 1864–1866, vol. 4, p. 70.

era uma pá sagrada; não só quando cavava as sepulturas dos mortos, mas também quando cavava o jardim para dar frutos aos vivos.[80]

No mundo antigo, o mundo material era inteiramente poroso ao divino. As coisas cotidianas tinham significado espiritual. Na era tecnológica, o mundo material tem uma resistência dura como grafeno ao divino. O mundo material está divorciado do mundo espiritual; o ateísmo domina. Os pecadores fazem o possível para ignorar Deus e viver como se ele fosse ficção. Entretanto, o Criador está aqui, nos dando novas indústrias, criando novos líderes industriais (*bara*) e nos abençoando abundantemente com novas ferramentas. Ele dá para que vejamos sua glória manifestada. A vontade de Deus não é complexa. Tudo o que ele faz é para um fim: ele mesmo.[81] E isso inclui a nós e todas as nossas inovações. Então, por que Deus carregou tantas potencialidades na criação? Por que ele nos inspirou e nos ensinou artes, agricultura, metalurgia, genética e gravação de música? Ele está ostentando sua glória para que nossos corações o adorem.

O homem da era tecnológica continuará impressionado com a computação quântica e qualquer outra aceleração em escala que fizermos a seguir. "A velocidade é a forma de êxtase que a revolução técnica concedeu ao homem".[82] Mas esse êxtase induzido pela pressa se apaga diante da alegria no Doador

---

80 G. K. Chesterton, *The Collected Works of G. K. Chesterton*, vol. 36, *The Illustrated London News, 1932–1934*. São Francisco: Ignatius Press, 2011, p. 81.
81 Petrus Van Mastricht, *Theoretical-Practical Theology*, vol. 2, *Faith in the Triune God*. Grand Rapids, MI: Reformation Heritage, 2019, p. 297–300.
82 Milan Kundera, *Slowness: A Novel*. Nova Iorque: HarperCollins, 1997, p. 2.

da revolução tecnológica. A verdadeira admiração tecnológica não está focada em velocidades aceleradas ou novos aparelhos brilhantes — os quais são meros presentes do Doador. Em nossa adoração teocêntrica por meio dessas ferramentas maravilhosas, quebramos o domínio da era tecnológica e sua busca por uma segurança sem Deus, artificial e autônoma. Nós somos mais inteligentes que isso. Vemos a generosidade divina nas milhares de inovações que usamos diariamente.

12. Nós nos recusamos a ceder nosso descanso sabático às exigências da tecnologia.

Podemos sempre trabalhar com máquinas, mas nunca devemos nos tornar máquinas. O corpo humano é notável nas semelhanças com uma máquina eficiente, mas somos seres físicos com limitações finitas e almas eternas. Processamos mais devagar que os supercomputadores, mas isso não é uma falha em nosso design.

Desde que as minas criaram a primeira vocação livre dos ritmos circadianos de dia e noite, o homem tem sido tentado a trabalhar demais. Somos sempre tentados a ser algo mais do que humanos. A IA leva esse desejo a novos patamares, exigindo que os humanos comecem a acompanhar intelectualmente a velocidade do aprendizado de máquina. Hoje Elon Musk quer que pensemos: "Somos literalmente um cérebro em um tanque. O tanque é o seu crânio. Tudo o que você acha que é real é um sinal elétrico".[83] E se você não concorda com esse modelo humano-computador, Musk dá um prognóstico sinistro. "Sob qualquer taxa de avanço na IA,

---
83 Elon Musk, @elonmusk, Twitter.com (12/12/2019).

seremos deixados bastante para trás", disse ele sobre os humanos. "A melhor situação com a IA ultra-inteligente é que estaríamos tão abaixo em inteligência que seríamos como um animal de estimação, um gato doméstico. Eu não gosto da ideia de ser um gato doméstico".[84]

Para competir com a superinteligência, devemos nos tornar mais do que cérebros em um tanque. Devemos nos tornar ciborgues, cérebros aprimorados com recursos de computação de alta potência. Para permanecerem relevantes, os humanos devem se adaptar aos avanços cada vez mais velozes de nossas tecnologias. Os humanos devem assumir uma identidade cibermórfica. Devemos nos tornar máquinas.

Se não resistirmos a essa tecnotirania, nós *vamos* nos tornar máquinas ciborgues. Viveremos como Charlie Chaplin em seu filme mudo de 1936, *Tempos modernos*, na cena em que seu ritmo frenético de apertar os parafusos é muito lento e ele é sugado por uma correia transportadora para dentro das engrenagens da máquina, torcido e curvado como uma corrente humana. Não somos máquinas. Nossa relevância não é determinada por nossa produção ininterrupta. Mas o homem sempre foi tentado a trabalhar como uma máquina, mesmo na era da máquina a vapor.

Do púlpito, Spurgeon admitiu certa vez: "Estou sempre pronto para experimentar uma nova máquina".[85] Ele gostava de estar entre os primeiros a adotar uma nova tecnologia e adorava novos aparelhos. Não consigo imaginar nenhum

---

84 James Titcomb, "Elon Musk: Become Cyborgs or Risk Humans Being Turned into Robots' Pets", telegraph.co.uk (2/6/2016).

85 C. H. Spurgeon, *The Metropolitan Tabernacle Pulpit Sermons*, vol. 26. Londres: Passmore & Alabaster, 1880, p. 392.

londrino melhor para ouvir a primeira gravação de Edison. Seu próprio estilo de pregação era tão radical que uma caricatura de jornal certa vez o satirizou pregando enquanto estava sentado sobre um trem expresso em movimento.[86] Spurgeon era inovador, rápido e revolucionário, mas sabia como puxar os freios. Ele usou a máquina a vapor como uma metáfora de cautela para alertar sua igreja sobre essa tendência de os humanos se transformarem na imagem de suas máquinas. "A nossa religião não é uma religião de mecânica e hidrostática: é espiritual e deve ser sustentada por meios espirituais".[87] Cem dias antes que a cavilha de ouro fosse colocada para conectar a primeira Ferrovia Transcontinental da América, abrindo novas portas para viagens expressas sobre trilhos, Spurgeon pregou com esta preocupação: "Nestes dias, quando todo mundo viaja de trem expresso e trabalha como uma máquina a vapor, o desgaste mental é terrível, e o conselho do Grande Mestre aos discípulos para ir ao deserto e descansar um pouco é cheio de sabedoria e deve ter nossa atenção sincera".[88] A tecnodesumanização é mais antiga do que o pão de forma, pois a tecnologia sempre tentou nos tentar com o pão dormido do trabalho ansioso (Sl 127.2).

Na era digital, o homem é instruído a se tornar um hiperprocessador, como um computador. Na era industrial, o homem foi orientado a se tornar hipercinético, como uma fábrica. E na era da máquina a vapor, o homem foi instruído a

---

86 Veja a caricatura de Spurgeon intitulada "The fast train" no Museu Britânico.
87 C. H. Spurgeon, *The Metropolitan Tabernacle Pulpit Sermons*, vol. 13. Londres: Passmore & Alabaster, 1867, p. 231.
88 C. H. Spurgeon, *The Metropolitan Tabernacle Pulpit Sermons*, vol. 15. Londres: Passmore & Alabaster, 1869, p. 62.

manter o hipertorque de pistões desenfreados. A mensagem do medo era a mesma: "Acelere ou seja atropelado". Na era do vapor, das máquinas e dos computadores, a igreja lembra ao mundo o descanso sabático.

Apesar de tudo, o *technium* nunca entenderá o sábado, nem entenderá a antropologia mais básica, o motivo de os humanos não serem anjos, animais, robôs, máquinas ou processadores de computador. Preservar a natureza e o propósito do homem será o trabalho da igreja por muito tempo. Nós desaceleramos. Nós paramos. Deixamos o tanque da caldeira da atividade comercializável parar e esfriar. Nosso dia de descanso lembra a nós e ao mundo que somos humanos feitos para algo maior do que computação e produção hiperacelerada e ininterrupta.

13. Nós usamos melhor a inovação quando ela serve à nossa comunhão com Deus e com os outros.

A inovação tecnológica muitas vezes alimenta o poder egocêntrico, e essa importância do eu "sempre vence o amor que busca o bem-estar do outro", escreve Egbert Schuurman. "Em uma cultura tecnizada, os laços comunais são prontamente cortados e substituídos por relações técnicas ou organizacionais. O amor morre; a empatia, a simpatia e o contato com o outro desaparecem. O estranhamento e a solidão aumentam".[89] Os Amish viram esse problema décadas antes que a entrega no mesmo dia do Amazon Prime tornasse os vizinhos desnecessários.

---

89 Egbert Schuurman, *Faith and Hope in Technology*. Carlisle: Piquant, 2003, p. 101.

A tecnologia nos distancia dos outros e pode nos distanciar de Deus também. Mas não deveria ser assim. No início da década de 1970, Victor Ferkiss escreveu: "Se pudermos criar uma sociedade de homens tecnológicos que sejam mestres conscientes em vez de escravos impensados de suas tecnologias, então talvez a tecnologia possa cumprir sua missão, fornecer uma base de segurança física a partir da qual podemos explorar cada vez mais intensamente o que significa ser humano, o que os homens podem e devem ser". A nova e importante fronteira de exploração no futuro não é nos confins do universo, mas em nossas almas. "Já estamos bem encaminhados para conquistar o espaço exterior da natureza física; nossa verdadeira tarefa, no entanto, ainda está por vir: a conquista do espaço interior e o desenvolvimento de nosso potencial espiritual mais pleno".[90] Colonizar Marte não é o maior desafio do homem. Em um mundo tecnomaterialista, as inovações são inevitáveis. O verdadeiro desafio é buscar o florescimento espiritual.

Na era tecnológica, ainda somos chamados à comunhão com Deus. Nossos aparelhos e poderes são encantadores, mas não são maiores do que o encontro com o Deus do universo. Spurgeon considerava a eletricidade uma força espiritual mais do que uma força material, uma vez que ela, como o mundo espiritual, se libertou das "correntes do tempo".[91] Não obstante, mesmo que a eletricidade viaje a mais de 320 mil quilômetros por segundo, "a oração viaja mais rápido", disse

---

90   Victor C. Ferkiss, "Technology and the Future of Man", *Review and Expositor* 69, n. 1 (1972), p. 54.
91   C. H. Spurgeon, *The Metropolitan Tabernacle Pulpit Sermons*, vol. 17. Londres: Passmore & Alabaster, 1871, p. 499–500.

ele.[92] Mesmo na era dos fios de fibra ótica transmitindo dados a velocidades medidas em terabits por segundo, a comunhão com Deus por meio do dom da oração é um poder instantâneo e superconectado dado a cada um de nós.

Os profetas cristãos do passado imaginaram um mundo belo onde as necessidades de trabalho seriam minimizadas para nos dar mais tempo em comunhão com Deus. Jonathan Edwards jamais imaginaria a IA, mas apreciava a engenhosidade humana e esperava que a tecnologia futura expandisse o tempo para lazer e contemplação. A extensão de nossas plataformas de vídeo prova quanto tempo de lazer desfrutamos agora. Mas, muito antes da Netflix, Edwards previu essa margem crescente e apresentou uma visão enquanto meditava sobre o futuro tecnológico do homem. Contemplando um aparelho em seu escritório em 1725, Edwards previu uma era de inovação que capacitaria a comunhão com Deus e conectaria a igreja global em tempo real. O otimista pós-milenista escreveu esta previsão:

> É provável que, no milênio, este mundo seja mais parecido com o céu no seguinte aspecto: as atividades contemplativas e espirituais, e as coisas que dizem respeito mais diretamente à mente e à religião, serão mais comuns como afazeres ordinários dos santos do que agora. Haverá tantos artifícios e invenções para facilitar e agilizar seus negócios seculares necessários que eles terão mais tempo para exercícios mais nobres e que terão melhores artifícios para aju-

---

92 C. H. Spurgeon, *The Metropolitan Tabernacle Pulpit Sermons*, vol. 61. Londres: Passmore & Alabaster, 1915, p. 525.

dar uns aos outros por toda a terra, por uma comunicação mais rápida, fácil e segura entre regiões distantes do que agora. A invenção da bússola do marinheiro é uma coisa que Deus descobriu ao mundo para esse fim; e quão extraordinariamente essa única coisa ampliou e facilitou a comunicação! E quem sabe Deus ainda não a tornará mais perfeita? Para que não haja necessidade de uma viagem tão tediosa para ouvir sobre o outro hemisfério e assim os países ao redor dos polos não precisem mais ficar ocultos a nós, mas toda a terra possa ser como uma comunidade, um só corpo em Cristo.[93]

Adoro essa frase: "que Deus descobriu ao mundo"; toda uma teologia da tecnologia está carregada nessas cinco palavras.

As conversas face a face e a hospitalidade corpo a corpo continuarão sendo virtudes da vida cristã na era tecnológica. Mas as tecnologias também podem preencher lacunas espaciais e nos unir de maneira profunda. Edwards meditou sobre a bússola do marinheiro e a partir daí previu uma era de inovação que abrangeria o globo e superaria as distâncias físicas. Ele ficaria surpreso ao ver suas previsões se concretizarem com Internet, Twitter, Facebook, Instagram, YouTube e videoconferências ao vivo, uma infinidade de maneiras de participar da igreja global digitalmente e em tempo real.

Comparando com a história, devemos celebrar a tecnologia porque ela nos poupa tempo no trabalho, nos dá

---

[93] Jonathan Edwards, The "Miscellanies", *The Works of Jonathan Edwards*, vol. 13 (ed. Thomas A. Schafer e Harry S. Stout). New Haven, CT: Yale University Press, 2002, p. 369.

mais tempo com Deus e nos une em comunhão global com o povo de Deus. Esses padrões de gratidão se mantêm firmes na era tecnológica.

14. Nós submetemos nossas inovações à sabedoria que subverte os poderes do homem.

Para minha surpresa, os cristãos são frequentemente ameaçados pelos poderes da tecnologia, como se os poderes do *technium* devessem intimidar os fracos. A era tecnológica diz que o poder é aperfeiçoado em mais poder. O poder é aperfeiçoado em robôs autônomos. O poder é aperfeiçoado em algoritmos proprietários. O poder é aperfeiçoado na IA. O poder é aperfeiçoado em aprimoramentos genéticos. O poder é aperfeiçoado no tecnohumanismo, no transumanismo e no pós-humanismo. Mas Deus sempre inverteu o roteiro da cobiça de poder do mundo porque a força de Deus é mais perfeitamente exibida na fraqueza (2Co 12.9). Os grandes senhores da tecnologia com todo o seu dinheiro e poder coercitivo são frustrados pelo poder transformador da obediência cristã diária.

Na cruz de Cristo, Deus frustrou a engenhosidade sobre-humana do homem, e o fez por meio de loucura. Jesus Cristo é a loucura da cultura tecnológica personificada. Em Cristo, o mundo vê apenas um louco crucificado. Mas esse louco é a sabedoria e o poder de Deus para que a sabedoria arrogante e o poder do homem tecnológico se manifestem como a loucura que realmente são (1Co 1.18–2.16). Satanás ainda tiraniza a terra e cega os corações dos pecadores com poderes feitos pelo homem a fim de cegá-los para a glória de

Cristo (2Co 4.4). Mas o poder de Satanás sobre este mundo também foi decisivamente cortado da maneira mais fraca e louca imaginável, na cruz (Jo 12.31–32). O Cristo crucificado e ressuscitado é "poder de Deus e sabedoria de Deus" (1Co 1.24). Ele é o centro da nossa existência. Ele "se nos tornou, da parte de Deus, sabedoria" (1Co 1.30). Todos os tesouros escondidos nesta terra não podem ser comparados a Cristo, "em quem todos os tesouros da sabedoria e do conhecimento estão ocultos" (Cl 2.3).

Se você quiser sondar as profundezas para descobrir o propósito ou o sentido da vida, não os encontrará em um poço profundo. Você não irá encontrá-los em inovações sem fim. Encontramos a sabedoria divina mergulhando nas profundezas infinitas da pessoa de Cristo.

O poder da tecnologia desafiará o fundamento de nossa autoridade. Nos maiores desafios da nossa época, para onde nos voltaremos? Nos maiores desafios da vida, alguns confiarão em carruagens, alguns em cavalos e outros em mecanismos de busca. "Quando se fala sobre Deus e religião, no fim é tudo uma questão de autoridade", diz Harari, "Qual é a maior fonte de autoridade a que você recorre quando tem um problema em sua vida? Mil anos atrás, você se voltaria para a igreja. Hoje, esperamos que os algoritmos nos forneçam a resposta — com quem namorar, onde morar ou como lidar com um problema econômico".[94] Confiaremos na inteligência autônoma para

---

94 Olivia Solon, "Sorry, Y'All—Humanity's Nearing an Upgrade to Irrelevance", wired.com (21/2/2017).

nos salvar? Os supercomputadores se tornarão nossa autoridade máxima? O Google se tornará nosso deus?

Os poderes tecnológicos desencadeados no século XIX chamaram a atenção de Spurgeon. Ele sabia que maravilhas maiores estavam por vir, juntamente com novos desafios à autoridade das Escrituras. Ele disse:

> Houve algum século como o dezenove? Já houve tal período de tempo desde que o mundo começou? O que é que não estamos fazendo? Iluminando-nos com eletricidade, falando por meio de relâmpagos, viajando a vapor — que pessoas maravilhosas somos! Sim, sim; e vamos fazer coisas muito maiores do que estas, sem dúvida; e muitas ideias, que agora são consideradas meros sonhos, provavelmente se tornarão fatos consumados em algumas gerações. Mas depois que todas essas maravilhas tiverem chegado e se forem as palavras de nosso Senhor Jesus Cristo ainda permanecerão — elas não passarão. Um modismo substitui o outro; sistemas sucedem sistemas; tudo sob a lua é como a lua: ela cresce e mingua, e está sempre em mudança. Mas qualquer mudança que possa ocorrer, mesmo que a raça humana alcance aquele maravilhoso desenvolvimento que alguns profetizam, ainda assim, as palavras de nosso Senhor Jesus Cristo não passarão. E quando a maior alteração de todas ocorrer, e esta presente dispensação chegar ao fim, e todas as coisas materiais forem consumidas pelo fogo e destruídas, ainda assim, permanecerá acima das cinzas do mundo, e de tudo o que há nele, a revelação imperecível do Senhor

Jesus Cristo, pois, como Pedro diz, "a palavra do Senhor, porém, permanece eternamente. Ora, esta é a palavra que vos foi evangelizada" (1Pe 1.25).[95]

O único poder do *technium* está no fluxo cinético da inovação. O sistema imagina, alcança e traz novas possibilidades para a realidade material seguindo os padrões disponibilizados pelo Criador. O *technium* parecerá ficar mais forte e até mesmo incontestável. Mas a realidade paradoxal — que os cristãos sabem, e o Vale do Silício nunca saberá — é que o homem nunca é mais fraco do que quando parece mais forte. Deus limita o poder relativo dos tecnólogos por meio da fraqueza subversiva, enquanto o Filho e o Espírito operam na vida de cristãos e igrejas comuns. O poder de Deus opera por meio de cristãos dentro e fora de centros de tecnologia, por meio de cristãos dentro e fora de empresas de tecnologia, por meio de santos de aparência comum que buscam servir ao seu Deus temendo-o, obedecendo-o e confiando na palavra eterna que não pode perecer.

A TECNOLOGIA NUNCA É SUFICIENTE

A tecnologia pode parecer forte, mas é fraca – fraca demais para satisfazer os desejos internos da humanidade. Quando Carl Sagan terminou de mapear uma possibilidade multiplanetária para a sobrevivência da humanidade, ele alertou que poderíamos estar a salvo da morte deste planeta, mas nunca estaríamos a salvo de nós mesmos. Nós, humanos, carregamos

---

[95] C. H. Spurgeon, *The Metropolitan Tabernacle Pulpit Sermons*, vol. 45. Londres: Passmore & Alabaster, 1899, p. 398.

dentro de nós uma propensão à autodestruição — na Terra, em Marte ou em qualquer planeta que escolhermos depois. "Se nos tornarmos só um pouco mais violentos, míopes, ignorantes e egoístas do que somos agora", alertou, "quase certamente não teremos futuro".[96] Somos egoístas. Não nos satisfazemos facilmente, certamente não por nossas tecnologias.

As coisas efêmeras são mais brilhantes do que as eternas, e as novas inovações são sempre mais atraentes do que as ideias antigas. Microprocessadores e smartphones expandem o que significa ser humano. As ferramentas nos ensinam mais sobre nós mesmos e nos ajudam a nos expressar mais plenamente. Ferramentas tecnológicas não são como chaves e martelos que usamos para propósitos limitados; são ferramentas de autodescoberta e autoexpressão. Nossas ferramentas mais poderosas expandem nossas vidas, nossas aspirações e até nossos amores. Porém, à medida que abraçamos novas possibilidades, também ficamos com um novo e enorme dilema.

O dilema espiritual da era tecnológica é profundo porque nossa economia moderna é construída sobre a falsa promessa de que as inovações são a chave para satisfazer os anseios do coração. "Se formos honestos, devemos admitir que um aspecto das atualizações incessantes e do eterno devir do *technium* é fazer buracos em nosso coração", admite Kevin Kelly. Somos descontentes de fábrica. "Um dia, não muito tempo atrás, nós (todos nós) decidimos que não poderíamos viver mais um dia a menos que tivéssemos um celular; uma dúzia de anos antes, essa necessidade nos teria deixado estupefatos", escreve ele. "Agora ficamos com raiva se a rede estiver lenta, mas antes,

---

96 Sagan, *Pale Blue Dot*, p. 329.

quando éramos inocentes, não tínhamos nenhum pensamento sobre a rede. Continuamos inventando coisas novas que criam novos anseios, novos buracos que devem ser preenchidos". O descontentamento tecnológico não é desumanizante, diz ele; é uma ampliação humana. Nossas novas ferramentas nos tornam mais do que já somos. Elas nos expandem. Mas, ao nos expandir, eles abrem novos buracos a serem preenchidos. "O impulso das tecnologias nos leva a perseguir o mais novo, que está sempre desaparecendo sob o advento da próxima novidade, então a satisfação continua a se afastar de nosso alcance". Então, qual é a solução? No final, Kelly recorre ao *technium* para "celebrar o descontentamento sem fim que a tecnologia traz", porque esse "descontentamento é o gatilho para nossa engenhosidade e nosso crescimento".[97]

A inovação tecnológica é desencadeada pelo descontentamento dentro de nós. Nunca estamos satisfeitos, sempre procuramos, sempre dispostos a adotar novas tecnologias na busca da autorrealização que nunca chega. É de partir o coração ver um homem honesto lidar com as decepções da tecnologia. Cada nova dádiva de inovação promete que seremos melhores, mas nessa promessa somos perfurados com novos buracos de carência que devem ser perpetuamente preenchidos com mais massa tecnológica. Mais adoção de tecnologia significa mais necessidades, mais buracos, menos satisfação e mais necessidade de mais tecnologia para adotar. As ações do mercado de tecnologia se alimentam dessa insatisfação, mas, para a alma humana, isso é uma projeção do pesadelo

---

97 Kevin Kelly, *The Inevitable: Understanding the 12 Technological Forces That Will Shape Our Future*. Nova Iorque: Penguin, 2017, p. 11–12.

das páginas de Eclesiastes. As inovações nos deixam desamparados porque intencionalmente ignoram Deus. E qualquer empreendimento científico ou tecnológico que tente deixar Deus de fora "torna-se seu próprio oposto e desilude todos os que nele depositam suas expectativas".[98] As decepções do universo tecnológico provam isso repetidamente. Já vimos essa desilusão tecnológica duas vezes na história, no final do século XIX e no Vale do Silício do século XXI. Esse desencanto sempre estará presente. Dois males simultâneos sempre subvertem a felicidade do homem: primeiro, renunciar a Deus como nosso "manancial de águas vivas" totalmente satisfatório e, segundo, substituí-lo por algumas promessas de engenharia humana que nada são além de "cisternas rotas", tanques cheios de buracos irreparáveis que não podem reter água (Jr 2.13).

Quando buscamos a felicidade na mais recente façanha tecnológica humana, devemos primeiro assumir (conscientemente ou não) que Deus não é suficiente. Nosso mais recente aparelho promete nos completar. Mas Deus sabe que não é verdade. Somos almas eternas que não podem ser satisfeitas nas ambições do homem. Deus sabe disso, e ele subverteu as falsas promessas do Evangelho da Tecnologia desde o início. Você pode encher seu coração com substitutos de Deus feitos pelo homem, mas eles nunca serão suficientes. Você pode perseguir a próxima ferramenta, o mais novo poder inovador, o mais novo aprimoramento ou a próxima fronteira na exploração espacial. Mas se você está fazendo essas coisas para satisfazer seu coração, você estará tapando buracos com massinha de modelar.

---

98 Bavinck, *The Wonderful Works of God*, p. 4.

As tecnologias são maravilhosas. O potente chip de computador muda tudo. O poder das câmeras digitais é fascinante. O celular é impressionante. A Internet que une cristãos de todo o mundo é notável. As viagens espaciais que expandem o que sabemos sobre o universo são de tirar o fôlego. Avanços médicos, como o fim da poliomielite, do câncer, da demência e dos defeitos genéticos — se alcançarmos essas vitórias — seriam surpreendentes, e daríamos a Deus toda a glória por criar mentes para lidar com esses problemas. Mas os cristãos devem sempre voltar à questão da confiança. O mesmo balde de piche pode ser usado para edificar nossa confiança em Deus ou para construir torres de incredulidade.

A vida sábia na era tecnológica não é estabelecida pelos cristãos que ignoram as possibilidades materiais, nem pelos tecnólogos que descartam as maravilhas espirituais. A sabedoria começa no temor e se expressa na gratidão. Posso — em sã consciência — agradecer a Deus por uma inovação? A ética do que é permitido ou proibido está enraizada na gratidão. "Pois tudo que Deus criou é bom, e, recebido com ações de graças, nada é recusável, porque, pela palavra de Deus e pela oração, é santificado" (1Tm 4.4–5). Isso vale para churrascos, casamentos, celulares e avanços médicos. Se pudermos agradecer honestamente a Deus por aquilo, podemos adotá-lo. A gratidão a Deus nos dá fé para ver que somente Cristo pode preencher os buracos em nossas almas. Cristo é o segredo para prosperar na era da IA, robôs autônomos e avanços antienvelhecimento. A alegria em Cristo nos ensina a sermos gratos pelas inovações que precisamos e estarmos contentes sem aquelas que não precisamos.

NOVE LIMITADORES DA TECNOLOGIA

O auge de nossa era tecnológica se parece muito com Babel e Babilônia — chegar a um lugar onde nada poderá nos limitar ou restringir. "Um dia nosso conhecimento será tão vasto e nossa tecnologia tão avançada", prevê Harari, "que destilaremos o elixir da eterna juventude, o elixir da verdadeira felicidade e qualquer outra droga que possamos desejar — e nenhum deus irá nos parar".[99] Mas os crentes sabem, pela fé, que o Criador *pode* nos parar. Ele, *de fato*, nos para. Deus governa sua criação com reguladores, ou válvulas, para limitar intencionalmente a inovação humana e suas possibilidades.

Deus está dentro do Vale do Silício. Ele está operando em todos os centros de tecnologia do mundo. Ele está operando em pelo menos nove áreas que posso ver. Vou chamá-los de "nove limitadores de tecnologia".

1. **Limitador criacional.** O Criador regulou o que é possível nesta criação material. Por seus padrões intencionais, ele limitou os recursos naturais do mundo e sua respectiva abundância ou escassez. Ele restringiu ainda mais essas possibilidades materiais pelas leis naturais.

2. **Limitador vocacional.** O Criador retarda ou acelera a inovação humana como uma alavanca de aceleração em um cockpit. De acordo com o volume que determinou, Deus cria (*bara*) novos inovadores e usuários de invenções dentro de qualquer era da história — e isso inclui os assoladores, os ambiciosos e os virtuosos.

---

99 Harari, *Homo Deus*, p. 202.

3. **Limitador transcultural.** O Criador iniciou tensões culturais na adoção de tecnologia para ajudar a proteger a humanidade. Ao multiplicar todas as culturas do mundo em Babel, Deus estabeleceu um atrito global para limitar quais inovações serão adotadas em qualquer sociedade.

4. **Limitador da revelação geral.** A voz do Criador instrui através da ordem criada. Como em um catecismo para todos lerem, ouvimos como nossas ações impactam a criação para o bem ou para o mal.

5. **Limitador de interrupção.** Deus exerce diretamente seu poder para se intrometer na tecnologia humana. Por sua insurgência soberana, ele pode frustrar qualquer tecnólogo ou hackear a inovação humana para um propósito maior.

6. **Limitador espiritual.** Deus revela à igreja suas intenções específicas para a criação. Por meio do dom da revelação especial, por meio de sua Palavra, Deus dá sabedoria ao seu povo para florescer espiritualmente e discernir seu caminho em meio às complexidades da era tecnológica.

7. **Limitador de fraqueza.** Deus derruba as estruturas de poder do homem. Pela loucura do evangelho e pela simples obediência dos cristãos comuns, Deus intencionalmente subverte o poder aparentemente incontrolável da grande tecnologia a fim de realizar seus fins.

8. **Limitador do coração.** Deus expõe os apetites insaciáveis da alma humana. Ele projetou todos os avanços tecnológicos humanos para expor a vasta necessidade espiritual da alma, sem qualquer possibilidade dessa sede crescente ser satisfeita por ninguém ou nada além de si mesmo.

9. **Limitador definitivo.** Deus põe fim à tecnologia humana. Nas cinzas da Babilônia, Deus revela seu compromisso final de acabar com a tecnoidolatria humana e a rebelião urbana para abrir caminho para algo maior.

Por esses nove limitadores, Deus, em última análise, controla o início, o ritmo e o fim de toda inovação humana. Nossa confiança no Criador nessas áreas determinará como enfrentaremos um futuro tecnológico incerto: com ressalva temerosa ou com liberdade esperançosa. A confiança faz a diferença.

Nossa era tecnológica continuará a exibir as aspirações e realizações humanas. O tema de nossa época é o homem, o homem — tudo sobre o homem. Prosperar em tal época requer mais fé em Deus, não menos. Diante de um poder humano nunca antes testemunhado, nosso Deus deve se tornar ainda mais real, ainda mais presente, ainda mais reconhecido, ainda mais no comando de todas as coisas. E esse é o Deus a quem servimos. Pela fé sabemos que Deus governa todo agente ativo. Nenhuma consciência de IA com livre arbítrio fica fora da providência de Deus porque Deus cria os criadores da IA. O antigo assolador era um agente ativo, na verdade, um agente autônomo, um assolador de IA. Em nosso futuro, podemos ver bots militares autônomos, máquinas de matar que decidirão quem morre com base em computação e algoritmos internos. Mas robôs autônomos, como humanos autônomos, nunca são realmente autônomos. Seja feito de carne ou aço, nenhum agente pode escapar do governo de Deus.

Toda a humanidade uma vez se uniu e concentrou seu poder de engenharia em uma torre para frustrar Deus. Isso falhou. Deus facilmente estragou seus objetivos, desencadeando todas as culturas da humanidade. Quando a humanidade conspirou novamente com todos anjos, demônios e poderes políticos para matar Deus, eles pregaram o Filho de Deus em uma cruz. Mas era uma armadilha, uma isca. Na cruz, Cristo derrotou o diabo, a morte e o pecado. E, quando a Babilônia unir a humanidade em uma superpotência global, Deus acabará com ela. O homem nunca está no controle. Francamente, se Deus não tivesse o poder de impedir a inovação e a engenharia humana, que esperança teríamos para o futuro? Só poderíamos esperar um futuro inabalável de tecnotirania. Mas a inovação humana nunca se senta no trono de Deus.

Na igreja, o medo tem vencido a fé quando se trata de tecnologia. Deus parece distante da cultura tecnológica quando o deus em nossas mentes parece ser superado pelo poder do homem. Devemos parar de viver nessa ficção teológica. Devemos retornar ao Deus das Escrituras para que possamos confiar em sua providência sobre o universo material e sobre cada mudança na história da mudança científica e tecnológica humana. Esse retorno nos protegerá do desespero de buscar realizar o que o tecnólogo agnóstico já tenta ao exercer o controle humano sobre a criação. Se o deus em nossas mentes não pode parar a tecnologia do homem, talvez nós devêssemos fazê-lo? Isso é uma desastrosa falta de fé. Quando o *technium* cresce além do controle da igreja, devemos confiar no Deus vivo do universo que governa todas as coisas. Somente com esses reguladores no lugar podemos olhar com otimismo para o drama da tecnologia que se desenrola diante de nossos olhos.

Pela fé, aguardo ansiosamente o que está por vir no horizonte, à medida que os gloriosos padrões da criação nos oferecem novas possibilidades que nunca imaginamos. Minha vida está repleta de séculos de avanços tecnológicos e estou ansioso para ver a nova tecnologia do futuro que existe além da minha imaginação atual. O desenrolar da história da tecnologia é uma montanha-russa que não podemos parar, um trem ao qual estamos todos presos enquanto o carro avança lentamente até o primeiro pico. Embora as coisas estejam relativamente calmas agora, esperamos em breve mergulhar em um caos de novas ideias e possibilidades que não serão familiares. É tarde demais para pular fora. Em tal cenário, estou defendendo usarmos a fé para enfrentá-lo sem medo, como quem confia no Deus que reina sobre todas as coisas e nos ama a ponto de derramar o sangue de seu próprio Filho para provar que nos dará tudo o que precisamos na era tecnológica (Rm 8.32).

Será uma jornada emocionante. Nem sempre será confortável. Nós vamos exagerar. Vamos tentar demais. Cometeremos erros e nos machucaremos ao longo do caminho. Sempre precisaremos de correção. Mas pela fé podemos ter certeza de que o *technium* nunca escapará dos nove limitadores de Deus. Portanto, estou otimista — não otimista no homem, mas otimista no Deus que governa cada porca, parafuso, corrente e cinto de segurança neste parque de diversões tecnológico.

UMA CRESCENTE

Enfrentamos a era tecnológica com perguntas sérias. E se nossa era tecnológica nos desumanizar pela vaidade? E se nos tornarmos tão bons em acumular confortos a ponto de ficarmos terminalmente entediados? E se ficarmos tão estimulados por sexbots que nos tornarmos impotentes? E se modificarmos nossos corpos até não desejarmos mais a glorificação? E se os sistemas de IA nos aprimorarem com todo o conhecimento da humanidade a ponto de nunca mais experimentarmos mistério ou maravilha? E se ficarmos tão medicinalmente afetados com estímulos elétricos ou produtos químicos artificiais a ponto de não sentirmos mais emoções humanas genuínas? E se ficarmos tão poderosos a ponto de vivermos em um isolamento impenetrável que afastará todos os outros, e a Deus também?

Quando Einstein chamou a ciência de "a coisa mais preciosa que temos", ele se contentou com muito pouco.[100] Cristo é a coisa mais preciosa que temos. E é à luz de Cristo que vemos a ciência com mais clareza. Nele vemos seu propósito, seu objetivo, seu inventor. Pois, em todas as coisas, inclusive na ciência e na tecnologia, Cristo é o Alfa e o Ômega, o primeiro e o último, o princípio e o fim (Ap 22.6–21). Cristo existia antes de todas as coisas porque ele fez todas as coisas. Agora, ele sustenta todas as coisas. Nele, "foram criadas todas as coisas, nos céus e sobre a terra, as visíveis e as invisíveis", e "nele, tudo subsiste". Cristo é o criador, preservador e fim da criação, pois todas as coisas foram criadas "por meio dele e para ele" (Cl 1.15–17).

A glória de Cristo é o epicentro do florescimento cristão na era tecnológica e em qualquer era. Sua glória é a prioridade transtecnológica a contemplarmos em nossas vidas, a

---

[100] Citado em Banesh Hoffmann, *Albert Einstein: Creator and Rebel*. Nova Iorque: Penguin, 1972, p. v.

base sólida para nossas mentes, vontades, almas e corações em quaisquer mudanças sociais que aconteceram ou que vierem a acontecer no futuro. A igreja continuará a existir nesta terra como um refúgio para aqueles que inadvertidamente se destroem sob todas as falsas e desumanizantes promessas de autorredenção e autossegurança na manipulação biológica do corpo e no aprimoramento cibernético de nossos poderes físicos e cognitivos. As falsas promessas de superpoderes e superconhecimento serão demais para muitos resistirem. Mas essas promessas perderão o encanto com o tempo, e os pecadores, tão quebrados, buscarão libertação. Sempre haverá esperança para almas e corpos quebrados, mesmo os responsáveis por sua própria quebra, em Cristo. A tecnologia prolonga a vida, mas não pode impedir a morte. Em Cristo, somos libertos da morte para uma comunidade que está sendo transformada de um grau de glória para outro de maneira que nenhum laboratório poderá copiar (2Co 3.18).

A supremacia de Cristo sobre todas as coisas significa que o florescimento cristão não depende da minha adoção ou rejeição de certas tecnologias. Depende do foco do meu coração no Salvador. Isso será verdade para todo o espectro de cristãos que adotam ou que rejeitam tecnologias. Quer compremos um assento em uma nave espacial para a lua ou permaneçamos dentro dos limites de uma comunidade Amish, não encontraremos esperança senão em nossa união com Cristo. Como o centro de nossas vidas e nossas esperanças eternas, Cristo livra nossas mentes de nós mesmos e nos liberta para amar e viver por algo maior do que nossos pequenos reinos. Ele nos liberta da escravidão aos desejos tecnológicos de autocriação e individualismo autodeterminado. A igreja, libertada por Calvino de tentar servir como árbitro de todas as descobertas científicas, agora pode pregar Cristo na era tecnológica.[101] Somente Cristo pode desencantar as falsas promessas da era tecnológica. Nossos aparelhos e nossas possibilidades tecnológicas não nos definem mais; Cristo nos define. Ele define nosso chamado. Se seguirmos sua palavra, estaremos protegidos de ser usados por nossas ferramentas.

No fim das contas, se o fazendeiro, o ferreiro e a linhagem de Caim nos proíbem de descartar a ciência como um percalço da arrogância humana, ficamos então com duas opções: ciência na fé ou fé na ciência. Escolhemos a ciência na fé. Ouviremos a voz de Deus na criação. E ouviremos a voz de Deus em seu Filho e em sua eterna Palavra. Ouviremos não apenas com nossos ouvidos, mas também com nossas afeições, porque o centro do ser humano não é o cérebro aprimorado ou o superintelecto; é o coração. Sendo o coração o centro da existência humana, descobrimos que existe uma "unidade entre fé, cabeça e mãos: unidade entre fé, ciência e tecnologia".[102] Somente uma cosmovisão cardiocêntrica pode unir fé, esperança e amor com as melhores

---

[101] Quando João Calvino descobriu que Cristo é o epicentro das Escrituras, ele libertou a igreja do papel de arbitrar afirmações científicas, um papel que Roma tentava exercer. Em vez disso, conhecendo o propósito central de Deus para a Bíblia como revelação de Jesus Cristo, ele centrou a igreja nisso e libertou a ciência para investigar a revelação geral e descobrir o mundo do Criador. Deus está no centro da revelação especial e da revelação geral. Mas a igreja se especializaria na revelação especial. Veja Alister E. McGrath, *A Life of John Calvin: A Study in the Shaping of Western Culture*. Hoboken, NJ: Wiley-Blackwell, 1993, p. 256.

[102] Schuurman, *Faith and Hope in Technology*, p. 23–24.

ofertas da ciência. Somente em Cristo podemos abraçar a inovação tecnológica dentro dos limites saudáveis do amor presente e da esperança futura.

Como o Salmo 96 nos lembra, a presença de Deus voltará a concentrar-se fisicamente na terra. Quando isso acontecer, todo o universo material cantará de alegria. Os ídolos vazios do poder e da riqueza serão expostos como as tolas farsas mundanas que são. Em seu lugar, o universo material será reunido para cumprir o propósito final desta criação, o objetivo final de toda inovação humana: adorar a Deus pelo esplendor de sua beleza e pela majestade de sua santidade. O céu, a terra, os mares, os campos e as florestas se regozijarão quando o próprio Deus voltar para governar a criação, para reinar em perfeita justiça. Todas as nações farão o mesmo. E a harmonia do universo finalmente florescerá de maneiras que não podemos agora imaginar.

Entretanto, nesta vida do imediato, é fácil idolatrar a tecnologia e entronizá-la como um deus. Nossos corações estão sempre adorando, e sempre adoraremos tudo o que, em última análise, acreditamos que nos libertará. Para milhões, talvez bilhões de pessoas, essa esperança está depositada no falso deus da medicina antienvelhecimento, do aprimoramento cerebral computadorizado, da genética autodesenhada ou em uma centena de outros corredores de inovação tecnológica. Todos sabemos que precisamos ser libertos de nossa situação humana, libertos de nós mesmos. Ninguém independe de um salvador. Mas a tecnologia não pode nos salvar.

Quando a fumaça subir da Babilônia, Cristo retornará à terra em plena manifestação de seu poder soberano. "Sai da sua boca uma espada afiada, para com ela ferir as nações; e ele mesmo as regerá com cetro de ferro e, pessoalmente, pisa o lagar do vinho do furor da ira do Deus Todo-Poderoso" (Ap 19.15). Ele não precisará de armas. Não obstante, espadas de guerra afiadas, cetros de ferro e lagares — três inovações do homem exaltarão o poder e a glória do retorno de Cristo.

Até que Cristo volte, esperemos. Ele é nossa esperança. Ele é a grande esperança de todos os verdadeiros cientistas, como os magos que buscaram em todos os seus desígnios o momento em que se prostrariam e adorariam a Cristo. Até aquele dia, nossa esperança é estabelecida por Paulo em Romanos 8.18–25. Nossos sofrimentos agora são pequenos comparados à nossa esperança daquele dia em que Cristo restaurará sua criação. A nova criação não é como esta, uma "criação do nada" (*creatio ex nihilo*), e sim uma "criação do velho" (*creatio ex vetere*); uma ressurreição, como um corpo morto vivificado. E essa também é a nossa esperança. Até lá, toda a criação "está sujeita à vaidade, não voluntariamente, mas por causa daquele que a sujeitou, na esperança de que a própria criação será redimida do cativeiro da corrupção, para a liberdade da glória dos filhos de Deus" (v. 20–21).

A criação é a fonte de nossas inovações, mas a criação não se impressiona com nossos aparelhos e robôs. A criação geme, como uma mulher no parto. Nós também gememos. Fazemos nosso melhor para administrar esta criação enquanto aguardamos a redenção completa de nossos egos quebrados, nossos corpos quebrados e desta criação quebrada.

FÉ E FÍSICA

Termino retornando ao ponto de partida, com o desentendimento entre Davi e Golias. É uma história de possibilidades. Uma história de fé e física. Uma história onde a confiança em Deus para a vitória e a técnica certa para a vitória não são antitéticas. Não há razão para a tecnologia certa anular nossa confiança final no poder libertador de Deus. O usuário de inovação mais autêntico é aquele que faz uso dessa inovação para amar a Deus e ao próximo. A tecnologia é um dom divino para testar nossa mordomia.

Como espero que este livro tenha deixado claro, a ciência não pode nos livrar. A inovação nunca satisfará nossos corações. O significado da vida nunca será encontrado no mais recente aparelho da Apple. O Deus que fala permite que a tecnologia seja o que deveria ser: não um salvador, não um evangelho e não a solução final para a morte. Somente Cristo é o Criador, o sentido da criação, o objetivo da criação e o *telos* da tecnologia. Somente Cristo é a sabedoria, a fonte da sabedoria e o diretor da inovação usada sabiamente para seus fins. Somente nele nossos corações podem exultar e nossa ciência florescer como o ofício lúdico dos seres humanos explorando as possibilidades generosas do universo material do Criador.

Em Cristo, cientistas e tecnólogos são libertados para cultivar a criação para o florescimento humano. Com os olhos bem abertos para todas as possibilidades, os inovadores agem a partir desse impulso dentro de todos nós, essa ânsia de descobrir átomos, desbloquear fontes de energia, explorar planetas e viajar mais fundo no espaço com câmeras, depois robôs e depois nós mesmos.

Leve a ciência exageradamente a sério — faça dela sua salvadora — e ela o envenenará mortalmente. Mas encontre sua libertação e alegria na presença do glorioso Salvador, e você estará em condições para libertar a ciência dos assuntos sérios de salvação e eternidade, para que a inovação possa se tornar a fascinante exploração espontânea e alegre que deveria ser, o ávido estudo e cultivo desta caixa de areia que chamamos de criação, um presente intencionalmente projetado pelo generoso Criador, que não podemos deixar de adorar para sempre.

AGRADECIMENTOS

Este projeto começou como uma introdução de dez páginas no meu livro *12 maneiras como seu celular está transformando você*. Antes que eu pudesse abordar padrões específicos de uso de celulares e hábitos de rede social, tive que catalogar brevemente minhas metaconvicções sobre inovação humana. Nos anos seguintes, essa introdução levou a muitas discussões frutíferas com amigos.

No verão de 2019, transformei a introdução em uma única mensagem que compartilhei pela primeira vez com os parceiros do ministério Desiring God em 24 de outubro de 2019; um metamomento, pregando sobre a torre de Babel do terraço do sexto andar do Hotel Valley Ho em Scottsdale, Arizona. Obrigado, Sam Macrane!

Essa mensagem levou a uma noite e dois dias inteiros de conversas que me levaram a escrever uma segunda e uma terceira mensagem. Levei a série de três partes para três locais diferentes em Seattle em março de 2020. Cada encontro reuniu pastores e crentes perspicazes que trabalham na indústria de tecnologia, os quais ofereceram novos comentários. Mesmo que o coronavírus tenha praticamente fechado Seattle, realizamos os eventos. Obrigado, Doug e Mary Lynn Spear e Peter Hedstrom!

As discussões em Seattle deixaram claro que eu precisava de uma teologia da cidade. Assim, a série aumentou para quatro partes, entregues a um grupo de cristãos no Vale do Silício como uma série online ao vivo durante o lockdown em maio. Obrigado, Rijo Simon!

Ao transformar as palestras em um livro, me beneficiei de um maior envolvimento com amigos, editores, especialistas em tecnologia e cérebros teológicos que investiram seu tempo e talentos neste projeto. Obrigado, Alastair, Fred, Scott, Lydia, Dilip, Eric, Michael e Jeremy!

E, finalmente, este projeto seria impensável sem a mulher que primeiro se tornou minha editora, depois minha amiga e finalmente minha esposa. Ela carrega mais do que é necessário para me dar espaço para escrever e também disponibiliza mais tempo para editar meu texto para ser algo decifrável. À minha noiva-amiga-editora: eu te amo!

FIEL MINISTÉRIO

O Ministério Fiel visa apoiar a igreja de Deus, fornecendo conteúdo fiel às Escrituras através de conferências, cursos teológicos, literatura, ministério Adote um Pastor e conteúdo online gratuito.

Disponibilizamos em nosso site centenas de recursos, como vídeos de pregações e conferências, artigos, e-books, audiolivros, blog e muito mais. Lá também é possível assinar nosso informativo e se tornar parte da comunidade Fiel, recebendo acesso a esses e outros materiais, além de promoções exclusivas.

Visite nosso site
www.ministeriofiel.com.br